길·흉·화·복을 쉽게 풀이한 원본비전 현대적 비법

상담 실전 당사주요감

초년운 ★ 중년운 ★ 말년운

편저 : 박종갑
교열 : 한중수
그림 : 김용진

- 부 록 -

1. 육갑법   2. 음양
3. 오행   4. 이십사절
5. 사주정하는 법   6. 신살
7. 남녀궁합법   8. 택일문
9. 기조문   10. 택일신살정극

그 외 각종 부적 수록

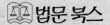 법문북스

序(머릿말)

易(역)의 道(도)는 밝고도 크다. 混元(혼원)[아무 雜(잡)도 섞이지 않은 純一(순일)한 氣]한 一氣가 맨 처음 판단됨에 이것이 즉 太極(태극)이다. 이 太極(태극)에서 陰陽(음양) 兩儀(양의)로 나뉘고 八卦(팔괘)가 이룩되어 天地(천지)의 陰痒(음양)과 응하고 萬物(만물)의 造化(조화)를 같이하며 따라서 人間(인간)의 吉凶(길흉)이 定(정)해지는 것이니 이는 참으로 萬古(만고)에 바뀌지 않는 진리라 하겠다.

대개 사람의 富貴榮達(부귀영달)과 壽夭貧賤(수요빈천)은 天地陰陽(천지음양)의 氣(기)로 인해 이미 定(정)해져 이를 받고 現世(현세)에 태어나게 되어 있으니 밝고 밝은 이치를 비록 聖賢君子(성현군자)라 할지라도 그 타고난 運數(운수)를 어기지는 못한다. 그러므로 오직 몸과 마음을 닦고 덕을 기르면서 運命(운명)에 순종하는 것이며 玄妙(현묘)한 기틀을 天神(천신)과 地鬼(지귀)도 그 廣數(광수)를 바꾸어 놓지 못하여 循環(순환)의 이치를 따라가는 것이니 명백한 大要(대요)의 이치를 어찌 말로 이렇다 저렇다 할 수 있으랴.

예로부터 지금까지 살펴보건대 이 運數(운수)를 배웠다는 사람이 淺薄(천박)한 견식으로 深奧(심오)한 이치를 터득치 못하고서도 망녕되이 筆墨(필묵)을 놀리고 가당치도 않은 말로 半生運(반생운)이 좋으니 나쁘니 하고 논하는 자가 간간 있는 것을 볼 수 있다. 五行(오행)의 妙機(묘기)와 陰陽(음양)의 이치도 올바로 모르고서도 다만 行術(행술)하려는 욕망에만 어두워 이치에 맞지 않는 邪見(아견)으로 陰陽五行(음양오행)의 이치를 어지럽히고, 바꾸어 놓는 사례가 있으니 심히 탄식할 일이다.

이 책자에 소개되는 법은 세세로 생생한 원리로써 숱한 人生(인생)들이 각각 타고난 四柱八字(사주팔자)에 따라 그 四柱八字(사주팔자)에 매인 干支(간지)의 數(수)를 推究(추구), 易理(역리)에 맞도록 풀이하여 엮은 것으로써 半生(반생)의 길흉과 壽要(수요)와 貴賤(귀천)이 분명하게 판별되어 있다. 그러므로 어렵게 궁리하지 않더라도 한번 보아 보는 방법을 이해할 수 있고 따라서 보기만 하면 前路(전로)가 명백하여 밝은 불빛을 보는 것 같다.

이 사주법은 圓覺眞人(원각진인)이 수십년동안 修鍊(수련)하고 연구하는 동안 天理(천리)를 하나하나 깨달아 마침내는 심오한 玄機(현기)를 깨닫는데 이르렀다.

그리하여 누구나 쉽게 이해하도록 복잡하고 어려운 것을 간략하고 정확하게 정리하여 이 책자를 저술, 세상에 내놓게 됨으로써 후생들의 미로를 환히 열어주었다. 그러므로 이 法(법)은 세상의 指南(지남)이 되고 法術(법술)의 보배라 할 수 있으니 만일 이 책의 妙理(묘리)를 풀이해본다면 궁금스러운 前程(전정)의 의문이 풀릴 것이다. 이 어찌 그 공로가 至大(지대)하다 아니하랴.

四月　新春　著者씀

목 차

제 一 편 初年運(초년운)

제 三 편　末年運(말년운)

당화주역 보는 法

당화주역이란 周易(주역)의 원리로써 정해진 평생의 運命(운명)에 대한 吉凶禍福(길흉화복)을 그림과 글로 풀이해 놓은 책자라는 뜻이다. 그런데 이 책을 풀이하여 보려면 먼저 주인공의 生年月日時(생년월일시)에 의한 四柱八字(사주팔자)를 기록해 놓아야 하고 다음에는 四柱八字(사주팔자)에 매인 大定數(대정수)를 算出(산출)해야 각자 해당되는 곳을 찾아 볼 수 있는 것이다. 그러자면 필히 알아두어야 할 常識(상식)이 있는바 즉 生年月日時(생년월일시)의 干支(간지)를 정할줄 알아야 하므로 혹 모르는 사람을 위해 그 요령을 간단히 설명한다.

一、四 柱(사 주)

(1) 年 柱(년 주)

年柱(년주)란 出生年度(출생년도)의 太歲(태세)를 말한다. 가령 一九八七年(천구백팔십칠년)에 出生(출생)이라면 一九八七年(천구백팔십칠년)은 太歲(태세)가 丁卯年(정묘년)이니 『丁卯』(정묘)를 年柱(년주)라 한다. 萬歲曆(만세력)을 참고하여 西紀(서기) 또는 檀紀(단기)로 出生年度(출생년도)를 찾으면 그 해의 太歲(태세)인 年柱(년주)를 쉽게 알 수 있으므로 더 이상 설명을 생략한다.

(2) 月 柱(월 주)

　　月柱(월주)란 出生(출생)한 年의 出生月(출생월)에 해당하는 月(월)의 干支(간지) 즉 月建(월건)을 말한다. 다음과 같은 요령으로 月柱(월주)를 알아낸다.

○月 建 起 法(월건기법)

甲己之年 丙寅頭＝甲年과 己年은 正月을 丙寅부터 시작한다.

乙庚之年 戊寅頭＝乙年과 己年은 正月을 戊寅부터 시작한다.

丙辛之年 庚寅頭＝丙年과 辛年은 正月을 庚寅부터 시작한다.

丁壬之年 壬寅頭＝庚年과 辛年은 正月을 壬寅부터 시작한다.

戊癸之年 甲寅頭＝戊年과 癸年은 正月을 甲寅부터 시작한다.

　　가령 出生(출생)한 年(太歲一年柱)이 甲年(갑년)【甲子、 甲戌、 甲申、 甲午、 甲辰、 甲寅】이거나 己年(기년)【己巳、 己卯、 己丑、 己亥、 己酉、 己未】이라면 正月(정월)에 丙寅(병인)부터 시작하며 【二月丁卯、 三月戊辰、 四月己巳、 五月庚午、 六月辛未、 七月壬申、 八月癸酉、 九月甲戌、 十月乙亥、 十一月丙子、 十二月丁丑】식으로 月建(월건)을 짚어나간

다. 이하 乙寅年(을인년), 丙辛年(병신년)도 같은 例(예)에 의하는데 이렇게 正月(정월)에 甲寅(갑인)、丙寅(병인)、戊寅(무인) 등을 붙여 出生(출생)한 달에 이르는 것이 月建(월건)이며 즉 月柱(월주)다.

가령 丁卯生(정묘생)이 五月壬寅_{임인} 二月癸卯_{계묘} 三月甲辰_{갑진} 四月乙_을巳_사 五月(오월)은 丙午_{병오}이니 정묘년 오월생은 月柱(월주)가 『丙午(병오)』다. 다음은 위 원칙을 早見表(조견표)로 작성한 것이니 참고하면 직접 月柱(월주)가 나온다.

年＼月	正	二	三	四	五	六
갑기년 甲己年	병인 丙寅	정묘 丁卯	무진 戊辰	기사 己巳	경오 庚午	신미 辛未
을경년 乙庚年	무인 戊寅	기묘 己卯	경진 庚辰	신사 辛巳	임오 壬午	계미 癸未
병신년 丙辛年	경인 庚寅	신묘 辛卯	임진 壬辰	계사 癸巳	갑오 甲午	을미 乙未
정임년 丁壬年	임인 壬寅	계묘 癸卯	갑진 甲辰	을사 乙巳	병오 丙午	정미 丁未
무계년 戊癸年	갑인 甲寅	을묘 乙卯	병진 丙辰	정사 丁巳	무오 戊午	기미 己未

年＼月	七	八	九	十	十一	十二
갑기년 甲己年	임신 壬申	계유 癸酉	갑술 甲戌	을해 乙亥	병자 丙子	정축 丁丑
을경년 乙庚年	갑신 甲申	을유 乙酉	병술 丙戌	정해 丁亥	무자 戊子	기축 己丑
병신년 丙辛年	병신 丙申	정유 丁酉	무술 戊戌	기해 己亥	경자 庚子	신축 辛丑
정임년 丁壬年	무신 戊申	기유 己酉	경술 庚戌	신해 辛亥	임자 壬子	계축 癸丑
무계년 戊癸年	경신 庚申	신유 辛酉	임술 壬戌	계해 癸亥	갑자 甲子	을축 乙丑

(3) 日　柱(일　주)

　　日柱(일주)란 出生(출생)한 干支(간지)를 말한다. 이 日柱(일주)는 만세력에 의하지 않고는 아는 방법이 없다.

　　만일 當年生(당년생)(一歲【일세】)의 日柱(일주)라면 당년의 民歷(민력)이나 Calendar(달력)을 참고하면 알 수 있지만 그 이외는 만세력이 있어야 한다.

　　만세력에서 出生(출생)한 年度(년도)를 찾고、出生(출생)한 月欄(월란)에서 生日(생일) 찾으면 日(일)의 干支(간지)、즉 日柱(일주)를 알 수 있는데 一年(일년) 매일매일에 日辰(일진)을 기록한 만세력은 알기가 쉽지만 어떤 만세력은 오직 月下(월하)에 初一日十一日 二十一日의 日辰(일진)만 기록해 놓았으므로 이런 경우
六十甲子(육십갑자) 순서로 따져나가야 한다.
　　아래 예를 참고하라.

갑 술 甲戌(初一日) 갑 신 七月大甲申(十一日) 갑 오 甲午(二十一日)	가령 七月 十六日生이라면 十一日이 甲申(갑신)이니 十二日 乙酉(을유)、 十三日 丙戌(병술)、 十四日 丁亥(정해) 十五日 戊子(무자)、 生日인 十六日이 己丑(기축)이 된다.

(4) 時　柱(시　주)

時柱(시주)란 出生(출생)한 時(시)의 干支(간지)다. 一日 十二時

(일일 십이시)는 어느 날을 막론하고 일정하지만 干(간)까지 따진다면 日辰(日干)에 따라 다르다. 가령 甲子日(갑자일)이나 甲申日(갑신일)의 午時(오시)는 庚午時(경오시)가 되지만 乙丑日(을축일)이나 乙亥日(을해일)의 午時(오시)는 壬午時(임오시)가 된다.

○時 間 法(시간법)

子時^{자시} = 오후 十一時 ~ 明日 ○時

丑時^{축시} = 오전 一時 ~ 二時

寅時^{인시} = 오전 三時 ~ 四時

卯時^{묘시} = 오전 五時 ~ 六時

辰時^{진시} = 오전 七時 ~ 八時

巳時^{사시} = 오전 九時 ~ 十時

午時^{오시} = 오전 十一時 ~ 十二時

未時^{미시} = 오후 一時 ~ 二時

申時^{신시} = 오후 三時 ~ 四時

酉時^{유시} = 오후 五時 ~ 六時

戌時^{술시} = 오후 七時 ~ 八時

해 시
亥時＝오후 九時 ~ 十時

○時 起 法(시기법)

갑 기 야 반 생 갑 자 갑 기 갑 자
甲己夜半 生甲子＝甲日과 己日은 子時를 甲子부터 시작한다.

을 경 야 반 생 병 자 을 경 병 자
乙庚夜半 生丙子＝乙日과 庚日은 子時를 丙子부터 시작한다.

병 신 야 반 생 무 자 병 신 무 자
丙辛夜半 生戊子＝丙日과 辛日은 子時를 戊子부터 시작한다.

정 임 야 반 생 경 자 정 임 경 자
丁壬夜半 生庚子＝丁日과 壬日은 子時를 庚子부터 시작한다.

무 계 야 반 생 임 자 무 계 임 자
戊癸夜半 生壬子＝戊日과 癸日은 子時를 壬子부터 시작한다.

갑 자 갑 무 갑 신 갑 오 갑 진
甲己夜半(갑기야반)이란 【甲子、甲戊、甲申、甲午、甲辰】
기 사 기 묘 기 축 기 해 기 유
甲寅日(갑인일)과 【己巳、己卯、己丑、己亥、己酉】 己未日(기미일)이 시작되는 새날 零時(영시) 즉 子正(자정)을 말한다.

이 甲己日(갑기일) 자정에서 甲子時(갑자시)를 붙여 【己丑(기축)、丙寅(병인)、丁卯(정묘)、戊辰(무진)、己巳(기사)、庚午(경오)、辛未(신미)、壬申(임신)、癸酉(계유)、甲戊(갑무)、乙亥(을해)、丙子(병자)】로 十二支時間(십이지시간)을 돌려 짚으라는 뜻이다.

다음 乙庚日(을경일)자정에 丙子時(병자시)、丙辛日(병신일)자정에 戊子時(무자시)、丁壬日(정임일)자정에 庚子時(경자시)、戊癸日(무계일)자정에 戊子時(무자시)를 각각 붙여 六十甲子(육십갑자) 순서로 돌려 짚는다.

다음은 時間 早見表(시간조견표)로서 日刊(일간)을 기준 해당되는 出生時(출생시) 시간을 찾으면 직접 時柱(시주)가 무엇인지 알 수 있도록 하였다.

年＼月	(子正) 자 子	축 丑	인 寅	묘 卯	진 辰	사 巳
갑 기 년 甲己年	갑 자 甲子	을 축 乙丑	병 인 丙寅	정 묘 丁卯	무 진 戊辰	기 사 己巳
을 경 년 乙庚年	병 자 丙子	정 축 丁丑	무 인 戊寅	기 묘 己卯	경 진 庚辰	신 사 辛巳
병 신 년 丙辛年	무 자 戊子	기 축 己丑	경 인 庚寅	신 묘 辛卯	임 진 壬辰	계 사 癸巳
정 임 년 丁壬年	경 자 庚子	신 축 辛丑	임 인 壬寅	계 묘 癸卯	갑 진 甲辰	을 사 乙巳
무 계 년 戊癸年	임 자 壬子	계 축 癸丑	갑 인 甲寅	을 묘 乙卯	병 진 丙辰	정 사 丁巳

年＼月	오 午	미 未	신 申	유 酉	술 戌	해 亥	(子正) 자 子
갑 기 년 甲己年	경 오 庚午	신 미 辛未	임 신 壬申	계 유 癸酉	갑 술 甲戌	을 해 乙亥	병 자 丙子
을 경 년 乙庚年	임 오 壬午	계 미 癸未	갑 신 甲申	을 유 乙酉	병 술 丙戌	정 해 丁亥	무 자 戊子
병 신 년 丙辛年	갑 오 甲午	을 미 乙未	병 신 丙申	정 유 丁酉	무 술 戊戌	기 해 己亥	경 자 庚子
정 임 년 丁壬年	병 오 丙午	정 미 丁未	무 신 戊申	기 유 己酉	경 술 庚戌	신 해 辛亥	임 자 壬子
무 계 년 戊癸年	무 오 戊午	기 미 己未	경 신 庚申	신 유 辛酉	임 술 壬戌	계 해 癸亥	갑 자 甲子

二、大 定 數(대정수)

年月日時(년월일시) 四柱(사주)에는 각각 그 사람의 四柱(사주)에 따른 大定數(대정수)가 있고, 大定數(대정수)가 나오면 이에 準(준)하여 卦象(괘상)을 定(정)하여 四柱(사주)의 吉凶(길흉)을 판단하는 것이다. 그런데 이 大定數(대정수)를 定(정)하려면 먼저 干支(간지)에 매인 先天數(선천수)와 後天數(후천수)를 알아야 한다.

(1) 先 後 天 數(선후천수)

갑 기 자 오 　　 을 경 축 미 　　 병 신 인 신

先天數(선천수)=【甲己子午一九、乙庚丑未一八、丙辛寅申一

정 임 묘 유 　　 무 계 진 술 　　 사 해 속 지

七、丁壬卯酉一六、戊癸辰戌一五、巳亥屬之一四】

甲(갑)과 己(기)와 子(자)와 午(오)는 선천수가 각각 九(구)요、乙(을)과 庚(경)과 丑(축)과 未(미)는 선천수가 八(팔)이요、丙(병)과 辛(신)과 寅(인)과 申(신)은 선천수가 七(칠)이요、丁(정)과 壬(임)과 卯(묘)와 酉(유)는 선천수가 六(육)이요、戊(무)와 癸(계)와 辰(진)과 戌(술)은 선천수가 五(오)요、巳(사)와 亥(해)는 선천수가 四(사)다.

임 자 　　 정 사 　　 갑 인 　　 신 유 　　 무 진 술

後天數(후천수)=【壬子一、丁巳二、甲寅三、辛酉四、戊辰戌

계 해 　　 병 오 　　 을 묘 　　 경 신 　　 축 미 　　 기 백

五、癸亥六、丙午七、乙卯八、庚申九、丑未十、己百】

후천수가 壬(임)과 子(자)는 一이요、丁(정)과 巳(사)는 二요、甲(갑)과 寅(인)은 三이요、辛(신)과 酉(유)는 四요、戊(무)와 辰(진)과 戌(술)은 五요、癸(계)와 亥(해)는 六이요、丙(병)과 午(오)는 七이오、乙(을)과 卯(묘)는 八이요、庚(경)과 申(신)은 九요、丑(축)과 未(미)는 十이요、己(기)는 百이다.

(2) 大定數算出法(대정수산출법)

年月日時(년월일시) 四柱(사주)에 매인 數(수)를 總合(총합)한 數(수)가 大定數(대정수)인데 다음과 같은 원리로 算出(산출)된다.

太歲數(태세수)＝ 生年 天干(천간)은 後天數(후천수)를 取用(취용)하여 十單位(십단위)에 놓고 生年 地支(지지)는 역시 後天數(후천수)를 취용하여 單(단)자리 수로 계산 干支(간지)의 合數(합수)가 太歲數(태세수)다.

가령 甲子年(갑자년)이라면 天干(천간) 甲(갑)이 후천수로 三이니 三十을 놓고 地支(지지) 子(자)는 후천수가 一이니 一을 놓아 干支數(간지수) 三十에 一을 합하면 三十一이 되므로 甲子太歲(갑자태세)는 三十一이 된다. 또 乙丑年(을축년)이라면 天干(천간) 乙(을)의 후천수는 八이니 八十을 놓고、地支(지지) 丑(축)은 후천수가 十이니 十을 놓아 乙丑 干支數(간지수) 즉 八十에 十을 합하면 九十이 되므로 乙丑太歲(을축태세)는 九十이다.

月建數(월건수)＝ 天干(천간) 地支(지지)의 先天數(선천수)를 모두 單(단)자리로 놓아 합하고、다음은 天干(천간)의 후천수를 十單位(십단위)、地支(지지)의 후천수를 단자리로 놓아 干支數(간지수)를 합쳐 먼저 선천수 干支(간지) 合數(합수)와 총합한 答數(답수)가 月建數(월건수)다.

가령 丙寅月(병인월)이라면 선천수로 丙七(병칠) 寅七(인칠)을 모두 單(단)으로 계산하여 합치면 十四가 되고、다음은 후천수로 丙七(병칠)을 七十으로、寅三(인삼)을 三으로 하여 합하면 七十三이니 위 十四에 七十三을 총합하면 八十七이 되므로 丙寅月(병인월)의 月建數(월건수)는 八十七이다.【大定數早見表(대정수조견표) 참고】

日辰數(일진수)＝日辰(일진) 干支(간지)의 선천수를 모두 十單位(십단위)로 놓아 干支(간지)를 합하고、다음은 후천수로 日辰(일진)의 干(간)을 十單位(십단위)、支(지)를 單(단)자리로 놓아 干支(간지)를 합한 數(수)에다 선천수 干支合數(간지합수)와 총합한 數(수)가 日辰數(일진수)다.

가령 丁亥日(정해일)이라면 먼저 선천수로 丁(정)이 六이니 六十으로、亥(해)가 四이니 四十으로 하여 합하면 百이 되고、다음은 후천수로 丁(정)이 二니 二十을、亥(해)는 六이니 六을 합하면 二十六이 나오는 바 선천수 百에 二十六을 총합하면 百二十六이다. 그러므로 丁亥日(정해일)의 日辰數(일진수)는 百二十六이다.

時間數(시간수)＝선천수로 時(시)의 天干(천간)과 地支(지지)를 각각 百單位(백단위)로 하여 干支數(간지수)를 합하고、다음은 후천수로 時(시)의 干(간)은 十單位(십단위)、支(지)는 單(단)자리로 하여 干支數(간지수)를 합친 다음 先後天數(선후천수)를 모두 합한 數(수)가 時間數(시간수)다.

가령 壬寅時(임인시)라면 선천수로 壬(임)이 六이니 六百、寅(인)이 七이니 七百을 합하면 千三百(천삼백)이고、다음은 壬

(임)이 一이니 十으로、寅(인)이 三이니 三으로 하여 합하면 十三이고、선후천수를 총합하면 千三百十三(천삼백십삼)이 된다. 그러므로 壬寅時(임인시)의 時間數(시간수)는 千三百十三(천삼백십삼)이다.

　　大定數(대정수)＝위와 같이 계산하여 나온 太歲(태세) 月建(월건) 日辰(일진) 時間數(시간수)를 총합한 수를 大定數(대정수)라 한다.

　　가령 甲子年(갑자년) 丙寅月(병인월) 丁亥日(정해일) 壬寅時(임인시)라면 甲子(갑자)태세수 三十一、丙寅(병인)月建數(월건수) 八十七、丁亥(정해)일진수 百二十六、壬寅(임인)시간수 千三百十三(천삼백십삼)을 총합한다.

　　그리하면 답이 千五百五十七(31+87+126+1313=1557)이니 이 수가 例(예) 사주의 대정수다.

◉ 大定數早見表(대정수조견표)

干支(간지)	太歲(태세)	月建(월건)	日辰(일진)	時間(시간)
甲子(갑자)	三一	四九	二一一	一八三一
乙丑(을축)	九〇	一〇六	二五〇	一六九〇
丙寅(병인)	七三	八七	二一三	一四七三
丁卯(정묘)	二八	四〇	一四八	一二二八
戊辰(무진)	五五	六五	一五五	一〇五五
己巳(기사)	一〇二	一一五	二三二	一四〇二
庚午(경오)	九七	一一四	二六七	一七九七
辛未(신미)	五〇	六五	二〇〇	一五五〇
壬申(임신)	一九	三二	一四九	一三一九
癸酉(계유)	六四	七五	一七四	一一六四
甲戌(갑술)	三五	四九	一七五	一四三五
乙亥(을해)	八六	九八	二〇六	一二八六
丙子(병자)	七一	八七	二三一	一六七一
丁丑(정축)	三〇	四四	一七〇	一四三〇
干支(간지)	太歲(태세)	月建(월건)	日辰(일진)	時間(시간)
甲午(갑오)	三七	五五	二一七	一八三七
乙未(을미)	九〇	一〇六	二五〇	一六九〇
丙申(병신)	七九	九三	二一九	一四七九
丁酉(정유)	二四	三六	一四四	一二二四
戊戌(무술)	五五	六五	一五五	一〇五五
己亥(기해)	一〇六	一一九	二三六	一四〇六
庚子(경자)	九一	一〇八	二六一	一七九一
辛丑(신축)	五〇	六五	二〇〇	一五五〇
壬寅(임인)	一三	二六	一四三	一三一三
癸卯(계묘)	六八	七九	一七八	一一六八
甲辰(갑진)	三五	四九	一七五	一四三五
乙巳(을사)	八二	九四	二〇二	一二八二
丙午(병오)	七七	九三	三三七	一六七七
丁未(정미)	三〇	四四	一七〇	一四三〇

干支(간지)	太歲(태세)	月建(월건)	日辰(일진)	時間(시간)
戊寅(무인)	五三	六五	一七三	一二五三
己卯(기묘)	一〇八	一二三	二五八	一六〇八
庚辰(경진)	九五	一〇八	二二五	一三九五
辛巳(신사)	四二	五三	一五二	一一四二
壬午(임오)	一七	三二	一六七	一五一七
癸未(계미)	七〇	八三	二〇〇	一三七〇
甲申(갑신)	三九	五五	一九九	一六三九
乙酉(을유)	八四	九八	二二四	一四八四
丙戌(병술)	七五	八七	一九五	일이칠오
丁亥(정해)	二六	三六	一二六	일〇이육
戊子(무자)	五一	六五	一五五	一〇五五
己丑(기축)	一一〇	一二七	二八〇	一八一〇
庚寅(경인)	九三	一〇八	二四三	一五九三
辛卯(신묘)	四八	六一	一七八	一三四八
壬辰(임진)	一五	二六	一二五	一一一五
癸巳(계사)	六二	七一	一五二	九六二
戊申(무신)	五九	七一	一七九	一二五九
己酉(기유)	일〇사	一一九	二五四	一六〇四
庚戌(경술)	九五	一〇八	二二五	一三九五
辛亥(신해)	四六	五七	一五六	一一四六
壬子(임자)	一一	二六	一二五	一一一五
癸丑(계축)	七〇	八三	二〇〇	一三七〇
甲寅(갑인)	三三	四九	一九三	一六三三
乙卯(을묘)	八八	一〇二	二二八	一四八八
丙辰(병진)	七五	八七	一九五	一二七五
丁巳(정사)	二二	三二	一二二	一〇二二
戊午(무오)	五七	七一	一九七	一四五七
己未(기미)	一一〇	一二七	二八〇	一八一〇
庚申(경신)	九九	一一四	二四九	一五九九
辛酉(신유)	四四	五七	一七四	一三四四
壬戌(임술)	一五	二六	一二五	一一一五
癸亥(계해)	六六	七五	一五六	九六六

三、作卦法(작괘법)

(1) 數字(숫자)얻는 법

年月日時(년월일시)를 총합한 대정수가 가장 적은 경우 一千百二十一(일천백이십일)이고、가장 많은 경우 二千三百四十八(이천삼백사십팔)이다.

그러므로 모두가 千(천)단위인 單十百千(단십백천)의 四자리 수가 나오는데 이 네자리 수에서 천단위와 단자리를 除去(제거)하고 십단위 백단위의 두자리 수만 가지고 卦(괘)를 작성해야 한다.

아래의 보기를 참고하라.

<例(예)>

一(×)五一八(×) …………▶ 五一
二(×)三四八(×) …………▶ 三八
一(×)九三六(×) …………▶ 九三

그런데 위와 같이 十(십)단위 百(백)단위가 一에서 九까지라면 문제가 되지 않으나 경우에 따라서는 百(백)단위 혹은 十(십)단위가 ○이 되는 수가 있고 또는 百十(백십)단위가 모두 ○수가 되는 경우가 있다.

만일 百(백)단위가 〇數(수)면 千(천)단위 수를 引用(인용)하고、十(십)단위가 〇수면 單(단)자리의 수를 인용하며 百拾(백습) 두 자리가 모두 〇수면 千(천)자리 단자리 수를 모두 인용해야 한다.

<例(예)>

一〇七八 ·············▶　一七로
一六〇八 ············▶　六八로
二〇〇六 ············▶　二六으로
二〇〇〇 ············▶　二二로

(2) 變　數　法(변수법)

　　위와 같이 上下(상하) 두자리 수를 얻어내면 그대로 쓰는 것이 아니라 변수를 적용하여 作卦(작괘)해야 한다.

　　다음을 보라.

<一變七>
一은 七로 변한다.
<二變二>
二은 二로 다시 된다.

<三變六>

三은 六으로 변한다.

<四變三>

四는 三으로 변한다.

<五變四>

五는 四로 변한다.

<六變五>

六은 五로 변한다.

<七變七>

七은 七로 다시 된다.

<八變八>

八은 八로 다시 된다.

<九變一>

九는 一로 변한다.

(3) 八 卦(팔 괘)

【一乾天(건천)、二兌澤(태택)、三离火(이화)、四震雷(진뇌)、
五巽風(손풍)、六坎水(감수)、七艮山(간산)、八坤地(곤지)】

　　더 간단한 방법은 위와 같이 變數法(변수법)을 적용하지 않고 직접 변수를 계산한 作卦法(작괘법)으로 써도 좋다.

【一艮山(간산)、二兌澤(태택)、三坎水(감수)、四离火(이화)、五
震雷(진뇌)、六巽風(손풍)、七艮山(간산)、八坤地(곤지)、九乾天
(건천)】

　　가령　大定數(대정수)가　一三五二라면　千(천)자리　일과　單(단)
자리　二를　제거하면　三五다.
　　변수로　三變六(삼변육)　五變四(오변사)가　되어　六四(육사)의
水雷屯卦(수뇌둔괘)가　나오는데　간단한　방법으로　거참　三坎水
(삼간수)　五震雷(오진뇌)가　되므로　마찬가지로　水雷屯卦(수뇌둔
괘)가　나온다.

<一－七【一艮山(간산)】＞
七艮山(칠간산)이　즉　一艮山(일간산)이다.
<二－二【二兌澤(태택)】＞
二兌澤(이태택)이　다시　二兌澤(이태택)이다.
<三－六【三坎水(감수)】＞
六坎水(육감수)가　즉　三감수(삼감수)다.
<四－三【四离火(이화)】＞
三离火(삼이화)가　즉　四离火(사이화)다.
<五－四【五震雷(진뇌)】＞
四震雷(사진뇌)가　즉　五震雷(오진뇌)다.
<六－五【六巽風(손풍)】＞
五巽風(오손풍)이　즉　六巽風(육손풍)이다.
<七－七【七艮山(간산)】＞

七艮山(칠간산)이 다시 七艮山(칠간산)이다.

<八－八【八坤地(곤지)】>

八坤地(팔곤지)가 다시 八坤地(팔곤지)다.

<九－一【九乾天(건천)】>

一乾天(일건천)이 즉 九乾天(구건천)이다.

<여러가지 例(예)>

대 정 수 大定數	취 용 取用	변 수 變數	괘 상 卦象		비 고 備考
一六二五	六二	五二	풍 택 중 부 風澤中孚	䷼	六二가 五二로 變
二一三二	一三	七六	산 수 몽 山水蒙	䷃	一三이 七六으로 變
二〇五三	二五	二四	택 뇌 수 澤雷隨	䷐	二五가 二四로 變
一八九四	八九	八一	지 천 태 地天泰	䷊	八九가 八一로 變
一九〇七	九七	一七	천 산 둔 天山遯	䷠	九七이 一七로 變
二〇〇〇	二二	二二	중 태 택 重兌澤 (兌爲澤)	䷹	二二는 다시 二二로
二〇〇六	二六	二五	택 풍 대 과 澤風大過	䷛	二六이 二五로 變
一六五〇	六五	五四	풍 뇌 익 風雷益	䷩	六五가 五四로 變
一八〇〇	八八	八八	중 곤 지 重坤地 (坤爲地)	䷁	八八이 다시 八八로

四、종합설명

① 四柱(사주) 生年月日時(생년월일시)를 定(정)한다.

② 太歲(생년)、月建(생월)、日辰(생일)、時間(생시)에 소속된 숫자를 총합하여 대정수를 알아낸다(대정수조견표 참고).

③ 四(사)자리의 대정수를 千(천)자리와 單(단)자리를 떼어내고 百(백)단위 十(십)단위의 숫자만을 취용하되 百(백)단위가 ○이면 千(천)자리 숫자를 이끌어 쓰고、十(십)자리가 ○이면 單(단)자리 숫자를 이끌어 쓰며、百十單(백십단)이 모두 ○이면 千(천)자리 숫자를 上下(상하)로 놓고、十(십)과 單(단)자리가 모두 ○이면 百(백)자리 숫자를 上下(상하)로 놓는다.

④ 위와 같이 하여 얻어낸 上下(상하)의 숫자를 변수법에 의하여 나온 수를 기준 八卦(팔괘)를 上下(상하)로 배열하면 주인공이 해당되는 卦(괘)가 나오므로 그 곳을 찾아보면 된다.

제 一 편

초 년 운(初 年 運)

重 乾 卦(중건괘)   初年運   一一

남자운

이 사주는 천성이 광명정대하며 어질고 덕이 있고 마음속에 고상한 재주를 품었으며 뜻이 활달대도하니라. 부모궁은 어머니가 먼저 돌아가시고 두 부모를 모실 수요. 형제궁은 삼사 형제격이며 처궁은 현철한 여자와 백년해로하며 자손궁은 형제격이며 귀한 자식을 두고 재물궁은 부귀로 이름을 얻으며 만금을 쌓고 물망을 얻으며 벼슬궁은 이름을 용문에 날리며 귀한 녹(祿)이 집안에 만당하리라. 초년수는 십세 전부터 집이 점점 늘며 부모궁에 경사 있고 십세 후는 형제간에 기쁜 일이 있으며 십육칠세면 동으로 희소식을 들으며 백년가인을 만나리라. 오미년은 가정에 경사 있고 자축년은 형제궁에 근심이 중하며 인묘년은 부모궁에 경사 없으면 액이 있고 진사년은 재수 대길하며 신유년은 귀인이 도우며 술해년은 신병이 있고 처궁에 근심이 있게 되리라.

여자운

이 사주는 천성이 급하고 굳세며 강명하여 상부의 기상이 있으며 남을 제 몸 같이 사랑하고 강유를 겸전하리라. 부모궁은 아버지가 먼저 돌아가시며 형제궁은 사오 형제격이며 남편궁은 백년해로하며 자손궁은 삼형제격이나 중간에 패를 보고 독신격이며 재물은 횡재수가 많으며 수중에 만금을 희롱하며 부자로 이름을 얻으리라. 평생에 큰 뜻을 다하지 못하여 심중으로 자탄할 때 많으리라. 초년수는 가정에 좋은 일이 많으며 부모궁에 경사 있고 재물을 쌓으며 집이 늘며 식구를 더하고 십일세면 병으로 고생하고 십오륙세면 남쪽의 현명한 장부와 평생을 맺으며 십팔구세면 형제간에 기쁜 일이 생기고 가정에 경사 있으리라. 인묘년은 부모의 근심이 중하며 자축년은 가내에 재수가 길하며 진사년은 신액이 있고 오미년은 형제의 근심이 크며 신유년은 귀인을 만나고 술해년은 가정에 경사 있으며 희소식을 들으리라.

天澤履卦(천택이괘)　　初年運

남자운

이 사주는 천성이 예(禮)를 좋아하며 마음이 굳세고 또 어질며 위인이 귀가 크고 눈이 적으며 코가 적고 배꼽아래 흠이 있으며 부모궁에 일이 많고 적덕이 적으며 형제궁은 형제나 삼형제며 중년에 낭패를 보리라. 처궁은 초년에 상처할 수요 두 세번 신랑이 되리라. 자손궁은 귀한 자손을 둘 수며 벼슬궁은 액이 많고 살기가 있어 관록의 인연이 없도다. 만일 벼슬을 구하면 해가 많고 장사를 하면 만금을 수중에 희롱할 수라. 초년은 세상에 태어난 이후로 고생이 차츰 심해지고 집안에 변괴가 백출하여 일신이 편할 날이 없으며 또 인묘년에 병이 들면 십세를 지내기 어렵고 십세를 지내면 십칠팔세가 또 대단히 수에 꺼리도다. 초년운은 사주에 살이 있어 남모르게 무한한 고생을 하리라. 사오년에 청조가 전신하니 불길할 수니라.

여자운

이 사주는 근본이 귀한 집 자손이라 천성이 지혜가 많고 도량이 너그러우며 정신이 비범한 여자이니라. 사람됨이 결단성이 많고 인정사정을 다 살피며 마음이 어질고 착하나 한번 성을 내면 뉘가 능히 막으리오. 부모궁은 아버지가 먼저 돌아가시고 형제궁은 삼사형제라. 서로 화목하며 도와주는 일이 많으리라. 자손궁은 귀한 자손을 두며 남자를 먼저 낳으며 남편궁은 원진살이 있으니 초년은 동서로 각각 돌아앉으리라. 그러나 집안 권세가 모두 수중에 있으니 초년에 액이 있어 십삼사세와 십팔세를 어찌 넘기는고, 십세후로 집안에 큰 액화가 있고 의식이 넉넉지 못하여 고생이 많고 항상 마음이 편할 날이 드물도다. 십세전에 효복을 입을 수요 자년과 해년을 만나면 길인이 도우며 녹(祿)이 생기리라. 인묘년 중에 동남으로 기쁜 청조가 전신하니 몸에 병이 있거나 흠이 있는 남편이 평생 귀인이니라.

天火同人卦(천화동인괘)

初年運

남자운

이 사주는 천성이 급하여 가랑잎에 불붙기요. 마음이 한결같지 못하여 평생에 하는 일이 게를 잡아 물에 넣음이라. 지극한 공력을 다하나 남이 옳다 하지 아니하니 이는 사주에 살이 있어 그러함이라. 부모궁은 아버지가 먼저 돌아가시고 형제궁은 사형제격이나 형제뿐이요. 처궁은 어진 아내를 두며 자손궁은 첫 딸을 두고 중년 후에 늦게야 삼사형제를 두리라. 벼슬궁은 몸에 천록성을 가졌으니 이십후에 이름을 날리고 관록을 먹으리라. 초년운은 네 살 안에 잔병이 많고 네 살이 지나면 액이 물러가고 십세후에 집안이 늘며 십팔구세에 서북방으로 청조가 전신하며 숙녀의 배필을 짝하리라. 만일 십육칠에 장가들면 공방살이 있어 불길하며 술년에 귀인을 만나리라. 평생에 조심할 것은 술을 먹지 않으면 몸에 길하리라.

여자운

이 사주는 천성이 인후하며 위인이 총명하고 재주가 뛰어나며 오복을 다 갖춘 사주이다. 부모궁은 아버지가 먼저 돌아가시고 형제궁은 살이 있어 불길하며 형제간에 환난이 많으며 사이가 좋지 않으며 자손궁은 처음에 딸을 낳으며 늦게 한 아들을 두며 남편궁은 귀한 남편을 만날 수요. 재물궁은 초년과 말년이 태길하며 부귀를 겸전하리라. 십세까지는 평평하게 지내며 십세후는 집이 늘며 재물이 만당하며 십육세에 북방으로 수성인과 백년의 인연을 맺으면 평생 길하고 만일 그렇지 못하면 이별수를 면치 못하고 몸을 번화한 중에 두리라. 인묘년에 신액이 있고 사오년은 구설수가 있으며 이십세면 사람을 천리밖에 이별하며 진술년이면 자손의 경사 있으리라. 평생 심중에 맺힌 것은 복이 없어 홀로 자탄하니 사주에 상형살이 있어 타인에게서 공연히 원망을 받으리라. 팔자에 정한수니 어찌 변할 수 있으리오.

天雷無妄卦 (천뢰무망괘)　初年運

남자운

이 사주는 천성이 유순하고 강명하며 위인이 건장하고 구변에 능하며 입이 크고 눈이 밝으며 부모궁은 어머니가 먼저 돌아가시고 형제궁은 삼형제격이나 중년에 낭패를 보며 처궁은 첩을 둘 수요. 처궁에 변이 많아 이십안에 이별수가 없으면 중년에 상처하며 자손궁은 형제격이나 처음에 자손은 패를 보고 중년에 귀한 자식을 둘 수요. 재물궁은 삼십후에 비로소 만당하며 자수성가할 수라. 부모의 조업이 흩어지고 고생할 때에 귀인을 만나 중년과 말년에 곡식 세는 일을 부러워 아니하리라. 초년수는 부모궁에 화패가 있고 십세 안에 몸을 의탁할 곳이 없어 형제간에 해를 입어 풍파를 많이 지내고 십삼세에 고기가 그물에 걸림이니라. 병과 액이 침로하며 흉악한 재앙이 있으리라. 이십후로 화패가 차차 사라지고 귀인이 도우나 또한 장구치 못하리라.

여자운

이 사주는 천성이 강하고 유순하며 밖으로는 밝으나 안으로는 어두우며 예절을 좋아하고 부모궁은 아버지가 먼저 돌아가시며 형제궁은 여러 형제라 하나 초년에 패가 많아 겨우 형제격이오. 남편궁은 천파살이 있으며 또 원진이 되니 생리사별수가 있고 남편의 위인이 분명치 못하며 가정의 권세를 수중에 잡으리라. 남자의 사주면 두 집에 신을 벗어 놓을 사주라. 풍파가 많으리라. 자손궁은 인오사년생 귀자를 두며 초년에는 자손의 패를 당하리라. 재물궁은 자수성가하며 평생에 자기 권도로 만금을 쌓을 수요. 중년과 말년에 부귀를 겸전하리라. 십세전에는 인간 고생이 심하며 부모궁에 화패가 있으며 십세후로 신병이 있으면 십사오세를 지내기 어려우리라. 평생에 내 마음을 알아주는 사람이 없으니 홀로 자탄을 금치 못하리라. 십팔세에 서쪽 사람을 배필로 정하면 길하고 그렇지 않으면 이별수를 면치 못하리라.

天風姤卦 (천풍구괘)

初年運

남자운

이 사주는 천성이 풍류남자라. 의협심과 정의가 있으며 신이 중한 사람이라. 위인이 박학다문하여 문필이 훌륭하고 벼슬을 하면 문관으로 일생을 지내며 붓대로 득명하리라. 부모궁은 두 부모를 섬길 수며 아버지가 먼저 돌아가시고 형제궁은 외로운지라. 이복형제가 있으나 다 근심과 걱정될 것이오. 처궁은 재앙이 많고 상처수 있으며 내외금슬이 화평치 못하고 이삼차 이별수 있으리라. 재물궁은 모였다가 바람결에 흩어지며 일평생에 희살이 많아 어떤 것은 모이고 어떤 것은 흩어지니 사주에 망신살이 있어 재앙이 많은 격이라. 나를 해코자 하는 사람은 많고 도와주는 사람은 적은 상이라. 평생 귀인은 사오년생이고 부모의 조업이 없고 자수성가하리라. 초년에 두 살이 꺼리고 두 살을 지내면 구세 십세가 또 꺼리도다. 십세까지는 고생이 심하고 십세후면 차츰 집안이 느니라. 사해년을 당하면 재앙이 물러가고 복록이 이르리라.

여자운

이 사주는 천성이 정직하고 신(信)과 의(義)가 흉중에 가득하며 사람을 잘 구제하고, 위인이 안은 어둡고 밖은 밝으며 말을 잘하리라. 부모궁은 아버지가 먼저 돌아가시고 다른 부모를 모실 팔자요. 형제궁은 삼사형제며 또 다른 형제도 있으며 남편궁은 귀한 남편이나 원진살이 있으니 여러 해 공방이 되며 재물궁은 천파성이 있어 화패가 많고 아침에 얻었다가 저녁에 잃은 격이오. 일평생에 득실이 많으리라. 초년수는 오세안이 위태하며 병과 재앙이 있으며 오세를 지내면 팔구세가 대단히 꺼리고 십세내에 부모궁에 또한 변괴 있도다. 십사오세면 재앙이 점점 흩어지며 십칠팔세면 남으로 청조가 전신하니 백년가인을 만나리라. 진년생이나 사년생인 사람이면 평생 대길하고 그렇지 않으면 생이별수 있으며 공방살이 있어 오인년에 구설이 요란하며 사오년이면 자손의 경사 있고 진술년은 만인의 인사를 받으리라.

天水訟卦 (천수송괘) 初年運

남자운

이 사주는 천성이 참을성 많고 유순하고 강하며 이치에 대단히 밝으며 위인이 시비를 잘 분석하며 주선하는 성질이 많은 사람이라. 부모궁은 어머니가 먼저 돌아가시며 일생에 부모를 가까이 뫼시지 못하며 형제궁은 세 기러기가 날다가 한 기러기 떨지는 격이오. 처궁은 처음은 상처하며 인신생인 어진 아내를 만나 백년해로 하며 중년에 처와 첩이 동서로 나누어지며 자손궁은 오형제격이며 재물궁은 초년과 말년이 대길하며 부자집 노인이 되며 사주에 역마성이 있으니 사방으로 돌아다니며 귀인이 노상에 많으리라. 초년에 세 살이 꺼리고 세 살을 지내면 여덟살이 위태하리라. 십세후면 화액이 사라지고 십오륙세면 청조가 가시어 북으로 기쁜 소식이 오며 자오양년은 귀인이 인도하여 녹을 얻으며 이십후면 형제중에 길인이 도와 만사가 뜻대로 되리라.

여자운

이 사주는 천성이 인정이 많고 사람을 사랑하며 위인이 말 수단이 좋으며 시비를 잘 분석하고 내외(內外)가 명철하며 부모궁은 아버지가 먼저 돌아가시고 조업이 없고 자수성가할 수며 형제궁은 형제나 오륙형제격이오. 남편궁은 천형살이 있어 생리사별하며 남편의 덕이 없으며 몸이 동서로 분주히 다니는 격이오. 재물궁은 말년이 대길하며 부자 노인이 되며 초년, 중년은 재물이 모이면 재앙이 나서 미구에 흩어지니 이는 재물궁에 형살이 있어 얻은 지 얼마 안 되어 잃어버리리라. 초년수는 세 살을 잘 지내기가 어려우며 또 칠세를 꺼리도다. 십세가 지나면 액화살이 사라지며 십칠팔세에 귀인이 북쪽에서 오며 십구세, 이십세면 자손이 경사 있고 인묘년에 면병이 있거나 가정에 화란이 생기며 진술년은 남편궁에 재앙이 있어 이별수 되기 쉬우며 해자년은 형제간에 일희일비(一喜一悲)하며 유년과 신년은 부모궁에 효복을 입을 수니라.

天山遯卦 (천산둔괘) 初年運

남자운

이 사주는 천성이 맑고 강명하나 항상 심중에 부족한 생각을 품어 스스로 억제치 못하며 위인이 심히 적으며 사람을 알아보는 성정이라. 고정한 마음을 억제함이 길하며 부모궁은 어머니가 먼저 돌아가시며 두 부모를 섬길 수며 형제궁은 외로운 격이오. 처궁은 생리사별하며 해로할 사람이 드물다. 자손궁은 살성이 비춰니 낭패가 많고 이루기 어렵도. 만일 조상의 음덕이 있으면 독자를 두며 그렇지 않으면 자손궁으로 근심이 끊어지지 않으리라. 재물궁은 오래지 못하여 재물이 흩어지며 동에서 얻어 서에서 잃는 격이오. 부모의 조업을 잘 지키면 길하리라. 이 사주는 편안한 복이 없고 수고로운 중에 재물을 얻으리라. 초년수는 병이 잦으며 가정에 화액이 많도다. 해자년간에 귀인을 만나 인연을 맺으리라.

여자운

이 사주는 천성이 한결같지 못하며 마음을 황홀한 지경에 쓰며 타인의 비웃음을 면치 못한 격이오. 위인이 심히 분명하며 성정이 한번 나면 누가 감히 막으리오. 부모궁은 아버지가 먼저 돌아가시고 형제궁은 외로운 격이라. 비록 형제가 있다하나 노상에서 만난 사람과 같으며 남편궁은 좋으나 동가 서가에 귀인이 있고 만일 세 곳에 인연을 맺지 아니하면 과부살이 있거나 고생이 심할 수요. 자손궁은 타인의 자식을 내 자손으로 만드는 격이며 재물궁은 부모의 조업을 지키지 못하며 고생한 후에 재물이 있고 일평생에 인간의 화액이 많으니 이는 악한 살성이 사주팔자에 있는 고라. 귀인이 도우나 오래지 않아 물러가고 형제중에 돕는 사람은 적고 인복이 부족한 수라. 초년은 한 살, 두 살을 지내기 어렵고 세 살이 넘은 후면 몸에 병이 자주 생기고 십육칠세에 남으로 길인과 인연을 맺으며 해자년은 눈물을 뿌리며 이십후면 재물이 손해나리라.

天地否卦(천지비괘)

初年運

남자운

이 사주는 천성이 총명치 못하며 마음은 인자하나 사리에 밝지 못하고 위인이 후덕하며 몸에 병이 없으리라. 부모궁은 아버지가 먼저 돌아가시고 형제궁은 독신이 아니면 이복형제가 있고 처궁은 원앙의 배필을 만나 금슬이 깊고 현처를 얻으리라. 자손궁은 화패가 많고 아이는 많이 나으나 기르기 어려우며 산천에 정성을 다하여 빌면 신령의 감응으로 독자를 두며 재물궁은 중년에 만금을 쌓으며 여인의 덕으로 전조를 사방에 두리라. 초년수는 두 살에 병이 들면 위태하며 두 살을 지내면 칠세가 또 불길하며 십세후는 불로 몸을 상하기 쉬우며 이십세 안에 장가들면 대단히 불길하고 이십세 후면 어진 사람을 만나며 부귀를 누리리라. 이십삼사세에 여자를 가까이 하면 송사되며 인묘년이면 횡재하고 진사년이면 이름이 사방에 진동하리라.

여자운

이 사주는 천성이 지극히 어질며 사람을 사랑하고 가난한 자를 구제하며 위인이 정대하고 재주가 뛰어나며 사물의 이치를 흉중에 깨달은 사주라. 부모궁은 어머니가 먼저 돌아가시고 형제궁은 삼형제격이나 형제요. 남편궁은 이름을 두곳에 둘 수며 이별할 살성이 비춰도다. 자손궁은 액도성이 있어 눈물로 세월을 보낼 수며 재물궁은 평생 넉넉하며 삼십후에 큰 부자로 이름이 사방에 들리리라. 이 사주는 무후 봉사하면 귀한 자식을 두리라. 초년수는 십세를 지내기 어렵고 십이세면 물과 불의 재앙이 있으며 십칠팔세면 남으로 길인이 우연히 전신하니 동방화촉에 가약을 정하며 십팔구세면 자손의 경사 있고 그렇지 않으면 남편이 벼슬의 관록을 먹을 수며 신묘년은 부모궁에 액이 있고 신유년은 재물에 화를 보며 오미년은 귀한 사람이 동남으로 쫓아오며 진미년은 부모궁에 경사 있고 술해년은 반흉반길한 일이 있으리라.

澤天夬卦(택천쾌괘)

初年運

남자운

이 사주는 천성이 순하며 지혜 있고 도량이 크며 만인의 장(長)이 될 사람이오. 위인이 정직하며 밖으로는 유순하나 안으로는 강명하며 평생에 주색을 좋아하리니 항상 경계함이 길하리라. 몸에 도화살이 있으니 풍류에 마음이 호탕한 격이라. 부모궁은 아버지가 먼저 돌아가시며 형제궁은 사오형제격이오 이복형제도 있으며 처궁은 어진 아내를 얻을 수며 동서에 처첩이 있는 격이며 자손궁은 사오형제격이며 첫 아들을 두며 재물궁은 만금을 쌓으며 벼슬궁은 살기가 있으니 재앙이 많고 평생에 부자로 이름을 얻으리라. 초년수는 부잣집 자손으로 복록이 무량하나 십세 후에 액이 많고 십오륙세면 서북방으로 기쁜 까치가 소식을 전하며 십구, 이십세면 슬하에 경사가 있고 이십이삼세면 이름이 원근에 진동하리라.

여자운

이 사주는 천성이 인자하며 남을 제 몸같이 사랑하고 마음이 깊고 덕기가 얼굴에 가득하며 위인이 평범한 사람이 아니며 부모궁은 어머니가 먼저 돌아가시고 형제궁은 삼사형제며 남편궁은 현명한 장부와 백년해로하며 자손궁은 귀한 자손을 이삼형제 두며 재물궁은 일생에 부유하며 귀한 사주요 현숙한 사람이니라. 평생 길흉을 논할진 데 부모궁에 살성이 움직였으니 십세 이내에 효복을 입을 수며 초년은 십세에 신액이 있고 십삼세면 놀랄 일이 있고 십오륙세면 가정에 화를 삼가며 십칠세면 귀인이 동방으로 희소식을 전하며 이십세면 만인의 인사를 받을 수며 이십사오세면 봉황이 상서를 드리며 이십육칠세면 재록이 넉넉하고 가부신영하리라. 진술년은 재물에 패를 보며 인묘년은 형제간에 액이 있으며 해자년은 자손 경사 있고 신유년은 길한 일이 많으리라.

重兌卦(중태괘) 初年運

남자운

이 사주는 천성이 순박하고 어질며 심지가 굳고 밖은 어리석으나 안은 밝고 도량과 재간이 크며 위인이 인자하고 도덕심으로 모든 일을 다스리니 만인이 흠모하는 격이오. 문학이 흉중에 가득하니 호걸남자라. 부모궁은 어머니가 먼저 돌아가시고 형제궁은 삼사 형제며 처궁은 원진살이 있으니 초년에 공방이 들며 처가 집안 권세를 잡으리라. 자손궁은 독자격이며 재물궁은 초년과 중년이 대길하며 관록궁은 소년 등과하여 입신양명하며 일생에 글과 재주로 녹을 얻으며 조업은 중간에 낭패하고 자수성가하리라. 두 살과 일곱 살이 꺼리며 십세 후로 재록이 날로 늘고 십칠팔세에 청조가 전신하니 화촉동방에 백년가약을 맺으며 십팔구세에 수중에 만금을 희롱하며 이십후면 고기가 바다로 돌아가는 수라. 인묘년에 여인을 가까이 말며 신유년은 신병이 있고 사오년은 이름을 날리리라.

여자운

이 사주는 천성이 정직하고 밖은 어두우나 안은 밝으며 신을 지키고 재주가 특이하며 남을 제 몸같이 사랑하여 사람의 급함을 잘 구제하는 격이오. 평생에 타인의 말을 잘 듣지 아니하는 성품이다. 부모궁은 아버지가 먼저 돌아가시며 형제궁은 독신 격이며 남편궁은 현명한 군자와 백년해로 하며 복록이 넉넉하며 자손궁은 독자가 아니면 형제격이오. 자손의 화폐가 많으며 재물궁은 천강성이 비취니 모으면 흩어지며 오래 쌓이지 못하리라. 초년수는 칠세 안에 병이 많고 십세 후면 복록이 이르고 십사세면 형제간에 액이 있고 몸에 병이 침로하며 십칠팔세면 재물이 오고 이십 안에 부모의 효복을 입을 수며 이십 삼사세면 귀자를 낳으며 이십오륙세면 자손의 근심이 있으리라. 사오년은 귀인을 만나며 진술년은 슬하에 근심이 있고 인묘년은 부모의 액이 있으며 해자년은 횡재수 있고 신유년은 이별수 있으며 미년은 녹을 더하고 가내에 경사가 새로우리라.

澤火革卦(택화혁괘)

初年運

남자운

이 사주는 천성이 흐르는 물과 같고 맑고 청담함이 비할 데 없으며 안과 밖이 한결같도다. 부모궁은 아버지가 먼저 돌아가시며 초년에 효복을 입을 수며 형제궁은 오륙형제며 처궁은 얻은 지 얼마 안 되어 잃어버리며 생리사별하니 믿을 곳이 없으며 자손궁은 독자를 두며 재물궁은 중류 하여 흐르는 배가 풍랑을 만난 격이오. 관록궁은 천둥소리가 백리에 진동하니 유명무실함이라. 사주에 칠살이 있어 만사에 남의 일을 방해하니 외로운 격이라. 수(壽)도 장수치 못할 격이니 이십 안이 위태하며 만일 이십을 잘 지내면 살격이 변하여 한 큰 권도가 되리니 군중 벼슬을 하면 대길하며 이름이 천하에 진동하여 천병만마(千兵萬馬)를 휘하에 거느리리라. 축미년에 이름을 금방에 걸며 진술년에 칼을 몸에 걸고 이름을 빛내며 해자년은 처자궁에 화액이 있으며 인묘년은 벼슬에 좋은 소식이 들리리라.

여자운

이 사주는 천성이 밝고 총명함과 지혜가 뛰어나고 얼굴이 아름다우며 위인이 현숙한 태도가 외면에 나타나며 남을 제 몸 같이 사랑하리라. 부모궁은 아버지가 먼저 돌아가시며 초년부터 화변이 있으며 형제궁은 이삼형제격이요 남편궁은 상형살이 비취니 생리사별하며 자손궁은 삼형제격이나 모두 부모에게 근심을 끼치리로다. 재물궁은 형제간에 귀인이 있어 재물을 얻으리라. 이 사주는 칠살이 팔자에 있으니 마음이 변하고 새로운 일을 생각하면 화가 물러가고 재앙이 소멸되며 십칠세나 이십이세를 잘 지내면 화살위권하며 이름을 사방에 떨치리라. 인묘년은 신병이 있고 해자년은 가정에 재앙이 있으며 진술년은 서복에서 귀인이 오며 축미년은 부모궁에 눈물을 흘리며 형제간에 좋은 일이 있고 신유년은 자손의 경사 있으며 또 이별수 있으니 일희일비한 격이오. 오년은 재물을 횡재하리라.

澤雷隨卦 (택뢰수괘)

初年運

남자운

이 사주는 천성이 웅위하고 외강내유하며 위인이 장대하고 외모가 준수하며 쾌활한 대장부며 풍채 기이하고 거동이 위엄차고 엄숙하며 부모궁은 어머니가 먼저 돌아가시고 형제궁은 삼형제며 처궁은 현명하고 유덕한 아내요 처첩을 두며 자손궁은 화패를 많이 보며 흉살이 있으니 불길하도다. 재물궁은 논밭이 많으며 평생 부자로 득명하고 관궁은 말년에 공이 높아 이름이 드러나고 녹을 먹으리라. 조업은 없고 자수성가하리라. 초년수는 평평하며 육세면 부모궁에 일이 있고 십일이세면 형제간에 경사 있고 십오륙세면 신병이 두렵고 이십 후에 장가들면 어진 아내를 만나며 이십일이세면 운수가 비로소 열리며 귀인이 붙들며 이십삼사세면 여자를 가까이 말라 뜻밖의 액이 돌아오리라.

여자운

이 사주는 천성이 유순하며 정직하고 인자하니 여자중의 군자라 부모궁은 아버지가 먼저 돌아가시고 형제궁은 이삼형제나 독신과 일반이오. 남편궁은 백년해로하며 귀한 사람과 평생 고락을 함께 하리라. 자손궁은 아이를 낳으나 끝까지 잘 기르지 못하고 화패가 많으며 재물궁은 이십 후로 재운이 대통하여 부자로 득명하며 초년은 부모의 조업이 없으니 자수성가할 수며 십세 전은 고초를 많이 겪으며 십세 후는 비록 조금 낫다하나 또한 고생이 심하고 십 이후로 귀인을 만나 재물을 쌓으며 진술년은 자손의 경사 있고 인묘년은 신병이 있고 사오년은 남편궁에 경사 있으며 신유년은 부모궁에 기쁜 일이 있고 자축년은 가정에 불길한 일이 많으며 도적과 실물수 있고 음인의 해가 몸에 미치면 이별수 있으리라.

澤風大過卦(택풍대과괘) 初年運

남자운

이 사주는 천성이 변화 많고 한결같지 못하며 평생 성품으로 해를 많이 보며 재물을 손해 보며 풍파가 심하리라. 부모궁은 어머니가 먼저 돌아가시고 형제궁은 독신 격이며 처궁은 형충살이 있어 내외 불화하며 또 상처 수 있고 자손궁은 중년에 화변이 생기어 보배나무에 열매가 떨어지고 나머지가 없는 격이오. 재물궁은 부모의 조업이 중년운에 흩어지고 자수성가할 수며 벼슬궁은 대길하며 이십 후로 관록을 먹을 수며 문필로 평생 이름을 날릴 것이라. 초년수는 의식이 풍부하며 귀한 집 아들이오. 십세 후면 부모궁에 경사 있고 십육 칠세에 백년해로함을 언약하며 십팔구세면 귀인이 도우리라. 그러나 몸에 항상 고치기 어려운 병이 있어 일생에 근심되며 천품이 허약하니 인력으로 못할 병이라.

여자운

이 사주는 천성이 마음을 오로지 한 곳으로 쓰지 않고 조변석개하며 사람의 비웃음을 면치 못하고 위인이 현숙함이 적으니 남자의 기상을 겸하리라. 성품을 고치지 않으면 후회하는 일이 많으리라. 부모궁은 아버지가 먼저 돌아가시며 형제 궁은 사형제격이오 남편궁은 어진 군자와 백년해로하며 자손궁은 천살성이 비춰니 화패가 끊이지 않으며 재물궁은 부귀다복하며 조업이 무궁하리라. 초년은 세 살과 여덟 살이 꺼리며 십세 후면 무병하고 십육칠세면 평생 귀인을 만나며 이십후면 남편이 관록을 먹으며 이십삼이세에 자손의 경사 있고 부모궁에 기쁜 일이 있으리라. 인묘년이면 재물이 줄어들고 사오년이면 녹을 더하며 해자년은 형제간에 길한 일이 있고 진술년은 금옥이 만당하며 신유년은 구설이 분분하거나 신병이 두려우며 사람을 기다리는 근심이 생기며 미년은 대길한 소문이 들리리라.

澤水困卦 (택수곤괘) 　　　初年運

남자운

이 사주는 천성이 물결 같으며 인후 정직하며 언변이 좋고 지혜가 명철하며 덕행이 뛰어나다. 부모궁은 아버지가 먼저 돌아가시며 형제궁은 삼사 형제격이나 화합하지 못하고 덕이 없으며 처궁은 백년해로 하며 자손궁은 삼형제격이오. 재물궁은 만금을 쌓으며 부자로 득명하고 이름이 진동하리라. 평생에 몸에 병이 있어 근심으로 세월을 보내며 벼슬궁은 입신양명할 수나 신병으로 방해됨이 많으리라. 초년수는 가정이 무사하며 좋은 일이 많고 부모의 경사 있으며 십사오세면 동방으로 어진 여자를 만나 평생 기약을 정하리라. 자축년은 가정에 경사 있고 인묘년은 형제의 기쁜 일을 보며 진사년은 도적의 놀람이 있으며 오미년은 신액이 침로하며 간내에 근심이 있고 신유년은 귀인을 만나며 술해년은 재수 대길하리라.

여자운

이 사주는 천성이 인자하며 정직 청백하고 사람을 사랑하며 베풀기를 좋아하니라. 부모궁은 아버지가 먼저 돌아가시며 형제궁은 삼형제격이나 독신과 일반이며 남편궁은 금슬이 좋으며 백년동락하고 자손궁은 사오형제격이오. 귀자를 두며 재물궁은 금옥이 만당하며 천금을 희롱하고 부귀득명하며 인후한 덕을 모두 우러러보리라. 평생에 몸에 병이 쌓이며 근심을 놓지 못하여 곤곤한 병이 고질이 되리라. 초년수는 가정에 좋은 일이 많고 부모의 근심이 중하며 십세 후로 집이 점점 늘며 형제의 기쁜 일을 보고 십육칠세면 평생 귀인을 만나 동방화촉에 인연을 맺으며 부귀를 누리리라. 오미년은 가정에 도적의 근심이 있고 자축년은 부모궁에 기쁜 경사 있으며 인묘년은 재수대통하며 진사년은 실물수 있으며 신유년은 가정에 경사 있고 술해년은 구설이 요란하며 손재하리라.

澤山咸卦(택산함괘)

初年運

남자운

이 사주는 천성이 영민하며 기상이 웅위하고 도량이 특이하며 흉중에 비상한 생각을 품으며 풍채 준걸한 남자니라. 부모궁은 어머니가 먼저 돌아가시며 형제궁은 삼사형제요 처궁은 살성이 비춰니 상처 아니면 이별수 있고 평생에 합당한 사람이 드문격이오. 자손궁은 오륙형제격이며 재물궁은 재앙이 자주 침범하며 자수성가할 수요. 벼슬궁은 희살이 많고 성공이 부족하며 뜻이 명산과 대천이 있으며 세상의 영화를 마음에 즐겨하지 않는 격이라. 심성을 다하여 공부에 전념하며 이름을 후세에 전하고저 하는 기상이니라. 초년은 병으로 고생하며 십팔구세면 귀인이 도와 이름이 원근에 진동하며 이십 이후로 녹을 먹으며 이름을 날리리라. 인묘년은 부모궁에 액이 있고 진사년은 관재와 구설이 있고 오미년은 형제궁에 재앙이 있고 해자년은 자손 경사 있으리라.

여자운

이 사주는 천성이 순하고 후덕하며 얼굴에 덕기가 나타나며 남을 제 몸 같이 사랑하며 심지가 깊고 맑으며 위인이 착하고 안과 밖이 화한 기상이며 부모궁은 아버지가 먼저 돌아가시며 형제궁은 이삼형제며 남편궁은 원진살이 있고 자손궁은 오륙형제격이오. 재물궁은 초년 중에 대길하며 말년이 부족한 격이라. 재물에 조화 있어 한번 쌓은 후에 한번 흩어지리라. 초년은 오세 내에 변괴가 많고 병으로 고생되며 부모궁에 눈물을 흘리고 십이삼세면 불을 조심하라. 몸을 손상키 쉬우리라. 십육칠세면 남방으로 희작이 전신하여 아름다운 인연을 맺으며 십팔구세에 자손 경사 있고 이십 일이세면 근심이 있으리라. 인신년은 재물이 오며 해자년은 귀인을 만나고 유술년은 구설이 있고 자축년은 실물수 있으며 오년은 녹을 돋우며 이름이 진동하며 사년은 형제간에 길한 일이 있으리라.

澤地萃卦 (택지취괘)

初年運

남자운

이 사주는 천성이 급하며 강직하고 위험한 일이 많고 측량치 못하며 씩씩한 기상이 웅위하리라. 하늘의 장성 기운을 타고 인간에 하강한 사주라. 귀히 되면 극히 귀하고 그렇지 않으면 시비가 많으리라. 부모궁은 아버지가 먼저 돌아가시며 형제궁은 이삼형제격이나 중간에 패가 있으며 처궁은 어진 아내와 해로하며 자손궁은 사오형제격이나 화패가 있어 삼형제며 재물궁은 조업이 흩어지고 자수성가하며 관궁은 천록성이 비취니 입신양명하며 이름을 사방에 떨치리라. 초년에는 금방에서 이름이 없어질 수라. 초년은 병이 심하고 칠세를 지내기 어려우며 십삼세면 화액이 물러가고 십육칠세에 청조가 전신하며 현명한 여자와 백년을 맺으며 이십 후로 이름을 사방에 떨치며 만종록을 먹으리라. 사오년에 봉황이 상서를 드리며 신유년은 처궁에 액이 있고 진술년은 자손궁에 일희일비하며 자축년은 횡재하리라.

여자운

이 사주는 천성이 흐르는 물결 같고 어진 덕상이 외모에 나타나며 마음이 강명 정직하고 심정이 깊으며 재주가 뛰어나리라. 부모궁은 아버지가 먼저 돌아가시며 덕이 없고 형제궁은 삼사형제격이나 패가 많고 외로운 상이며 남편궁은 활달한 남자와 백년해로하며 자손궁은 여러 형제나 부모에게 근심을 끼치며 재물궁은 외면으로는 부자 같으나 실상은 빈한하며 평생에 자기 주선으로 매사를 다스리며 사람의 인복이 부족하여 선공무덕 하니 탄식할 때 많도다. 친족중에 도와주는 사람이 없고 해코져 하는 자는 많은 격이라. 초년은 병으로 인하여 몸에 흔적이 있고 고치지 못할 병이 있으리라. 칠세 안이 위태하고 십칠팔세에 청조가 전신하며 현명한 장부와 백년언약을 맺으리라. 사오년은 재앙이 있고 인묘년은 식록이 돌아보며 귀인을 만나고 신유년은 자손 경사 있고 해자년은 가정에 좋은 일이 있으며 진술년은 도적을 방비하라.

火天大有卦(화천대유괘)

初年運

남자운

이 사주는 천성이 진실하며 변통이 없고 외모로는 어리석으나 내심은 밝고 신이 중하며 착한 것을 드러내고 악한 것을 숨기며 사람을 사랑하는 성품이라. 부모궁은 어머니가 먼저 돌아가시며 형제궁은 이삼형제격이오. 처궁은 상처수 있고 자손궁은 독신이 쉬우며 만일 여러 형제를 두면 부모궁과 상극이 되니 사방으로 흩어지며 재물궁은 조업이 중하며 부자로 득명하나 한번 낭패를 당하며 벼슬궁은 살성이 비취니 화란만 있고 관록이 없으며 비록 관문에 이름을 두나 장구치 못하리라. 초년은 귀한집 자제로 득의양양한 격이라. 십세 내에 부모궁에 액이 있고 십오세, 십팔세에 희소식이 들리며 백년대사를 맺고 십팔구세에 횡재하며 이십 후로 만금을 희롱하리라. 사오년은 신액이 있고 인묘년은 처궁에 액이 두렵고 신유년은 자손 경사 있고 진술년은 만금을 얻으리라.

여자운

이 사주는 천성이 순후 정직하며 여자 중 군자요. 재덕을 겸비하고 품성이 단정한 사주요. 인정이 많은 마음이라. 심덕으로 액을 제어하리라. 부모궁은 아버지가 먼저 돌아가시며 형제궁은 삼사형제나 중년에 낭패가 많아 형제격이오. 남편궁은 천리 타향에 있는 사람과 해로하며 자손궁은 오륙형제나 상극이 되며 사방으로 흩어지고 재물궁은 한번 쌓고 흩을 수라. 일생에 뜻은 고상하며 도량이 너그러우나 무단히 시비하는 자 많고 은인이 변하여 원수로 변하니 홀로 자탄함이 많도다. 팔자에 있는 수라 인력으로 어찌 하리요. 초년은 무병하며 십세 후로 재물이 많으며 이십 후에 귀인을 만나고 부귀를 누리며 화기가 친족간에 만발하리라. 인묘년은 재수 길하고 진사년은 형제간에 일이 있고 오미년은 구설이 있고 실물수 있으며 자년은 만사가 대길하리라.

火澤暌卦 (화택규괘)

初年運

남자운

이 사주는 천성이 명철하며 강한 중부 들어오며 마음이 어질고 또 굳세며 사람을 사랑하며 베풀기를 좋아하니라. 부모궁은 어머니가 먼저 돌아가시며, 형제궁은 이삼 형제요. 처궁은 생리사별하며 일평생 뜻에 맞는 사람이 드물며 여러 번 상처하리라. 재궁은 살성이 비취니 성패가 많고 자손궁은 귀자를 두며 삼사형제격이요. 관궁은 천파살이 있어 허명무실하며 장사하면 길하고 벼슬은 흉하리라. 평생에 자수성가하며 초년, 말년에 인간 풍파가 많으며 살격이 있어 되는 일이 적으리라. 초년은 세 살과 여덟 살을 지내기 어렵고 십 칠팔세면 액이 있고 몸이 곤하며 이십세면 부모궁에 화가 침범하며 십 삼사세면 멀리 여행하는 것이 아주 좋지 않으리라. 인묘년은 구설이 많고 해자년은 가정에 일이 있고 신유년은 재수 길하며 사오년은 신병이 있고 축미년은 대길하리라.

여자운

이 사주는 천성이 어질고 강명하며 마음이 현숙한 사주며 위인이 너그럽고 후하며 재주가 있으며 사람을 사랑하리라. 부모궁은 어머니가 먼저 돌아가시며 형제궁은 이삼 형제며 남편궁은 상충살이 있으니 생이별하지 않으면 사별하며 자손궁은 삼사형제격이요. 재물궁은 성패가 많고 조업이 없으며 평생 부지런함으로 재물을 쌓으며 귀인을 만나리라. 초년은 부모궁에 화란이 종종 끊어지지 않으며 일찍이 부모를 이별할 수요 세 살 후로 인간 고생이 심하며 칠팔세를 꺼리고 십육칠세에 희소식을 들으며 동방으로 평생 길인을 만나며 십구, 이십세에 자손 경사 있고 이십이삼사에 슬하에 액이 있으며 이십삼사세에 남편궁에 이별 수 있거나 또 병으로 근심이 되리라. 해자년은 재물이 오며 인묘년은 가정에 말이 많으며 신유년은 부모궁에 경사 있고 외방으로 좋은 일이 생기며 진술년은 남으로 횡재하리라.

重 離 卦(중리괘)

初年運

남자운

이 사주는 천성이 아름답기 주옥같고 맑기는 가을 물결 같으며 위엄은 상설 같도다. 위인이 광명정대하며 품성이 급함이 많고 지기가 활달하며 흉중에 큰 뜻이 있도다. 부모궁은 아버지가 먼저 돌아가시며 형제궁은 이삼형제요. 처궁은 백년해로하며 금슬이 좋고 자손궁은 사오형제격이나 실패가 많으며 재물궁은 성패 있고 득실이 자주 있으며 벼슬궁은 상형살이 있으니 관액이 많고 관록이 오래가지 못하리라. 초년수는 고기가 큰물에 놀고 꽃이 춘풍에 만발한 격이라. 십세 안에 득의양양하며 십세 후로 재록이 진진하며 십오륙세면 신병이 두렵고 십칠팔세면 희소식이 들리며 이십 후면 이름이 사방에 진동하며 이십일이세면 여인을 조심하며 이십 삼사세면 용문에 녹을 더하리라. 진술년은 자손 경사 있고 오미년은 부모궁에 기쁜 일이 있으며 인신년은 재물을 얻으리라.

여자운

이 사주는 천성이 명철하여 강유함이 법도에 맞으며 시비를 잘 분간하며 물리가 흉중에 황연하리라. 부모궁은 아버지가 먼저 돌아가시며 형제궁은 삼사형제격이오. 남편궁은 상충살이 있으니 생이별하지 않으면 사별하며 적적하게 세월을 보내며 자손궁은 삼사형제격이오 재물궁은 성패가 많고 득실이 종종 끊어지지 않으며 조업이 넉넉지 못한 중에 낭패를 당하고 자수성가하리라. 일생에 인복이 부족하여 사람의 구설이 많고 공이 들되 덕이 없으니 사주팔자에 희살이 있음이라. 홀로 탄식할 때 많으리라. 초년은 병으로 근심하다가 몸에 흠이 되리라. 이름이 없으면 병이 골수에 맺혀 고치지 못하리라. 이십 오륙세면 부모궁에 액이 있으며 이십칠팔세면 희소식이 들리리라. 인묘년은 재물이 오며 해자년은 귀인이 도우며 사오년은 자손 경사 있고 신유년은 구설수 있고 진술년은 재물이 흩어지리라.

火雷噬嗑卦(화뢰서합괘) 初年運

남자운

이 사주는 천성이 인자하며 심지가 깊고 신이 중하며 말을 잘하며 마음이 단정하고 유(柔)한 가운데 강(剛)하리라. 부모궁은 아버지가 먼저 돌아가시며 형제궁은 이삼형제격이나 서로 화합치 못하며 처궁은 도화살이 있으니 처첩을 둘 수며 자손궁은 형제격이오. 귀자를 두며 재물궁은 조업이 많고 부(富)가 따를 팔자요. 벼슬궁은 길성을 비취니 이름을 날리며 영화를 누리며 한 때 부귀득명하리라. 초년은 나비가 등잔에 듦이라. 액화와 풍파를 지내며 십세 전은 물과 불이 서로 다투는 격이오. 십세후는 곤한 용이 못 가운데 숨은 격이며 이십 이후로 재복이 많으리라. 술해년은 형제간에 기쁜 일이 있고 신유년은 가정에 풍파가 많고 사오년은 귀인이 오고 인묘년은 병으로 고생하며 축년은 재물을 얻으며 미년은 구설이 분분하리라.

여자운

이 사주는 굳고 신중하며 내음외양하고 마음이 정직하며 변통이 없으리라. 부모궁은 어머니가 먼저 돌아가시며 형제궁은 삼사형제나 독신격이오. 남편궁은 서방으로 귀인을 만나 백년해로하며 자손궁은 이삼형제격이오. 재물궁은 만금을 쌓으며 부귀영화로 득명하며 재록이 무량하고 초년수는 몸에 병과 가정에 화란으로 고생이 심하며 십세전은 운무가 일월을 가리운 격이오. 십세후는 천리타향에 외로운 객이 고향을 바라보고 생각하는 격이며 이십후로 길한 운수가 돌아오며 귀인이 원방으로 오며 재록이 무궁하고 자손 경사 중하며 사람의 인사를 받으리라. 이십일이세면 슬하에 경사 있고 이십삼사세면 횡재하며 이십오륙세면 이름을 사방에 떨치리라. 오미년은 우환이 있고 신유년은 구설이 있으며 자축년은 멀리 여행하지 않으면 실물수 있고 인묘년은 천금을 얻으며 진술년은 만사 대길하리라.

火風鼎卦 (화풍정괘)

初年運

남자운

이 사주는 천성이 순하고 후덕하며 밖으로는 강하고 안으로는 밝으며 얼굴 생김새가 엄숙하고 풍채가 헌칠하고 마음이 정직하며 지혜 많으며 평생에 위태한 일을 잘하리라. 부모궁은 어머니가 먼저 돌아가시며 형제궁은 이삼형제격이나 독신과 일반이며 처궁은 처첩을 둘 수며 자손궁은 사오형제격이나 낭패가 많으며 또 부모를 근심케 하며 화목치 못한 격이오. 재물궁은 부자로 득명하며 벼슬궁은 길성이 비취니 관록이 후하며 이름이 진동하리라. 초년수는 여섯살 안에 병이 많고 가정에 변괴가 자주 있고 십세 후는 고기가 물을 얻음이요, 십 칠팔세면 귀인이 도우며 이십일이세면 재물을 얻으며 이름이 원근에 진동하리라. 이십삼사세면 귀인을 만나고 평생에 길한 인연을 맺으리라. 신유년은 외방에 일이 있고 해자년은 이름이 진동하며 인묘년은 불길하며 진술년은 횡재하리라.

여자운

이 사주는 천성이 단정하고 어질며 사람을 사랑하고 베풀기를 좋아하며 외모로는 유순하며 안으로는 강하고 지혜 있으며 착한 사람을 존중하는 마음이니라. 부모궁은 아버지가 먼저 돌아가시며 초년에 천지가 무너지리라. 형제궁은 이삼형제며 남편궁은 백년해로하며 금슬이 좋으리라. 자손궁은 비록 얻으나 인연이 중하지 못하여 평생에 근심을 끼치며 재물궁은 중년 후로 큰 부자 되며 복록이 넉넉하고 노복등이 많으리라. 초년수는 십세내에 가정에 화란이 많고 부모궁에 액이 있으며 형제궁에 이별수 있고 십세후면 재물이 오며 큰 액이 사라지고 이십일이세면 자손 경사 있고 남편궁에 좋은일이 생기며 이십삼사세면 귀인이 돕고 횡재하리라. 해자년은 백년 귀인을 만나고 인묘년은 자손 경사 있고 신유년은 재수 대통하며 사오년은 부모궁에 화변이 있고 진술년은 구설이 요란하며 축미년은 횡재하리라.

火水未濟卦 (화수미제괘)

初年運

남자운

이 사주는 천성이 밝고 단정하나 살격이 있어 마음을 진정치 못하며 황급하여 일을 당한즉 속히 나가며 신중치 못하여 낭패가 많으리라. 부모궁은 아버지가 먼저 돌아가시며 형제궁은 사형제격이며 처궁은 원진살 있어 이별수 있고 자손궁은 삼사형제격이니 이름 다른 자손을 두며 재물궁은 자수성가하며 한번 쌓고 한번 패할 수며 벼슬궁은 희살이 있으니 관록을 바라지 말며 장사로 재물을 얻으리라. 일평생에 서방으로 매사를 경영함이 길하고 남방은 아주 좋지 않으며 적은 것으로 인하여 큰것을 얻으리라. 초년은 오류세에 병이 들면 오래 고생되며 십세후로 액운이 사라지며 길운이 오리라. 이십후에 장가들면 좋으리라. 오미년은 손재하며 형제궁에 경사 있고 인묘년은 식신이 동하며 진사년은 귀인이 도우며 신유년은 신병이 있거나 놀랄일이 있고 술해년은 재수 길하며 경영하는 일을 성취하리라.

여자운

이 사주는 천성이 강명하며 급하고 참을성이 적고 마음이 위태함을 좋아하며 사람에게 베풀기를 잘 하리라. 부모궁은 어머니가 먼저 돌아가시며 형제궁은 삼사형제격이며 남편궁은 생리사별수며 평생이 고독하고 자손궁은 형제격이오. 재물궁은 성패가 많고 자수성가할 수며 몸이 부지런하여 만금을 쌓으리라. 일생에 자탄할 때 많고 인복이 없어 무단히 외인의 시비가 많고 빈정거림을 받으며 공을 드리나 덕이 없으니 남을 원망하거나 꾸짖을 것이 없으리요. 하늘이 정한 신수를 인력으로 어찌하리오. 초년수는 십세 내에 부모궁이 산란하며 화액이 많고 십세 후로 형제간에 이별수 있고 이십 이후는 귀인을 만나 재물을 얻으며 몸에 도화살이 있으니 심중 회포가 산란하리라. 인묘년은 눈물을 뿌리며 진사년은 신병이 있고 형제중에 액이 있으며 오미년은 구설이 침로하며 신유년은 귀인이 스스로 와 큰일을 성취하며 술해년은 이별수를 면치 못하리라.

火山旅卦 (화산려괘)

初年運

三七

남자운

이 사주는 천성이 정직하고 신중하며 신의를 좋아하며 만인이 다 앙모하고 일을 당하면 절차를 어기지 아니하고 인심을 얻으며 외모에 덕기가 나타나고 군자의 풍이 있으리라. 부모궁은 아버지가 먼저 돌아가시며 다른 부모를 모실 수요. 형제궁은 오륙형제격이나 낭패가 많고 처궁은 도화살이 있으니 처첩을 두며 사방에 아름다운 여자와 언약하며 자손궁은 귀자를 두고 사오형제격이며 재물궁은 부자로 득명하며 벼슬궁은 악성이 비취는 고로 관덕이 없으리라. 초년은 부모궁에 화란이 많고 일찍이 큰 슬픔이 있고 이십 후에 장가드는 것이 좋으며 이십 전은 이별수를 면치 못하리라. 일평생 큰 액은 없을 것이요. 신유년은 가정에 변이 있고 인묘년은 도적을 조심하며 해자년은 이별수 있고 진술년은 동방에 가약을 정하며 자축년은 재수 대길하리라.

여자운

이 사주는 천성이 강명하며 귀인성이 몸에 비취니 인후하고 평생에 큰 액이 없고 마음이 흐르는 물결 같고 사람을 사랑하며 외모가 청아하리라. 부모궁은 어머니가 먼저 돌아가시며 다른 부모를 모실수요. 형제궁은 삼형제며 자손궁은 오륙형제나 중년에 낭패가 많고 남편궁은 희살이 많으며 해로할 귀인이 없고 몸에 도화살이 있으며 이별수가 잦으리라. 재물궁은 만금을 쌓으며 부귀무량하며 복록이 많으리라. 초년수는 몸이 집을 떠나는 격이라. 풍파를 많이 지내며 형제간에 이별수 있고 이십 후로 액운이 흩어지며 귀인이 우연히 오며 자손의 경사 있고 재물이 넉넉하리라. 이십일이세에 구설과 신액을 조심하라. 인묘년은 슬하에 액이 있고 진사년은 형제간에 경사 있으며 오미년은 가정에 불길한 일이 있고 신유년은 귀인이 도와 재물을 얻으며 만사 대길하고 술해년은 멀리 떠날 수 있고 그렇지 않으면 남편궁이 산란하며 진년은 시비가 많고 축년은 횡재수 있으리라.

火地晋卦(화지진괘)

初年運

三八

남자운

이 사주는 천성이 아담하고 마음이 청백하며 기상이 청수하고 뜻이 크고 인정을 잘 살피며 위인이 부지런하리라. 부모궁은 어머니가 먼저 돌아가시며 형제궁은 이삼형제격이오. 처궁은 어진 아내를 두며 백년동락하고 자손궁은 살성이 있으니 낭패가 많고 외로운 격이오. 재물궁은 성패가 많고 얻고 잃음이 상반되며 벼슬궁은 명주를 만나 이름이 진동하고 관록을 먹으며 만인의 시비를 판단하리라. 일평생에 역마성이 있으니 외방의 일을 다스리로다. 조업은 흩어지고 자수성가하리라. 초년수는 가내에 변이 많고 부모궁에 재앙이 있도다. 십세 이내에 병이 많고 칠팔세를 대단히 꺼리도다. 이십 후에 장가들면 현처를 얻으며 운수 대통하리라. 자축년은 형제궁에 이별수 있고 인묘년은 신액이 심하며 진사년은 귀인이 도우며 오미년은 부모궁에 액이 있고 신유년은 재수 길하며 술해년은 복록이 오리라.

여자운

이 사주는 천성이 굳세고 정직하며 강하면서 인후하고 주선하는 성질이 많고 사람의 성품을 잘 알아맞히며 어려운 사람을 지극히 도우리라. 몸이 서너집에 일을 살피며 길한 사람이 사방에 있도다. 부모궁은 아버지가 먼저 돌아가시며 형제궁은 이삼형제격이나 낭패 있고 남편궁은 도화살이 있으니 이별수 있고 자손궁은 유명무실하며 재물궁은 성패가 많고 재앙이 심하리라. 일생에 귀인이 오래가지 못하고 무단히 외인의 시비가 많으며 친족 간에 해코져 하는 자가 있으니 자탄으로 세월을 보내며 외로운 때 많으리라. 초년은 집안에 변괴가 많고 신병으로 고생하며 십세를 지내기 어려우며 십육칠세에 남으로 귀인을 만나며 이십 후로 복록이 많으리라. 자축년은 부모궁에 경사 있고 인묘년은 형제간에 액이 있으며 구설이 요란하고 진사년은 자손 경사 있고 오미년은 신액과 도적의 변이 생기고 신유년은 손재주 있으며 친족 간에 시비로 운 일이 생기리라. 술해년은 가정에 일득일실할 일이 생기리라.

雷天大壯卦(뇌천대장괘)　　初年運

남자운

이 사주는 천성이 씩씩하며 풍류남자라. 강유를 겸전하고 도량이 활달하며 의지와 기개가 고상하여 흉중에 큰 뜻을 품으며 사람을 널리 사랑하리라. 부모궁은 아버지가 먼저 돌아가시고 형제궁은 둘이며 처궁은 상충살이 있어 생리사별하며 자손궁은 상극살이 있어 부자(父子)의 정이 없으며 재물궁은 평생에 성패가 많고 벼슬궁은 귀인이 인도하여 관록을 먹으며 글로 이름을 날리리라. 조업이 흩어지며 부지런함으로 자수성가하면 인간풍파를 많이 지내리라. 초년수는 재록은 많으나 몸에 병이 있고 십세 후면 액이 많고 가정에 병이 생기며 부모궁에 눈물을 뿌리며 이십 후면 기쁜 소식이 들리며 이십일이세에 뜻밖에 풍파가 있으리라. 술해년은 가정에 변이 있고 실물수 있으며 신유년은 형제간에 경사 있고 오미년은 귀인을 만나며 진사년은 재수 길하고 인묘년은 동남으로 기쁜 소식이 있고 자축년은 만사 대길하리라.

여자운

이 사주는 천성이 유(柔)하면서 강(剛)하고 성정이 나면 급하고 억제키 어려우며 뜻이 고상하고 사리가 분명하리라. 일생에 몸을 이롭게 하는 사람은 적고 무단히 시비하는 자가 많으니 홀로 자탄할 때 많도다. 부모궁은 어머니가 먼저 돌아가시며 형제궁은 이삼 형제격이오. 남편궁은 동남으로 어진 배필을 만나 백년동락하며 자손궁은 상극살이 있어 근심됨이 많고 재물궁은 성패수가 있고 조업이 흩어지며 자수성가하며 부지런함으로 복을 받으리라. 초년수는 팔세 안에 병과 부모궁에 재앙이 있고 형제간에 이별수 있으며 십육칠세에 귀한사람과 동방화촉에 좋은 일이 많으리라. 자축년은 가정에 변이 있고 인묘년은 이별수 있으며 진사년은 형제의 경사 있고 오미년은 재수 길하며 신유년은 남편궁에 근심이 중하고 술해년은 귀인이 도와 천금을 얻으리라.

雷澤歸妹卦(뇌택귀매괘)　初年運

남자운

이 사주는 천성이 어질고 유순하며 언어가 민첩치 못하고 심정이 화순하여 흐린 생각이 있고 분명함이 적으리라. 부모궁은 아버지가 먼저 돌아가시고 형제궁은 이삼형제격이오. 처궁은 어진 아내나 생이별하지 않으면 사별수 있고 자손궁은 중년에 낭패 많고 살성이 침로하여 재앙이 심하며 재물궁은 횡재수가 많고 성패함이 잦으며 벼슬궁은 귀인이 많고 관록이 두려우며 이십 후로 입신양명하여 이름이 사방에 진동하리라. 초년수는 두 살과 일곱 살이 꺼리며 십세 후로는 운수 대통하며 십육칠세에 어진 아내를 얻으며 십팔구세에 재수 길하리라. 자축년은 신액이 위험하며 인묘년은 형제간에 경사 있고 진사년은 부모궁에 좋은 일이 있고 오미년은 이름이 진동하며 신유년은 횡재수 있고 술해년은 귀인이 도우리라.

여자운

이 사주는 천성이 정직하며 변통이 없고 위인이 순후 유덕하며 복이 많으리라. 부모궁은 아버지가 먼저 돌아가시며 형제궁은 독신격이오. 남편궁은 이별수 있고 도화살이 있어 남편궁이 산란하며 풍파가 많으리라. 자손궁은 천파살이 비취니 중간에 낭패가 많으나 재물궁은 횡재수가 있고 성패가 자주 있으리라. 일생에 친족이 있다하나 홀로 외로운 생각이 많도다. 타인의 일을 지성으로 잘 도우나 시비가 많고 구설이 무궁하니 팔자에 희살이 있기 때문이다. 초년은 두세살이 꺼리고 십세 후로 운수 대통하며 십육칠세에 귀인을 만나며 이십일이세에 손재하며 남편궁에 일이 있으며 부모궁에 근심이 있으리라. 해자년은 몸소 길하고 액이 물러가며 신유년은 기쁜 소식이 있고 사오년은 귀인을 만나며 인묘년은 재수 있고 진술년은 신병이 있고 축미년은 가정에 경사 있으리라.

雷火豊卦(뇌화풍괘)

初年運

남자운

이 사주는 천성이 강명하며 의논이 많고 흉중에 재주 있으며 변통성이 많고 말을 잘하며 뜻이 크고 남보다 뛰어난 의사가 많으리라. 부모궁은 아버지가 먼저 돌아가시며 형제궁은 오륙형제격이나 낭패 있고 처궁은 상극살이 있어 이별하기 쉬우며 자손궁은 삼형제격이오. 재물궁은 횡재수가 많고 성패가 있으며 벼슬궁은 길성을 띠었으니 관록을 먹을 수요. 입신양명하며 어진 도로 백성을 다스리리라. 초년수는 구세와 십세가 꺼리며 다른 부모를 모실 수요. 이십 안에 이름이 진동하며 인사를 받을 수요. 이십 일이세면 재물을 얻으며 경사 많으리라. 자축년은 형제궁에 액이 많고 인묘년은 부모궁에 액이 있으며 진사년은 귀인을 만나 이름을 날리며 오미년은 가정에 일이 많고 신유년은 부모궁에 경사 있고 술해년은 재수 길하며 천금을 쌓으리라.

여자운

이 사주는 천성이 정직하며 외모가 풍후하고 덕기가 만면하며 남을 제 몸 같이 사랑하며 의논이 풍부하리라. 부모궁은 어머니가 먼저 돌아가시며 형제궁은 이삼형제요. 남편궁은 풍파가 있고 이별수가 있으며 몸에 도화살이 있으니 백년동락하기 어렵도다. 자손궁은 이삼형제격이나 근심이 많고 또 중년에 낭패가 있으며 재물궁은 횡재수 있고 성패가 잦으며 조업이 흩어지고 자수성가하며 부지런함으로 재물을 얻으리라. 초년수는 액이 많고 부모궁에 풍파가 있으며 형제궁에 이별수 있고 십세 후로 액운이 물러가고 십육칠세에 귀인을 만나 백년을 해로하며 십팔구세에 실물수 있고 자손 경사 있으며 이십일이세에 남편궁에 일이 있으리라. 해자년은 눈물을 뿌리며 사오년은 귀인을 만나며 인묘년은 재수 길하고 신유년은 형제간에 액이 있으며 진술년은 슬하에 근심이 있고 축미년은 남편궁에 기쁜 일이 생기리라.

重 震 卦 (중진괘)

初年運

四
四

남자운

이 사주는 천성이 웅위하고 활달대도하여 만인이 우러러보며 대장부의 기상이 늠름하며 일시에 명성이 빛나리라. 부모궁은 아버지가 먼저 돌아가시며 형제궁은 사형제격이나 사이가 좋지 않으며 처자궁은 처첩을 두며 자손궁은 사오형제요 귀자를 두며 재물궁은 한 때 부자로 이름을 얻고 만종의 녹을 누리리라. 벼슬궁은 살성이 비치니 인연이 중하지 못하며 허명무실한 격이라. 초년은 가정에 사단이 많고 놀랄 일이 있으며 십세 후로 재앙이 물러가며 십오세에 귀인을 만나지 않으면 이십세에 만나리라. 이십일이세면 이름이 원근이 진동하며 재물이 오고 길한 사람이 도와 만사 대길하리라. 자축년은 가내에 불길한 일이 있고 인묘년은 부모궁에 액이 있으며 진사년은 형제의 경사를 보며 오미년은 귀인과 언약이 깊고 신유년은 재수 대통하고 술해년은 온갖 일이 뜻대로 되리라.

여자운

이 사주는 천성이 정직 강명하며 기상이 남자의 태도며 뜻이 고상하고 재주가 있으며 도량과 재간이 특이하며 인후한 사주니라. 부모궁은 어머니가 먼저 돌아가시며 형제궁은 이삼형제격이오. 남편궁은 명망이 높은 귀인과 백년해로하며 자손궁은 삼사형제격이며 귀자를 둘 수요. 재물궁은 부자로 득명하며 노복이 많으리라. 평생에 남을 제 몸 같이 사랑하며 만인이 우러러 보리라. 초년수는 풍파가 심하며 가정에 재앙이 많고 십세 후로 화액이 흩어지며 십칠팔세에 동방에 인연이 깊고 백년가약을 맺으며 이십일이세에 자손 경사 있고 남편궁에 기쁜 일이 있으리라. 해자년은 신액이 있고 형제간에 눈물을 뿌리며 신유년은 구설수 있고 인묘년은 귀인을 만나 소원을 성취하며 사오년은 가정에 경사 있고 진술년은 좋은 소식이 들리며 횡재수 있고 축미년은 슬하에 경사 있으리라.

雷風恒卦(뇌풍항괘)

初年運

四五.

남자운

이 사주는 천성이 정직하며 청백 인자하고 심중에 큰 뜻을 품으며 남이 알지 못할 재주 있고 변통성이 많으리라. 부모궁은 아버지가 먼저 돌아가시며 형제궁은 희살이 많아 낭패 있고 이름이 다른 형제가 없으면 독신격이오. 처궁은 현명한 아내와 해로하며 자손궁은 형제격이며 늦게야 두리라. 재물궁은 만금을 쌓으며 벼슬궁은 이름을 용문에 걸고 관록을 먹으며 귀인이 많고 경사가 많으리라. 초년수는 형제간에 변이 있고 육칠세가 꺼리며 십오세 안에 장가를 들지 않으면 이십 후에 길인을 만나리라. 이십일이세면 귀인이 도우며 이십삼사세면 영화 있으리라. 해자년은 신병이 있고 인묘년은 가정에 좋은 일이 생기며 신유년은 부모궁에 경사 있고 사오년은 재수 대길하며 인사를 받을 수며, 축미년은 횡재하거나 가정에 경사 있으며 진술년은 기쁜 소식을 들으리라.

여자운

이 사주는 천성이 가을 물결 같고 청백함이 백옥 같으며 사람의 급함을 잘 구제하며 마음이 어질고 순하니라. 부모궁은 아버지가 먼저 돌아가시며 형제궁은 이삼형제격이며 남편궁은 이별수 있고 풍파가 많으며 산란하며 자손궁은 삼사형제격이오. 자손으로 근심이 많으며 재물궁은 황금이 만당하며 복록이 무궁하고 부자로 득명하리라. 초년수는 봉접이 봄을 만나고 고목에 꽃이 만발함이라. 십세 이내에 경사 많고 부모궁에 좋은 일이 있으며 십세 후로 신병이 두려우며 십팔구세면 희소식을 들으며 아름다운 사람을 만나고 이십일이세면 자손 경사 있고 부모궁에 근심이 되리라. 해자년은 가정에 불길한 일이 있고 인묘년은 눈물을 뿌리며 신유년은 귀인을 만나 평생 언약을 맺으며 사오년은 재수 있고 또 자손의 경사 있으며 남편궁에 희소식이 들리리라. 축미년은 횡재수 있고 구설이 분분하며 진술년은 동남으로 기쁜 소식이 들리고 실물수 있으리라.

雷水解卦(뇌수해괘)

初年運

四
六

남자운

이 사주는 천성이 진실하며 인자하여 유덕하며 외모로는 순박하나 내심은 명철하고 말재주 없으며 신이 중하리라. 부모궁은 아버지가 먼저 돌아가시고 형제궁은 이삼형제격이나 사이가 좋지 못하며 처궁은 처첩을 둘 수며 자손궁은 오륙형제격이오. 다른 자손이 있으며 재물궁은 황금이 만당하고 부귀무량하며 벼슬궁은 살성이 비취니 유명무실하며 재앙이 많으며 관록이 적으리라. 초년수는 세 살이 대단히 꺼리며 십세 후로 가정에 좋은 일이 많고 재록이 오며 십오세나 십칠팔세에 기쁜 새가 신을 전하며 동방화촉에 백년을 맺으리라. 이십세에 경사 있고 이십일이세면 가정에 큰 경사 있으리라. 자축년은 부모궁에 근심이 있고 인년은 형제간에 눈물을 뿌리며 진사년은 귀인이 오며 오미년은 재수 있고 신유년은 구설이 왕래하며 술해년은 횡재수 있으리라.

여자운

이 사주는 천성이 어질며 외유내강하며 마음이 굳고 튼튼하며 신의를 지키며 변사가 없으리라. 부모궁은 어머니가 먼저 돌아가시며 형제궁은 삼형제격이나 사이가 좋지 못하며 남편궁은 현명한 군자를 만나 백년동락하며 자손궁은 귀한 자손을 두며 오륙형제격이나 중년에 낭패가 있고 재물궁은 복덕성이 비취니 일평생 황금을 쌓으며 노복 등이 많으리라. 평생에 큰 액은 없으나 한번 풍파를 지내며 가정이 산란하고 몸에 화를 당하리라. 초년수는 부잣집 자손으로 득의양양하나 부모궁에 화변이 자주 있고 형제궁에 이별수 있으며 다른 부모를 모실 수요. 십오륙세면 희소식이 들리며 백년을 언약하며 이십세면 자손궁에 일희일비할 일이 있으며 신유년은 부모궁에 변이 생기며 술해년은 구설과 실물수 있고 사오년은 자손 경사 있고 인묘년은 재수 길하며 남편궁에 근심이 있고 자축년은 놀랄 일이 있고 사람의 음해를 입으리라.

雷山小過卦(뇌산소과괘)   初年運   四七

남자운

이 사주는 천성이 강명 정직하며 대장부의 기상이오. 뜻이 크며 마음 씀이 한결 같아서 타인의 시비를 들으리라. 부모궁은 어머니가 먼저 돌아가시며 형제궁은 삼사형제격이나 서로 멀리 떨어져 있고 처궁은 어질고 유복한 아내와 백년동락하며 자손궁은 악성이 비취니 낭패함이 많고 외로운 격이오. 재물은 관록이 후하며 벼슬궁은 이름을 날리며 권문에 출입하리라. 초년수는 가정에 풍파 있으며 부모궁에 재앙이 많고 형제궁에 이별수 있으며 칠세를 대단히 꺼리며 어려서 등과하고 가문을 빛내리라. 이십일이세면 자손 경사 있고 귀인을 만나 녹을 먹으리라. 자축년은 부모의 근심이 크며 인묘년은 신병이 심하며 진년은 이름이 원근에 진동하며 오미년은 형제궁에 액이 있고 신유년은 손재하며 구설이 왕래하고 술해년은 외방에 가지 말며 집을 지킴이 길하리라.

여자운

이 사주는 천성이 밝고 대단히 급하며 일생에 성품으로 인하여 낭패가 많고 화를 당하리라. 부모궁은 아버지가 먼저 돌아가시고 형제궁은 여(女)형제격이나 독신과 일반이며 남편궁은 도화살이 있으니 이별수가 잦으며 풍파가 많으리라. 자손궁은 유명무실하며 외로운 격이며 재물궁은 조업이 흩어지고 자수성가하며 평생에 자기 주선이 많고 친족간에 도움이 없는 격이며 공연한 시비는 많으리라. 매번 자탄가를 노래할 때 많은 격이로다. 초년수는 부모궁에 변괴가 많고 칠세 안에 병으로 고생을 하리라. 십세 후면 집을 떠나 몸이 타인에게 의지함이라. 십칠팔세에 기쁜 소식을 들으며 평생 언약을 맺으리라. 십구세면 가정에 풍파가 일며 이십일이세면 남편궁에 일이 크리라. 자축년은 신병이 있고 인묘년은 형제간 이별수 있고 진사년은 좋은 소식이 들리며 오미년은 귀인을 만나며 신유년은 풍파를 지내며 손재하고 구설이 요란하며 술해년은 액운이 사라지리라.

雷地豫卦 (뇌지예괘)

初年運

남자운

이 사주는 천성이 뒷날에 대한 염려가 많고 속이 깊으며 일을 당하면 의논이 풍부하고 강명 정직하며 순수함이 군자의 풍채가 있느니라. 부모궁은 어머니가 먼저 돌아가시며 초년에 큰 슬픔이 있고 형제궁은 이삼형제격이나 독신 같고 처궁은 어진 아내와 백년동락하며 처첩을 둘 수며 자손궁은 귀자를 두며 여러 형제격이오. 재물궁은 부자로 이름을 얻으며 벼슬궁은 길성이 비치니 관록이 후하며 이름을 금방에 걸리라. 초년수는 만물이 발생하며 용이 물을 얻은 격이라. 십세 이내에 부모궁에 변괴가 있고 십세 후면 복록이 넉넉하며 십육칠세에 귀인을 만나 평생을 언약하며 이십일세면 경사 있고 형제간에 기쁜 일이 있으리라. 자축년은 부모의 근심이 크며 인묘년은 손재수 있고 진사년은 구설이 있고 오미년은 경사가 있으며 신유년은 귀인이 도와 이름이 진동하며 술해년은 횡재수 있으리라.

여자운

이 사주는 천성이 앞일을 헤아리는 생각이 많고 속이 깊으며 성정이 유순하고 정직하며 강유를 겸하고 있다. 부모궁은 어머니가 먼저 돌아가시며 형제궁은 비록 있으나 외롭기 독신과 일반이며 남편궁은 현철한 장부와 백년동락하며 자손궁은 형제격이며 귀자를 낳고 재물궁은 조상의 적덕으로 부귀득명하며 일생 복록이 무궁하리라. 초년수는 봉접이 꽃을 만난 격이라. 대길하나 부모궁은 십세 내에 큰 화를 당할 수며 십일이세에 형제간 이별수 있고 십오륙세에 동방화촉 깊은 곳에 백년언약을 맺으며 이십세면 귀자를 낳으며 이십 일이세면 남편궁에 근심이 있고 슬하에 경사 있으리라. 해자년은 슬하에 액이 있고 인묘년은 손재하며 신유년은 부모궁에 일이 있고 눈물을 뿌리며 사오년은 자손 경사 있고 술해년은 효복을 입으며 축미년은 구설과 실물수 있으리라.

風天小畜卦(풍천소축괘) 初年運

남자운

이 사주는 천성이 지혜가 많고 청백 정직하며 마음이 곱고 물결 같으며 사람을 사랑하며 흉중에 글재주를 품었니라. 부모궁은 어머니가 먼저 돌아가시며 형제궁은 삼사형제격이오. 처궁은 산란하며 처첩을 둘 수요. 자손궁은 형제격이며 재물궁은 횡재수 많고 성패가 잦으며 변화를 예측키 어려우며 벼슬궁은 여자 귀인을 만나야 관록을 먹으며 이름을 날리리라. 초년수는 옥이 흙에 묻히며 달이 구름에 가림이라. 몸이 곤하며 일이 순탄치 못하리라. 십세 후로 재물에 환란이 생기며 가정이 요란하고 이십 후에 길운이 열리어 장가를 들며 귀인을 만나리라. 자축년은 부모궁에 액이 있고 인묘년은 신병으로 고생하며 진사년은 형제궁에 일이 있고 오미년은 청조가 전신하며 신유년은 재수 길하고 술해년은 가내에 경사 있으리라.

여자운

이 사주는 천성이 흐리며 둔하고 겁이 많고 마음이 진실하며 변통이 없고 사람의 말을 순종하리라. 부모궁은 어머니가 먼저 돌아가시며 형제궁은 이삼형제며 남편궁은 부족하며 만일 몸에 병이 있는 사람과 백년을 맺으면 길하고 그렇지 못하면 생이별하거나 사별하리라. 자손궁은 삼사형제격이며 재물궁은 횡재수가 많고 성패가 잦으며 희살이 많으리라. 일생에 사람의 돕는 복이 부족하여 공을 진심으로 드리되 덕이 없고 도리어 시비가 잦으며 비웃음을 받으니 홀로 자탄할 때 많도다. 초년수는 가정에 병이 많고 부모궁에 액이 있으며 십세 후는 가신이 줄고 형제궁에 말이 많으며 십육칠세가 넘으면 이십 후가 길년이고 서방으로 귀인을 만나리라. 사오년은 신액이 있고 인묘년은 형제간에 일이 있고 신유년은 백년가약을 정하며 해자년은 재수 길하고 진술년은 남편궁에 기쁜 일이 있고 축미년은 경사 있으며 가내에 인사를 받으리라.

風澤中孚卦(풍택중부괘) 初年運

남자운

이 사주는 천성이 순후 유덕하며 어진 은혜가 사방에 미치며 마음이 정직하고 화열한 기상이 군자의 풍채니라. 부모궁은 아버지가 먼저 돌아가시며 형제궁은 오륙형제격이며 처궁은 상형살이 있어 이별수와 상처수 있고 산란하며 자손궁은 이삼형제격이며 재물궁은 재앙이 많고 쌓은즉 흩어지며 벼슬궁은 길성이 비취니 관록을 먹으며 이름을 명문에 걸리라. 초년수는 네 살이 대단히 꺼리며 십세 후에 병이 자주 있으며 가정에 풍파 있고 몸이 편안치 못하며 괴로움이 막심하고 재앙이 끊어지지 않으니 다른 부모를 모시면 액이 사라지리라. 인묘년은 신병이 있고 자축년은 가산이 줄어들며 부모궁에 근심이 있고 진사년은 형제간에 좋은 일이 있고 오미년은 놀라며 실물수 있고 신유년은 재수 길하며 술해년은 가정에 좋은 일이 생기며 친족 간에 길인이 도우리라.

여자운

이 사주는 천성이 순후 진중하며 변덕이 없고 명백하고 사람의 인도함을 속히 깨달으며 어진 이름이 대단하리라. 부모궁은 어머니가 먼저 돌아가시며 형제궁은 사오형제격이오. 남편궁은 좋으나 풍파 있고 이별수 있으며 중년에 사별수 있으리라. 자손궁은 독신격이오. 재물궁은 작은 것도 쌓이면 크게 되며 부지런함으로 재물을 쌓으면 귀인을 만나리라. 초년수는 구슬이 바다에 숨고 금이 진흙에 쌓인 격이라. 시운이 열리지 않으매 때를 기다릴 것이오. 몸이 곤하며 가정에 화패가 많고 부모궁에 근심이 크리라. 칠팔세가 위태하며 칠팔세를 지내면 액운이 물러가리라. 십팔구세에 동방 인연을 맺으리라. 자축년은 신병이 있고 부모궁이 불안하며 인묘년은 형제간에 이별수 있고 진사년은 실물수 있으며 오미년은 귀인이 인도하여 좋은 일이 있고 신유년은 동남으로 아름다운 귀인과 백년을 맺으며 술해년은 경사 있고 남편궁에 근심이 있으리라.

風火家人卦(풍화가인괘)

初年運

五三

남자운

이 사주는 천성이 순평 인후하고 충효를 겸전하며 사리에 극히 밝으며 총명 정직하니라. 부모궁은 아버지가 먼저 돌아가시며 형제궁은 삼형제격이나 중년에 낭패하며 처궁은 백년 동락하나 처첩을 둘 수며 자손궁은 삼사형제며 영화로운 일이 많으며 재물궁은 만금을 쌓으며 부자로 한 세상을 울리며 벼슬궁은 희살이 있고 관덕이 없으며 유명무실하며 초년수는 대길하고 복록이 무궁하며 십세 안에 집안에 경사 많고 십세 후면 재물이 진진하며 십육칠세에 어진 배필을 얻으며 이십 후는 귀인을 만나리라. 신유년은 신병으로 고생하며 가정에 변이 있고 해자년은 부모궁에 일이 있으며 사오년은 형제간에 좋은 일이 생기며 인묘년은 처궁에 근심이 있고 진술년은 친족 중의 귀인이 도와 재물을 얻으며 축미년은 구설이 왕래하며 손재하리라.

여자운

이 사주는 천성이 지극히 순하며 외모가 아름답고 덕기가 만면하며 주선성이 많으리라. 부모궁은 아버지가 먼저 돌아가시며 형제궁은 삼사형제격이나 외로우며 형제간에 근심이 많으며 남편궁은 상충살이 있으니 생리사별할 수며 자손궁은 이삼형제격이오 귀자를 두며 재물궁은 복덕성이 비춰니 만금을 수중에 희롱하며 황금을 쌓을 수며 평생에 타인의 일을 자기 일과 같이 돌보아줌으로 이름이 사방에 진동하리라. 초년수는 꽃이 피매 좋은 열매를 맺는 격이라. 가내에 경사 많고 신수태평하며 십오륙세면 서북방으로 희소식이 들리며 평생 길인을 만나리라. 인묘년은 신병이 있고 진사년은 부모궁에 좋은 일이 있고 오미년은 실물수 있으며 신유년은 귀인을 만나며 자축년은 가업이 홍성하며 형제간에 기쁜 일이 있고 술해년은 남편궁에 근심이 있으며 자손 경사 있고 슬픈 일과 기쁜 일이 한꺼번에 닥치리라.

風雷益卦 (풍뢰익괘)

初年運

남자운

이 사주는 천성이 풍류남자라. 마음이 어질며 지기가 활달하며 도량이 넓고 신중하며 뜻이 고상하니라. 부모궁은 아버지가 먼저 돌아가시며 형제궁은 사오형제격이나 중년에 낭패 있고 또 서로 사이가 좋지 못하며 처궁은 처첩을 두고 어진 아내와 백년동락하며 자손궁은 삼사형제격이오. 재물궁은 조상의 적덕이 후하여 부귀득명하며 벼슬궁은 귀인이 사방에 있고 관록이 많으며 이름을 용문에 날리리라. 초년은 가정에 일이 많고 부모, 형제궁에 액이 있으며 몸이 괴롭고 이십 후에 비로소 길한 운이 열리며 경사 있고 재물이 넉넉하리라. 이십일이세면 귀인을 만나며 평생소원이 성취되리라. 자축년은 도적이 침범하며 인묘년은 가내에 불길한 일이 있고 진사년은 뜻밖의 화를 당하며 오미년은 재수 대길하며 신유년은 이름이 원근에 진동하며 술해년은 횡재수 있으며 경사로운 일이 생기리라.

여자운

이 사주는 천성이 순후 다정하며 외모가 아름답고 화기가 만면하며 위인이 정직 청백하니라. 부모궁은 어머니가 먼저 돌아가시며 형제궁은 이삼형제격이오. 남편궁은 금슬이 좋고 백년해로하며 자손궁은 사오형제격이며 귀자를 두며 재물궁은 논밭이 사방에 있고 만금을 수중에 희롱하며 부귀를 누리며 사람이 우러러 보리라. 평생에 흉중 회포를 다 풀지 못하며 한을 머금어 근심이 되리라. 초년수는 사오세가 꺼리며 형제궁에 이별수 있고 십세 후에 부모궁이 산란하며 십육칠세에 희소식을 들으며 이십 후로 대길하리라. 이십 일이세면 자손 경사 있고 남편궁에 좋은 일이 있으며 재물이 생기고 액운이 다 물러가리라. 자축년은 눈물을 뿌리며 인묘년은 가정에 경사 있고 진사년은 구설이 분요하며 오미년은 귀인을 만나며 재수 길하고 신유년은 동남으로 희소식이 들리며 슬하에 기쁜 일이 있고 술해년은 부모궁에 일이 많으며 실물수 있으리라.

重風巽卦(중풍손괘)

初年運

남자운

이 사주는 천성이 인자하며 재주 있고 안과 밖이 명철하며 물정에 밝으며 마음이 정직하고 강유를 겸전하니라. 부모궁은 어머니가 먼저 돌아가시며 형제궁은 사오형제격이나 패가 있고 처궁은 이별수 있으며 처첩을 두고 자손궁은 이삼형제격이며 재물궁은 성패 있고 초년과 중년에 횡재하며 만금을 쌓으며 또 흩어지리라. 벼슬궁은 인연이 중치 않고 관액이 있으며 관록이 적으리라. 초년은 두 살과 일곱 살이 꺼리며 어진 부모를 뫼시며 십육세에 부모궁에 근심이 크며 십칠팔세에 희소식을 들으며 형제간에 좋은 경사 있고 이십세면 재수 길하며 이십일세면 실물수 있고 가내에 불길한 일이 있으리라. 해자년은 부모의 경사 있고 인묘년은 형제의 좋은 일이 있고 신유년은 관재와 구설이 있고 사오년은 재수 있고 진술년은 횡재하며 천금을 얻고 축미년은 귀인이 도우리라.

여자운

이 사주는 천성이 정직하며 명철하고 흉중에 재주 있고 사람을 사랑하며 어진 일이 많으며 몸에 귀인성을 띠여 평생이 편안하리라. 부모궁은 어머니가 먼저 돌아가시며 형제궁은 이삼형제며 남편궁은 상충살이 있어 이별수 있고 자손궁은 형제격이며 효자를 두며 재물궁은 만금을 쌓았다가 한 번 흩어지며 성패수 있고 초년과 중년이 길하고 말년은 평평하리라. 초년수는 부모궁에 기쁜 일이 많으며 형제간에 경사 있고 가정이 분요하며 경사가 중중하고 십일이세면 신병이 두려우며 십오륙세면 서북으로 귀인을 만나며 평생을 맺으리라. 만일 십육세를 지내면 이십 후에 출가하리라. 자축년은 가정에 변이 많고 인묘년은 형제간에 경사 있고 진사년은 재수대통하며 오미년은 손재 있고 신유년은 부모의 근심이 있고 가내에 불길한 일이 많으며 구설이 요란하고 술해년은 귀인이 도와 소원을 성취하리라.

風水渙卦(풍수환괘) 初年運

남자운

이 사주는 천성이 활달하면서도 강명 정직하며 마음이 베풀기를 좋아하며 사람의 급함을 구하며 국량이 넓고 변통성이 많으리라. 부모궁은 아버지가 먼저 돌아가시며 형제궁은 오류형제격이오. 처궁은 산란하며 생리사별수 있고 자손궁은 이삼형제며 재물궁은 성패가 많고 득실이 잦으며 자수성가할 수며, 벼슬궁은 살성이 비춰니 관액이 많고 유명무실하며 관록이 적으리라. 초년수는 흉한 가운데 편안하며 가내에 일이 많고 육세를 꺼리며 팔구세에 부모궁에 재앙이 침로하며 십세 후면 곤한 액이 물러가며 길인이 도와 대길하리라. 자축년은 실물수 있고 인묘년은 부모궁에 경사 있고 형제간에 좋은 일이 있으며 진사년은 신액이 있고 오미년은 재수 길하며 가정에 기쁜 일이 있고 신유년은 귀인이 동남으로 와 반가운 일을 보며 술해년은 부모의 근심이 크리라.

여자운

이 사주는 천성이 영민하여 재주가 많고 순후유덕하며 마음이 황홀하여 능히 측량치 못하리라. 부모궁은 어머니가 먼저 돌아가시며 형제궁은 삼사형제격이며 남편궁은 희살이 있고 원진이 되니 생이별하지 않으면 사별하며 자손궁은 이삼형제격이오. 재물궁은 살기가 있으니 한번 쌓으며 한번 패를 보며 횡재수가 있으나 오래있지 못하여 흩어지리라. 평생에 홀로 탄식할 때 많고 타인의 공영한 시비가 많은 격이라. 팔자에 악성이 비춰어 험난한 일이 종종 있으리라. 초년수는 가정에 액이 많고 신병이 있으며 십세후는 차차 길하며 귀인이 도와 화액이 사라지리라. 십오륙세면 희소식이 들리며 서북방으로 백년 귀인을 만나리라. 축미년은 가정에 액이 많고 진술년은 형제간에 일희일비하며 해자년은 재수 길하며 신유년은 귀인이 도우며 인묘년은 부모궁에 근심이 있고 눈물을 뿌리며 사오년은 자손경사 있고 가내에 기쁜 일이 많으리라.

風山漸卦(풍산점괘)

初年運

남자운

이 사주는 천성이 진실하며 풍후장자요. 신의가 두터우며 늦게 발달하고 흉중에 알지 못할 재주 있어 이름이 나타나리라. 부모궁은 아버지가 먼저 돌아가시며 형제궁은 이삼형제며 처궁은 회살이 있어 생이별하지 않으면 사별하며 자손궁은 삼사형제며 재물궁은 늦게 이르고 성패가 많고 벼슬궁은 천파살이 비춰니 관록에 인연이 없고 유명무실하며 평생에 물가로 재물을 구하며 동북으로 경영하면 만사여의하리라. 초년수는 평평하며 칠세가 꺼리고 십세 후면 가정에 일이 많으며 이십 후에 길운이 열리며 이십일이세면 기쁜 일이 있으며 이십삼사세면 귀인을 만나리라. 자축년은 가내에 변이 있고 인묘년은 손재수 있으며 진사년은 병이 있고 오미년은 형제간에 기쁜 일이 있고 신유년은 부모궁에 근심이 있으며 술해년은 재수 있고 길인이 도우리라.

여자운

이 사주는 천성이 순박하며 진실하고 변통이 없으며 속이 깊어 사람이 능히 측량치 못하며 외모에 덕기가 만면하니라. 부모궁은 어머니가 먼저 돌아가시며 다른 부모를 뫼실 수며, 형제궁은 이삼형제격이며 남편궁은 상극살이 있으니 생리사별할 수며 풍파가 많고 자손궁은 사오형제격이며 재물궁은 자수성가하며 성패수 많고 한번 쌓으며 한 번 흩으리라. 일평생 자기 주선으로 매사를 경륜하고 육친에 돕는 사람이 적으며 비방하는 자가 많으리라. 초년수는 부모궁이 산란하며 형제궁에 말이 많으며 십세를 꺼리고 이십 후로부터 길운이 열리며 만사 대길하고 귀인을 만나 평생 언약을 정하리라. 자축년은 신병이 있고 인묘년은 부모궁에 경사 있으며 형제궁에 이별수 있고 진사년은 재수 길하며 가정에 일이 많고 오미년은 실물수 있으며 신유년은 귀인을 만나며 운수 대통하리라.

風地觀卦 (풍지관괘)

初年運

남자운

이 사주는 천성이 순후 정직하며 청백 단아하고 위인이 큰 도량이 있고 문장이며 말을 잘하리라. 부모궁은 아버지가 먼저 돌아가시며 형제궁은 독신이며 처궁은 백년해로하고 자손궁은 유명무실하며 외로우며 낭패를 많이 보리라. 재물궁은 금옥이 만당하며 부귀로 득명하고 사방에 논과 밭을 두며 벼슬궁은 입신양명하며 이름을 용문에 걸고 관록이 후하며 귀인이 많으리라. 초년수는 부잣집 자제로 득의양양하며 재물이 무궁하고 십세를 꺼리며 십세 후면 부모궁에 경사가 많고 십오륙세면 동남으로 희소식을 들으며 화촉동방에 가약을 맺으리라. 자축년은 경사 있고 인묘년은 부모궁에 기쁜 경사 있고 진사년은 실물수가 있으며 오미년은 신병이 있고 신유년은 형제궁에 화패가 있으며 술해년은 재수 대길하리라.

여자운

이 사주는 천성이 호탕하며 강명 정직하고 아름다운 태도가 뛰어나며 귀한 상으로 사람들이 앙모하리라. 부모궁은 어머니가 먼저 돌아가시며 형제궁은 비록 있으나 독신격이며 남편궁은 현철한 장부와 백년해로하며 만일 어리석은 남편이면 생리사별할 수이다. 자손궁은 희살이 많으니 중년에 낭패하고 외로운 격이며 재물궁은 금과 옥을 쌓으며 부귀무량하고 복록이 넉넉하리라. 일생에 사람의 급함을 많이 구제하며 인후 유덕한 명성이 사방에 진동하며 만인의 곤경을 받으리라. 초년수는 부모궁에 경사가 많고 형제궁에 액이 있으며 십사오세에 귀인을 만나 평생 가약을 정하며 부귀무량하리라. 자축년은 신액이 있고 인묘년은 가정에 기쁜 일이 많고 진사년은 도적의 액과 구설이 있으며 오미년은 사람의 모함이 있으며 신유년은 재물궁을 더하며 술해년은 가내에 좋은 일이 있고 귀인을 만나리라.

水天需卦(수천수괘)

初年運

남자운

이 사주는 천성이 지혜 많고 어질며 일을 다스림에 법도가 있으며 마음이 현철하고 욕심이 없으리라. 부모궁은 아버지가 먼저 돌아가시며 형제궁은 이삼형제격이며 처궁은 처첩을 둘 수며 명철한 아내와 백년동락하며 자손궁은 이삼형제격이며 귀한 자식을 두리라. 재물궁은 심덕으로 재산을 쌓으며 천금을 희롱하며 벼슬궁은 상충살이 있어 이름만 있고 실상은 없으리라. 초년수는 십세 안에 부모궁이 산란하며 화변이 많고 눈물로 세월을 보내며 십세 후면 가내에 풍파가 있으며 신병으로 고생하리라. 자축년은 부모궁에 변이 있고 인묘년은 형제궁에 근심이 있으며 진사년은 가정에 기쁜 일이 있고 오미년은 신병이 있고 신유년은 귀인을 만나 평생 언약을 맺으며 술해년은 자손 경사 있으리라.

여자운

이 사주는 천성이 가을 물결 같으며 지혜와 총명이 비상하며 마음이 높고 청백하며 언행이 뛰어나니라. 부모궁은 아버지가 먼저 돌아가시며 형제궁은 사오형제격이며 남편궁은 재주 있는 장부와 백년동락하며 자손궁은 오륙형제격이나 중간에 패를 보며 재물궁은 조상의 음덕으로 집안의 생계가 풍족하며 만금을 쌓으며 사람의 급함을 구제하기를 즐겨하여 어진 이름이 사방에 진동하리라. 초년수는 십세 이내에 부모궁에 액이 있고 가내에 길흉이 상반되며 십세후는 신액이 많아 병으로 고생하며 형제간에 불길한 일이 있으며 십육칠세면 희소식을 들으며 평생 귀인을 만나리라. 이십일이세면 자손 경사 있으리라. 자축년은 눈물을 뿌리며 인묘년은 변이 있고 가정이 불안하며 진사년은 형제간에 기쁜 일이 있으며 오미년은 귀인을 만나며 신유년은 재수 대길하며 술해년은 부모궁에 근심이 많으리라.

水澤節卦(수택절괘) 初年運

남자운

이 사주는 천성이 강명 정직하며 슬기가 있으며 지식이 풍부하고 마음이 급하며 말을 잘하리라. 부모궁은 어머니가 먼저 돌아가시며 형제궁은 비록 있으나 독신격이며 처궁은 명철한 아내와 백년동락하며 자손궁은 삼형제격이며 재물궁은 이름이 크게 진동할 부자며 벼슬궁은 관록이 많으며 또 관액이 있으리라. 초년수는 가정이 부유하며 부모가 건강 하시며 평안 하시고 경사 많으리라. 형제궁은 액이 심하며 십사오세면 남방으로 길한 귀인을 만나며 이십 안에 자손 경사 있으며 이십일이세면 재물을 쌓으며 부모궁에 기쁜 일이 많으리라. 자축년은 신병이 있으며 인묘년은 재수 대길하며 진사년은 슬픈 일이 가정에 있으며 오미년은 부모궁에 근심이 되며 신유년은 귀인을 만나 평생을 부탁하며 술해년은 이별수고 자손의 경사를 보리라.

여자운

이 사주는 천성이 순하며 강하고 아름다운 기상이 외모에 나타나며 마음이 밝고 국량이 넓으며 심덕이 많으리라. 부모궁은 아버지가 먼저 돌아가시며 형제궁은 독신격이며 남편궁은 어진 장부와 백년동락하며 집안 권세가 다 수중에 있으리라. 자손궁은 삼사형제격이며 재물궁은 일평생 부귀득명하며 복록이 가정에 가득하며 만금을 수중에 희롱하리라. 초년수는 황금이 만당하며 부모궁에 경사 있고 가내에 기쁜 일이 많으며 십세 후로 형제간에 액이 있고 십사오세면 귀인을 만나 평생을 부탁하며 십육칠세면 부모궁에 근심이 있으며 신액이 두려우리라. 십구, 이십세면 가내에 경사 있으며 구슬을 수중에 희롱하리라. 자축년은 구설수 있으며 인묘년은 재물을 쌓으며 진사년은 부모의 근심이 크며 신유년은 실물수 있으며 자손 경사 있고 귀인이 남으로 오리라.

水火既濟卦 (수화기제괘) 初年運

남자운

이 사주는 천성이 평탄하며 강유를 겸전하고 덕행이 있으며 사람을 사랑하며 베풀기를 좋아하리라. 부모궁은 어머니가 돌아가시며 형제궁은 오륙형제격이나 중간에 낭패 있으며 처궁은 산란하며 병이 있는 아내와 짝하기 쉬우며 이별수 있으리라. 자손궁은 삼사형제격이며 재물궁은 살성이 비취니 재앙이 많으며 성패가 자주 있고 한번 얻고 한 번 잃으리라. 초년은 십세를 꺼리고 병이 침로하면 고치기 어려운 병이 몸에 있어 일평생 근심이 되리라. 이십 후면 가내에 풍파가 있으며 형제간에 액이 침로하며 재물이 손해나리라. 자축년은 부모궁에 악성이 비취며 인묘년은 재수 길하며 진사년은 형제간에 눈물을 뿌리며 오미년은 신병이 있고 신유년은 가정에 좋은 경사 있으며 술해년은 귀인을 만나 소원을 성취하리라.

여자운

이 사주는 천성이 맑으며 외모가 아름답고 몸이 적으며 마음이 청백하고 어질며 지혜와 총명이 많으리라. 부모궁은 아버지가 먼저 돌아가시며 형제궁은 삼사형제격이며 남편궁은 천액성이 비취니 생이별하지 않으면 사별수 있고 일생에 외로운 회포를 억제하지 못하리라. 자손궁은 이삼형제격이며 재물궁은 자수성가하며 작은 것도 쌓이면 크게 될 수며 낭패가 많으리라. 초년수는 봄 소가 밭을 가는 격이니 몸이 괴로운 때 많으며 가정에 변이 많고 부모궁에 근심이 잦으며 인간 풍파를 많이 만나리라. 십칠팔세면 귀인을 만나며 동방화촉에 깊은 인연이 중하며 이십일이세면 좋은 일이 있으리라. 자축년은 가정에 풍파가 있으며 부모궁에 근심이 크고 인묘년은 손재하며 구설이 있고 진사년은 형제간에 좋은 일이 있으며 오미년은 눈물로 세월을 보내며 신유년은 경사 있고 길하며 술해년은 자손 경사 있으리라.

水雷屯卦 (수뢰둔괘)

初年運

남자운

이 사주는 천성이 순후 유덕하며 사물에 극히 밝으며 인자하여 사람의 칭찬을 많이 받으며 군자의 풍이 있느니라. 부모궁은 어머니가 먼저 돌아가시며 형제궁은 이삼형제격이나 서로 천리 밖에 있는 격이며 처궁은 천파성이 비춰니 산란함이 측량키 어려우며 생리사별 수 있으며 자손궁은 삼형제격이며 재물궁은 작은 것도 쌓이면 크게 되고 자수성가할 수며 벼슬궁은 희살이 많고 음해하는 악한 사람이 있어 관록이 적으며 인연이 없으리라. 초년수는 부모의 덕이 적으며 십세 후에 운이 열리고 십구세나 이십세면 희소식을 들으며 귀인을 만나리라. 자축년은 근심이 중하며 인묘년은 가정에 경사 있으며 진사년은 신병이 있고 오미년은 눈물로 세월을 보내며 신유년은 경사 있고 재수 길하며 술해년은 자손 경사 있으리라.

여자운

이 사주는 천성이 순박하며 변통이 없고 지혜가 명철하며 마음이 넓고 외모가 유덕하며 기상이 현숙하니라. 부모궁은 아버지가 먼저 돌아가시며 형제궁은 삼사형제격이며 남편궁은 희살이 많으며 이별수 있고 자손궁은 삼형제격이며 재물궁은 화패가 많고 작은 것도 쌓이면 크게 되며 평생에 남방으로 재물을 구하면 대길하며 귀인이 물가에 있으리라. 초년수는 용이 얕은 물에 있으니 조화를 부리지 못하여 곤한 격이라. 십세안에 신병이 없으면 부모궁에 액이 있고 십세 후로 몸수 대길하며 십오륙세면 평생 귀인을 만나며 이십 안에 자손 경사 있으며 이십 일이세면 남편궁에 근심이 있고 형제간에 경사 있으리라. 오미년은 가정에 기쁜 일이 있으며 신유년은 형제궁에 이별수 있으며 술해년은 구설이 분요하며 희소식을 들으며 자축년은 남편궁에 좋은 일이 있고 재수 길하며 인묘년은 신병이 있으며 자손 경사 있고 진사년은 횡재수 있으리라.

水風井卦(수풍정괘) 初年運

六五

남자운

이 사주는 천성이 맑은 바람 같고 정직하고 순하고 착하며 기상이 온화하며 오륜에 밝고 예절을 좋아하니라. 부모궁은 아버지가 먼저 돌아가시며 형제궁은 비록 있으나 독신격이며 처궁은 처첩을 둘 수며 자손궁은 살성이 비춰니 기르지 못하며 낭패를 보고 외로운 격이며 재물궁은 성패가 많으며 부자로 득명하고 황금이 만당하며 돈을 물처럼 마구 쓰리라. 초년수는 용이 여의주를 얻은 격이라. 가정에 경사 많으며 부모궁에 기쁜 일이 끊어지지 않으며 신수태평하리라. 다른 부모를 뫼시면 부귀를 오래 누리며 이름이 사방에 진동하리라. 자축년은 부모의 경사 있으며 인묘년은 형제궁에 인사를 받으며 진사년은 재물을 쌓으며 오미년은 평생 귀인을 만나 백년을 언약하며 신유년은 실물수 있으며 술해년은 이름이 원근에 진동하리라.

여자운

이 사주는 천성이 순화하며 언사가 분명하고 요조한 태도와 현숙한 거동이 여자 중에 제일이니라. 부모궁은 어머니가 먼저 돌아가시며 형제궁은 살기가 침범하니 화패가 많고 독신격이며 남편궁은 천액성이 방해하니 이별수 있으며 탄식할 때 많으리라. 자손궁은 산란하며 유명무실하고 외로운 격이며 재물궁은 황금이 만당하며 돈을 물처럼 마구 쓰고 부자로 이름을 얻으리라. 초년수는 육세가 대단히 꺼리며 육세를 지내면 가정에 기쁜 일이 많고 부모궁에 경사 있으며 십삼사세면 부모의 근심이 되며 십육칠세면 희소식이 들리며 귀인을 만나 평생을 부탁하며 이십 후는 풍파가 많으며 근심이 자주 있으리라. 자축년은 신병이 있으며 인묘년은 가내에 좋은 일이 많으며 진사년은 실물수 있으며 오미년은 귀인을 만나며 신유년은 눈물을 뿌리며 술해년은 일이 많고 변괴가 나타나리라.

重水坎卦 (중수감괘) 初年運

六六

남자운

이 사주는 천성이 슬기가 많으며 어질고 청백하며 풍류남자요. 언사 분명하며 기상이 온화 하니라. 부모궁은 어머니가 먼저 돌아가시며 형제궁은 삼사형제격이나 독신과 일반이며 육 친의 덕이 적으니라. 처궁은 강명 현숙한 아내이나 살격이 있어 이별하기 쉬우며 자손궁은 이삼형제격이며 재물궁은 성패가 있으며 작은 것도 쌓이면 크게 되고 자수성가할 수며 벼 슬궁은 재앙이 많고 귀인이 적으며 관록의 인연이 적으리라. 초년수는 오세가 꺼리며 십세 후는 가정에 풍파가 많으며 불길한 일이 있으리라. 이십 후면 운수가 열리며 재수 길하고 귀인이 도우리라. 자축년은 신병이 있으며 인묘년은 부모궁에 화액이 있고 진사년은 형제 간에 근심이 있으며 오미년은 여자 귀인을 만나 기쁜 언약을 맺으며 신유년은 경사 있고 술해년은 좋은 일이 생기리라.

여자운

이 사주는 천성이 인자하며 인정이 많고 마음이 단아하며 외모가 분명하고 재주 있으며 지혜 많으리라. 부모궁은 아버지가 먼저 돌아가시며 형제궁은 이삼형제격이며 남편궁은 살 성이 있으니 이별수 있고 눈물을 흘리며 외로운 회포가 심하리라. 자손궁은 이삼형제격이 며 귀한 자식을 둘 수요. 재물궁은 속히 일우며 속히 흩어지고 자수성가하며 성패가 있으 리라. 평생에 귀인이 적고 육친의 덕이 없으며 무단히 시비하는 자가 많도다. 초년수는 십 세 후에 가내에 변이 많고 소용하며 신병으로 고생이 있으며 부모궁에 액이 있으리라. 십 오륙세면 동남으로 좋은 소식을 들으며 동방화촉에 평생 가약을 맺으리라. 자축년은 눈물 로 세월을 보내며 인묘년은 가정에 불길한 일이 있으며 진사년은 슬하에 경사 있고 오미 년은 귀인을 만나며 재수 길하고 신유년은 부모궁에 액이 있으며 술해년은 좋은 일이 많 으리라.

水山蹇卦 (수산건괘)

初年運

남자운

이 사주는 천성이 암매함이 많고 내심은 비록 밝으나 외양은 명백하지 않으며 마음이 억세며 강하니라. 부모궁은 아버지가 먼저 돌아가시고 형제궁은 사오형제격이며 처궁은 금슬이 좋지 못하며 처첩을 둘 수요 자손궁은 삼형제격이며 재물궁은 작은 것도 쌓이면 크게 되며 자수성가하고 낭패를 보리라. 벼슬궁은 천봉성이 비취니 유명무실하며 관액이 많고 관록이 없으리라. 평생에 몸을 부지런히 하며 서남방으로 매사를 경영하면 대길하리라. 초년은 오세가 꺼리며 십세 후면 가정에 좋은 일이 많으며 형제간에 경사 있으리라. 다른 부모를 모실 수요. 몸이 항상 분주하며 진심으로 하되 공이 적으리라. 자축년은 부모궁에 근심이 많고 인묘년은 형제간에 기쁜 일이 있으며 진사년은 실물하며 오미년은 눈물을 가정에 뿌리며 신유년은 형제간에 귀인이 도우며 술해년은 자손 경사 있으리라.

여자운

이 사주는 천성이 강하고 어질며 또 급하며 독하여 성미를 알 수 없으며 마음은 굳세고 외압 내명하니라. 부모궁은 어머니가 먼저 돌아가시며 다른 부모를 모실 수며 형제궁은 사오형제격이며 남편궁은 희살이 발동하니 백년해로하지 못할 수며 이별이 쉬우리라. 자손궁은 자수성가하며 작은 것도 쌓이면 크게 되며 중년에 낭패하기 쉬우니라. 평생 외로우며 육친이 있어도 덕이 없고 자기 주선으로 지내는 격이라. 초년수는 부모궁에 일이 많고 칠세를 지내기 어렵고 십세 후면 액운이 점점 물러가며 길운이 오리라. 십팔구세면 희소식이 들리며 서남으로 귀인을 만나리라. 이십일이세면 부모의 근심이 중하며 형제궁에 일이 있으리라. 자축년은 구설이 가정에 분분하며 인묘년은 재수 있으며 진사년은 신병으로 위태함을 넘기며 오미년은 눈물을 뿌리며 신유년은 귀인을 만나며 술해년은 자손의 일이 있으며 가내에 좋은 경사 있으리라.

水地比卦(수지비괘)

初年運

남자운

이 사주는 천성이 순강하며 어질고 위엄 있고 능강능유하며 사람의 심회를 잘 말하며 인정이 많으니라. 부모궁은 아버지가 먼저 돌아가시며 형제궁은 삼사형제격이나 서로 사이가 좋지 못하며 독신과 일반이오. 처궁은 악성이 있으니 생리사별하며 평생 합당한 아내가 없으리라. 자손궁은 상극살이 있어 부자(父子)의 정이 적으며 재물궁은 패가 많고 희살이 있어 풍파를 많이 지내며 관궁은 귀인이 사방에 있으며 길성이 비취니 이름을 용문에 날리며 관록이 많으리라. 초년은 부모의 은덕이 깊고 몸수 태평하며 십세 내에 좋은 일이 있으며 십세 후는 부모의 경사 있으리라. 십육칠세에 귀한 여자와 백년해로함을 언약하리라. 자축년은 집에 후한이 있고 인묘년은 부모의 좋은 일이 있고 진사년은 형제의 경사 있으며 오미년은 재수 대길하며 신유년은 자손 경사 있고 술해년은 귀인을 만나리라.

여자운

이 사주는 천성이 온화한 봄바람 같으며 마음이 변함이 없고 송죽 같은 절개가 있으며 요조숙녀의 태도가 있느니라. 부모궁은 어머니가 먼저 돌아가시며 형제궁은 삼사형제격이며 남편궁은 현명한 군자와 백년동락하며 자손궁은 사오형제격이며 재물궁은 금옥이 만당하며 부귀로 이름을 얻으며 일생에 구제함이 많아 이름이 사방에 진동하고 덕행이 일문에 빛나리라. 초년은 가족이 번열하며 부귀를 겸전하고 영화롭게 지내며 십일이세면 부모의 병이 근심이 되며 십오륙세면 청조가 전신하여 동방으로 평생 귀인을 만나며 부귀로 해로하리라. 이십일이세면 자손의 경사 있으며 남편궁에 기쁜 일이 있으리라. 인묘년은 부모궁에 경사 있으며 진사년은 남편궁에 근심이 되며 자축년은 형제간에 눈물을 뿌리며 오미년은 가정에 구설이 요란하며 신유년은 재수 길하고 술해년은 슬하에 경사 있으리라.

山天大畜卦(산천대축괘) 初年運

남자운

이 사주는 천성이 웅위하며 대장부의 기상이오. 지혜와 총명이 많고 재주와 학문이 높아 백리지재(百里之才)가 되리라. 부모궁은 아버지가 먼저 돌아가시며 형제궁은 비록 있으나 사방에 흩어지며 독신과 일반이며 처궁은 처첩을 두며 자손궁은 아름다운 자손을 두며 벼슬궁은 입신양명하며 관록이 많으며 명성이 한 세상에 진동하며 위엄이 상설같으며 덕이 만민에게 미치고 후세에 이름을 남기리라. 초년은 세 살을 지내기 어려우며 십세를 지내면 대길하고 십육칠세면 장가들고 이십 후로 귀인이 도와 이름이 진동하리라. 자축년은 부모의 경사 있으며 인묘년은 액이 중하며 위태함을 넘기며 진사년은 형제간에 이별수 있으며 오미년은 손재되며 부모궁에 근심이 있고 신유년은 귀인을 만나며 술해년은 이름이 진동하리라.

여자운

이 사주는 천성이 단정하며 정직하고 구변에 능하며 재주가 많고 외모가 아름다우며 목소리가 순화하니라. 부모궁은 아버지가 먼저 돌아가시며 형제궁은 삼사형제격이며 남편궁은 어질고 유덕한 장부와 백년해로하며 자손궁은 유명무실하며 타인의 자손을 기를 수며 재물궁은 조상의 음덕으로 만금을 쌓으며 부귀득명하고 복록이 무량하리라. 초년수는 육세를 대단히 꺼리며 육세를 지내면 평생에 큰 귀인이 되리라. 십세 후로 가정에 변괴가 많으며 부모궁에 근심이 많고 형제궁에 액이 있으며 십육칠세면 어진 장부와 평생 인연을 맺으며 이십 후면 남편이 공명에 입신하여 귀한 벼슬을 하며 관록을 먹으리라. 자축년은 부모의 근심이 중하며 인묘년은 형제궁에 기쁜 일이 있고 진사년은 가내에 풍파가 있으며 오미년은 재수 길하며 신유년은 귀인을 만나며 술해년은 좋은 일이 많으리라.

山澤損卦 (산택손괘)

初年運

남자운

이 사주는 천성이 거만하며 예가 있으며 진실하고 외모로는 어리석으나 내심은 밝고 순후하니라. 부모궁은 아버지가 먼저 돌아가시며 형제궁은 삼사형제격이며 처궁은 마음에 비록 마땅치 아니하나 해로하며 자손궁은 늦게 형제를 두며 재물궁은 자수성가하며 성패 수 있으며 평생에 물가에서 재물을 구하면 대길하리라. 벼슬궁은 재앙이 많고 귀인이 없으니 관록에 인연이 없는 격이라. 초년수는 팔세를 지내기 어려우며 십세 후로 가정에 변괴가 많으며 풍파를 지내고 부모의 근심이 중하며 이십 후는 형제간에 귀인이 있으리라. 자축년은 눈물을 서산에 뿌리며 인묘년은 가내에 변이 많고 진사년은 손재하며 오미년은 형제간에 기쁜 일이 있으며 신유년은 좋은 일이 있고 술해년은 재수 길하리라.

여자운

이 사주는 천성이 인자하며 욕심이 있고 사람의 비웃음을 많이 받으며 마음이 흐린 편이 많으나 자기심중은 분명하니라. 부모궁은 어머니가 먼저 돌아가시며 형제궁은 이삼형제격이며 남편궁은 희살이 있어 풍파가 잦으며 이별수 있고 남편으로 근심이 많으며 자손궁은 이름이 다른 자손을 둘 수며, 재물궁은 자수성가하며 작은 것도 쌓이면 크게 되며 일생에 육친의 덕이 없으며 자기의 권도로 지내고 몸이 괴롭도록 심력을 다하되 공이 없으며 사람의 비웃음을 받으리라. 초년수는 가내에 일이 많으며 십세 후는 신액이 많고 부모궁에 근심이 있으며 십칠팔세면 동으로 귀인을 만나 평생을 언약하리라. 자축년은 실물수 있고 인묘년은 가정에 눈물을 뿌리며 진사년은 부모궁에 액이 크며 오미년은 재수 있으며 신유년은 귀인을 만나며, 술해년은 경사 있고 재수 대길하리라.

山火賁卦(산화비괘)

初年運

남자운

이 사주는 천성이 맑은 백옥 같고 청수한 기상이며 신선이나 도인 같은 풍채니라. 부모궁은 아버지가 먼저 돌아가시며 형제궁은 삼사형제격이며 처궁은 현명한 아내와 백년동락하며 처첩을 둘 수요. 자손궁은 살성이 있으니 낭패가 많고 인연이 없는 격이나 외로운 상이오. 재물궁은 조상의 적덕으로 부귀득명하며 복록이 무량하고 벼슬궁은 길성을 띠었으니 이름을 용문에 날리며 관록이 후하리라. 초년수는 팔세를 꺼리며 십세 후로 부모궁에 눈물을 뿌리며 십칠팔세면 청조가 전신하며 귀한 규수와 배필을 정하리라. 신유년은 가내에 경사 있으며 술해년은 부모의 근심이 중하며 자축년은 신병이 있고 인묘년은 형제궁에 일이 있고 진사년은 재수 대길하며 오미년은 귀인을 만나리라.

여자운

이 사주는 천성이 급하기 불꽃같고 강명 정직하며 외모가 아름다우며 자색이 출중하도다. 부모궁은 어머니가 먼저 돌아가시며 형제궁은 삼사형제격이며 남편궁은 풍파가 많으며 이별수 있고 자손궁은 천액성이 있으니 희살이 많으며 낭패 있고 유명무실하며 재물궁은 만금을 쌓으며 부자로 한 세상에 득명하고 이름을 다 칭송하리라. 일생에 덕행이 원근에 울리며 사람이 다 앙모하며 친족이 화목하리라. 초년수는 몸에 병이 많고 고치지 못하는 병이 있어 항상 근심이 되리라. 십세 전은 부모궁에 액이 많으며 십세 후는 형제간에 경사 있고 십육칠세면 귀인을 만나며 동방화촉에 깊은 인연을 맺으리라. 자축년은 부모의 근심이 있고 인묘년은 형제의 변이 생기며 진사년은 가내에 일이 있으며 오미년은 귀인이 오며 신유년은 재수 길하며 술해년은 천금을 횡재하거나 가정에 경사 있으리라.

山雷頤卦 (산뢰이괘)

初年運

七四

남자운

이 사주는 천성이 온화한 봄바람 같고 어짊이 요순 같으며 마음이 진실하며 오륜에 밝으니라. 부모궁은 아버지가 먼저 돌아가시며 형제궁은 삼사형제격이나 사이가 좋지 못하며 처궁은 어진 아내와 백년동락하며 처첩을 둘 수며 자손궁은 살성이 비춰니 낭패가 많으며 외로움을 항상 탄식하는 격이며, 재물궁은 금옥이 만당하며 만금을 수중에 희롱하며 부귀로 득명하며 벼슬궁은 귀인이 따라 다니며 유명무실하며 관록이 있어도 적으리라. 초년수는 평탄하며 십세 이전에 가내에 경사 있고 십세 후면 형제간에 기쁜 일이 많으며 이십 안에 장가들리라. 자축년은 부모의 경사 있으며 인묘년은 신액이 있고 진사년은 재수 길하며 오미년은 귀인을 만나며 신유년은 형제에 액이 있고 술해년은 놀랄 일이 생기리라.

여자운

이 사주는 천성이 청백 단정하며 여자의 행실이 분명하며 마음이 어질고 인정이 많으리라. 부모궁은 어머니가 먼저 돌아가시며 형제궁은 이삼형제격이나 독신과 일반이며 남편궁은 풍파가 많고 원진살이 있으며 이별수가 있어 일생에 근심으로 지내며 외로운 회포를 억제치 못하리라. 자손궁은 중간에 패가 있어 유명무실함이오. 재물궁은 부귀득명하며 만금을 희롱하리라. 평생에 몸을 단정히 가지며 사람의 칭찬을 받으리라. 초년수는 부모궁에 좋은 일이 많으며 형제간에 경사 있고 십세 후로 가정이 점점 늘며 이십 안에 서쪽으로 귀인을 만나 평생을 언약하며 이십이삼세면 부모궁에 근심이 있으며 남편궁에 액이 중하리라. 술해년은 가정에 경사 있으며 신유년은 신병이 있고 자축년은 형제궁에 기쁜 일이 있으며 인묘년은 실물수 있고 진사년은 귀인이 오며 오미년은 재수 대길하리라.

山風蠱卦(산풍고괘) 初年運

남자운

이 사주는 천성이 순후 유덕하며 진실한 가운데 변통이 있으며 마음에 병이 있으리라. 부모궁은 아버지가 먼저 돌아가시며 형제궁은 이삼형제격이나 사이가 좋지 못하며 처궁은 백년동락하며 처첩을 둘 수며 자손궁은 천살성이 비춰니 패가 있고 외로운 격이며 재물궁은 부귀를 누리며 성패가 많으리라. 자수성가할 수라. 벼슬궁은 귀인이 사방에 있어 도우니 이름을 금방에 날리며 관록을 먹으리라. 초년수는 칠세를 대단히 꺼리며 십세 후는 가정에 좋은 일이 많으며 귀인이 가사를 다스리니 복록이 무량함이라. 자축년은 부모궁에 경사 있으며 인묘년은 형제에 기쁜 일이 많고 진사년은 재록이 넉넉하며 오미년은 가내에 근심이 중하고 신유년은 귀인을 만나 평생을 언약하며 술해년은 신병이 있으리라.

여자운

이 사주는 천성이 인후 정직하며 남을 제 몸 같이 사랑하고 위인이 나약하여 몸에 고치지 못할 근심이 있으리라. 부모궁은 아버지가 먼저 돌아가시며 형제궁은 삼형제격이나 서로 천리 타향에 있으며 남편궁은 백년동락하며 자손궁은 살기가 있어 중간에 낭패되며 외로운 회포를 자탄하리라. 재물궁은 성패가 있고 일조에 한번 흩어지리라. 그러나 일생에 천금을 수중에 두며 돈을 물 쓰듯이 하리라. 초년수는 세 살을 지내기 어려우며 십세 안에 집이 늘고 부모궁에 경사 있으며 형제간에 기쁜 일이 있고 십세 후면 신병이 있으며 오래 고생이 되고 십사오세면 한번 놀람이 있으며 십칠팔세면 동남으로 희소식이 들리며 화촉 동방에 기쁜 인연을 맺으리라. 자축년은 부모의 근심이 되며 인묘년은 가정이 요란하며 진사년은 재수 길하고 오미년은 귀인이 오며 신유년은 만금을 횡재하며 술해년은 형제간에 경사 있으리라.

山水蒙卦(산수몽괘) 初年運

남자운

이 사주는 천성이 혼몽하며 안으로는 밝으나 밖으로는 어둡고 마음은 인후 정직하며 의심이 많으며 믿는 사람이 없으리라. 부모궁은 어머니가 먼저 돌아가시며 형제궁은 오륙형제격이며 처궁은 이별수가 있으며 자손궁은 삼사형제격이오. 재물궁은 천금을 쌓으며 벼슬궁은 살성이 비춰니 관액이 있고 관록은 없으며 청운에 인연이 적으니라. 평생에 물가에서 재물을 구하며 스스로 몸을 부지런히 하여 큰 재물을 쌓으리라. 초년수는 두 살을 꺼리며 십세 후로 가산이 점점 늘며 가정에 좋은 일이 많으리라. 십팔구세에 귀인을 만나 백년언약을 맺으리라. 자축년은 부모궁에 기쁜 일이 있고 인묘년은 형제의 경사 있으며 진사년은 집에 재물이 들어오며 오미년은 귀인을 만나며 신유년은 평평하며 술해년은 가내에 근심이 있으리라.

여자운

이 사주는 천성이 명백하지 못하고 유순하며 진실하여 변통이 없고 의심이 많아 사람의 비웃음을 받으리라. 부모궁은 어머니가 먼저 돌아가시며 형제궁은 사오형제격이며 남편궁은 살성이 비춰며 희살이 있어 생리사별하며 일생에 외로운 근심이 중하리라. 자손궁은 형제격이며 재물궁은 부지런하여 작은 것도 쌓이면 크게 되며 자수성가하리라. 평생에 자기 권도로 모든 일을 주선하며 진심으로 전력을 다하여야 성공하리라. 초년수는 오세를 꺼리며 십세 안에 가정에 변이 많고 몸이 괴로우며 부모의 불길한 일이 있고 십세 후는 형제간에 기쁜 일이 있으며 십칠팔세면 희소식이 들리며 평생 귀인을 만나 언약이 깊고 이십후면 귀한 자식을 낳으리라. 자축년은 부모의 근심이 있고 인묘년은 가정에 눈물을 흘리며 진사년은 신병이 침로하여 오래 고생하며 오미년은 실물수 있으며 신유년은 길인을 만나 소원을 서우치하며 술해년은 천금을 얻으리라.

重山艮卦(중산간괘) 初年運

남자운

이 사주는 천성이 고요하며 단아하여 여자의 태도가 있으며 국량이 넓지 아니하며 위인이 순후 유덕하니라. 부모궁은 아버지가 먼저 돌아가시며 형제궁은 삼사형제격이며 처궁은 명철한 아내나 상극살이 있어 의합치 아니하며 이별수 있으리라. 자손궁은 사오형제격이나 중간에 낭패하며 재물궁은 성패가 잦으며 자수성가할 수요. 작은 것은 쌓이면 크게 되며 벼슬궁은 입신양명하여 이름을 용문에 날리며 관록이 후하며 관문에 인연이 중하리라. 초년수는 고기가 바다에 돌아감이라. 가정에 좋은 일이 많으며 이십 전에 어진 아비를 만나며 귀한 자식을 낳고 이십일이세면 친족 간에 길인을 만나 인도하리라. 자축년은 부모의 근심이 있고 인묘년은 형제의 좋은 소식이 들리며 진사년은 가내에 변이 있고 오미년은 귀인을 만나며 신유년은 자손 경사 있으며 술해년은 재수 대길하리라.

여자운

이 사주는 천성이 흐르는 물결 같으며 단정 인후하며 인정이 많고 사리에 밝으며 변통이 없는 여자나라. 부모궁은 어머니가 먼저 돌아가시고 형제궁은 삼형제격이요. 남편궁은 어진 장부와 백년동락하며 금슬이 좋으며 자손궁은 오륙형제격이나 중간에 패를 보며 재물궁은 자수성가하며 한번 패를 당하리라. 일생에 육친이 무덕하여 스스로 탄식할 때 많으며 심력을 다하여 진심으로 하나 공이 없도다. 초년은 가내에 좋은 일이 많으며 부모궁에 경사 있고 형제궁에 기쁜 일이 있으며 십세 후로 신액이 중하며 십육칠세면 동으로 희소식이 들리며 명철한 귀인과 백년의 가약을 정하며 이십 내에 귀한 자식을 낳으며 집이 점점 늘어나리라. 자축년은 가정에 근심이 있고 인묘년은 눈물을 뿌리며 진사년은 부모궁에 기쁜 일이 생기며 오미년은 병으로 고생하며 신유년은 귀인을 만나며 술해년은 자손 경사 있으리라.

山地剝卦(산지박괘)   初年運

남자운

이 사주는 천성이 나약하며 중심이 산란하고 풍류를 즐기며 마음이 지혜 있으며 인후하니라. 부모궁은 아버지가 먼저 돌아가시며 형제궁은 삼형제격이나 중년에 패가 있고 처궁은 백년해로하며 자손궁은 형제격이오. 재물궁은 작은 것도 쌓이면 크게 되며 자수성가하고 벼슬궁은 회살이 많아 유명무실하며 관록에 인연이 없는 격이오. 초년수는 두 살을 지내기 어렵고 십세 안에 신병이 잦으며 가내에 변괴가 백출하며 십세 후로 몸에 고치지 못할 병이 있어 일생에 근심이 되리라. 십칠팔세면 청조가 전신하며 어진 여자를 만나리라. 인묘년은 부모궁에 변이 생기며 자축년은 신병으로 고생하며 진사년은 가정에 화환이 있으며 오미년은 도적의 액이 침로하며 신유년은 자손 경사 있으며 술해년은 재수 대길하리라.

여자운

이 사주는 천성이 허약하며 순후하고 결단성이 없으며 의심이 많고 마음이 사리에 어두우니라. 부모궁은 어머니가 먼저 돌아가시며 형제궁은 삼사형제격이나 중년에 낭패가 많고 남편궁은 원진살이 있어 화합치 못하며 슬픈 회포를 노래하며 자손궁은 독신이나 사형제격이며 재물궁은 부지런함으로 재물을 쌓으며 작은 것도 쌓이면 크게 되고 자수성가하리라. 일생에 남을 위하여 힘을 써도 별로 얻는 것이 없으며 사람의 시비가 많으며 무단히 해코자 하는 자가 있으리라. 초년수는 십이세가 위태하며 가정에 변이 많으며 몸에 고질병이 있어 평생에 근심이 되리라. 십육칠세면 남으로 희소식이 들리며 강명한 장부와 인연을 맺으리라. 자축년은 신병이 있고 인묘년은 부모궁에 화변이 있으며 진사년은 가정에 불길한 일이 많으며 오미년은 기쁜 일이 있고 신유년은 귀인이 스스로 와 큰 인연을 맺으며 술해년은 자손에 좋은 일이 있고 재수 길하리라.

地天泰卦(지천태괘)

初年運

남자운

이 사주는 천성이 인후한 장자요. 사물에 통달하며 흉중에 큰 뜻이 있고 사람의 사정을 살피니라. 부모궁은 아버지가 먼저 돌아가시며 다른 부모를 모실수요. 형제궁은 삼사형제격이며 처궁은 처첩을 두며 지혜 있고 덕행이 있는 아내와 백년동락하며 자손궁은 형제격이나 덕이 없고 재물궁은 만금을 쌓으며 만금을 흩을 수며 자수성가하리라. 벼슬궁은 악성이 비취니 희살이 많으며 관록이 없고 관액이 많으리라. 초년수는 십세 전은 집이 부유하나 십세 후로 가정에 변이 많고 재물이 흩어지며 부모궁에 변괴가 많이 나타나며 근심이 떠나지 아니하리라. 이십 후에 장가들면 유복한 여자를 만나 부귀를 누리며 자손이 창성하리라. 인묘년은 형제간에 눈물을 흘리며 자축년은 부모의 화변을 당하며 진사년은 재물이 흩어지며 오미년은 가정에 변이 있고 풍파가 일며 신유년은 기쁜 일이 있으며 술해년은 신액이 있고 손재하리라.

여자운

이 사주는 천성이 단아하며 명철하여 사리에 밝으며 순후 유덕하여 명성이 진동하리라. 부모궁은 아버지가 먼저 돌아가시며 형제궁은 삼형제격이며 남편궁은 비록 어진 장부나 원진살이 있어 금슬이 고르지 아니하며 부부간에 불화하여 집안에 해가 미치리라. 자손궁은 육형제격이나 패가 많고 또 덕이 없으며 근심이 되리라. 재물궁은 성패가 많고 자수성가할 수며 부지런함으로 작은 것도 쌓이면 크게 되리라. 초년수는 십세 전은 집안에 좋은 일이 많으며 몸이 태평하나 부모의 근심이 많고 십세 후로 화변이 생기며 부모궁에 큰 화를 당하고 재물이 흩어지며 흉한 일이 많으며 형제간에 이별수 있고 사람이 점점 흩어지며 몸에 병으로 고생하며 십칠팔세에 평생 귀인을 만나리라. 오미년은 부모궁에 눈물을 흘리며 자축년은 손재하며 인묘년은 가변이 있고 진사년은 귀인을 만나며 신유년은 경사 있고 술해년은 재수 대통하리라.

地澤臨卦 (지택임괘)

初年運

남자운

이 사주는 천성이 인후 정직하고 국량이 크며 의논이 풍부하고 재주가 뛰어나 대장부의 기상이니라. 부모님은 어머니가 먼저 돌아가시며 형제궁은 여러 형제격이나 독신과 일반이 며 처궁은 지혜와 총명한 아내와 백년동락하며 자손궁은 삼사형제격이나 자손으로 근심되 며 재물궁은 만금을 쌓으며 부자로 이름을 얻으리라. 벼슬궁은 이름은 용문에 날리며 관록 이 많고 귀인이 사방에서 도우리라. 초년수는 네 살을 지내기 어려우며 십세 후로 가정에 불길한 일이 많으며 병으로 고생하고 십육칠세면 청조가 전신하며 요조숙녀를 만나리라. 오미년은 형제간에 기쁜 일이 있으며 신유년은 가정에 경사 있으며 술해년은 귀인을 만나 소원이 성취되며 자축년은 손재하며 구설이 왕래하고 인묘년은 병으로 근심하며 진사년은 부모궁에 경사 있으리라.

여자운

이 사주는 천성이 순후하며 청백하고 단정한 태도며 아름다운 골격이오. 재주 있으리라. 부모궁은 아버지가 먼저 돌아가시며 형제궁은 삼사형제격이며 남편궁은 어진 장부와 백년 동락하며 자손궁은 상형살이 있어 평생에 근심이 되며 인연이 적으리라. 재물궁은 자수성 가하며 만금을 쌓고 부자로 득명하리라. 일생에 큰 뜻으로 마음대로 다하지 못하여 항상 자탄하며 회포를 노래하는 격이라. 친족이 비록 많으나 덕이 없고 도와주는 사람은 없고 시비하는 자는 많은 격이니라. 초년은 가정에 불길함이 많으며 부모궁에 근심이 많고 몸에 병이 들면 오래고생되리라. 십오륙세면 서북방으로 희소식이 들리며 귀한 남자와 깊은 인 연을 맺으리라. 자축년은 부모의 경사 있으며 인묘년은 가정에 좋은 일이 생기며 진사년은 재물을 쌓으며 오미년은 귀인을 만나고 신유년은 신액이 두려우며 술해년은 형제의 기쁜 일이 있으리라.

地火明夷卦(지화명이괘) 初年運

남자운

이 사주는 천성이 안으로는 밝으나 밖으로는 어두우며 순후 정직하고 마음이 결단성이 없으며 모든 일에 두루 다 능하지 못하니라. 부모궁은 어머니가 먼저 돌아가시며 형제궁은 삼형제격이나 중간에 패를 보고 외로운 격이며 처궁은 비록 좋으나 살기가 침범하니 이별수 있으며 자손궁은 형제격이오. 재물궁은 악성이 비취니 화패가 많고 자수성가하며 실력을 부지런히 하여 작은 것도 쌓이면 크게 되리라. 초년수는 오세를 꺼리며 십세 후는 가정에 일이 많으며 부모궁이 산란하며 형제궁에 액이 있고 십팔구세면 이름이 원근에 진동하고 이십일이세면 길인을 만나 소원을 이루며 집안에 좋은 일이 있으리라. 자축년은 신병이 있고 인묘년은 가정에 풍파가 일며 진사년은 부모궁에 액이 있고 오미년은 귀인이 도우며 신유년은 재수 있고 술해년은 손재하니라.

여자운

이 사주는 천성이 순후 유덕하며 진실 정직하고 내심은 밝으며 외모는 어리석은 태도니라. 부모궁은 아버지가 먼저 돌아가시며 형제궁은 이삼형제격이오. 남편궁은 살성이 비취니 이별수 있으며 풍파를 많이 지내리라. 자손궁은 삼형제격이나 부모의 속을 태우며 근심이 태산 같으며 재물궁은 성패가 많으며 자수성가하고 작은 것도 쌓이면 크게 되며 몸을 부지런히 하여 재물을 쌓으리라. 일생에 육친의 덕이 없으며 자기의 권도로 평생을 지내니 탄식할 때 많으리라. 초년수는 가정에 일이 많으며 십세를 대단히 꺼리며 십세 후는 풍파를 여러 번 지내고 십오륙세에 백년동락 할 귀인을 만나리라. 자축년은 부모궁에 근심이 많으며 인묘년은 형제 중에 좋은 일이 있으며 진사년은 가정에 병이 있고 눈물을 뿌리며 오미년은 신병이 있고 신유년은 귀인을 만나며 술해년은 재수 대길하리라.

地雷復卦(지뢰복괘)

初年運

남자운

이 사주는 천성이 강명 정직하고 인후 유덕하며 남을 제 몸 같이 사랑하여 인망이 중하고 마음이 청백한 군자의 기상이니라. 부모궁은 아버지가 먼저 돌아가시며 형제궁은 삼사형제 격이며 처궁은 처첩을 두며 어진 아내와 백년해로하며 재물궁은 금옥이 만당하며 수중에 만금을 희롱하리라. 벼슬궁은 비록 관록이 있으나 마음이 흡족치 아니하며 귀인이 도우나 희살이 많으리라. 평생 물가에서 재물을 구하면 만사 대길하며 부귀로 이름을 얻으리라. 초년수는 가정에 경사 있으며 부모궁에 일이 있고 십세 후면 가내에 우환이 끊어지지 않으며 부모의 변괴 있고 십칠팔세면 북방으로 청조가 전신하여 귀한 숙녀와 배필을 정하며 복록이 무량하리라. 자축년은 경사 있고 인묘년은 재수 대통하며 진사년은 가정에 변이 생기며 큰 풍파가 일리라. 오미년은 귀인이 스스로 오며 신유년은 가내에 경사 있고 술해년은 재수 길하리라.

여자운

이 사주는 천성이 인자하며 외모가 아름답고 재덕을 겸비하고 절개가 송죽 같으며 마음이 청백하니라. 부모궁은 아버지가 먼저 돌아가시며 형제궁은 사오형제격이나 사이가 좋지 못하고 남편궁은 어진 장부와 백년동락하며 자손궁은 사오형제격이며 재물궁은 수중에 만금을 희롱하며 금옥이 만당하여 부귀로 이름을 얻으며 인후한 마음으로 베풀기를 좋아하니 덕행이 사방에 진동하여 칭송을 받으리라. 초년수는 벌과 나비가 꽃밭에 놀며 고기가 바다로 돌아가는 격이오. 복록이 넉넉하며 경사 무궁함이라. 십세 후로 가정에 불길한 일이 있으며 부모의 근심이 중하고 십칠팔세면 동으로 길인을 만나 평생을 언약하며 부귀를 무궁토록 누리리라. 자축년은 집안에 경사 있으며 인묘년은 몸에 병이 있고 진사년은 가정에 악인이 있어 손재하며 오미년은 가내에 근심이 있어 형제간에 액이 있으리라. 신유년은 실물하며 술해년은 근심이 있으리라.

地風昇卦 (지풍승괘)

初年運

八
五

남자운

이 사주는 천성이 호걸남자요. 도량이 활달하고 마음이 순박하며 큰 뜻을 흉중에 품으리라. 부모궁은 아버지가 먼저 돌아가시고 형제궁은 살성이 비취니 비록 있으나 독신과 일반이며 처궁은 현명하고 유덕한 아내와 백년동락하며 처첩을 둘 수요. 자손궁은 이름이 다른 자손이 있고 재물궁은 복덕성이 비취니 금옥이 만당하여 만금을 수중에 희롱하며 벼슬궁은 이름을 날리며 관록을 먹으리라. 초년수는 복록이 무량하며 가정에 경사 많고 부모궁에 좋은 일이 있으며 십사오세면 어진 여자와 화촉동방에 깊은 인연을 맺으며 무궁한 부귀를 누릴지니라. 진사년은 형제간에 경사 있고 자축년은 부모의 기쁜 일이 있으며 인묘년은 실물하며 오미년은 가정에 우환이 있고 신유년은 손재하며 술해년은 귀인을 만나리라.

여자운

이 사주는 천성이 맑은 물결 같고 마음씨가 얌전하고 정절이 바르며 마음이 어질고 인정이 많으며 뜻이 크고 재주가 비상하리라. 부모궁은 아버지가 먼저 돌아가시고 형제궁은 희살이 있어 독신격이며 남편궁은 명철한 장부와 백년동락하고 이별수도 있으며 풍파가 많으리라. 자손궁은 귀한 자식을 두며 자손의 영화 무궁하고 재물궁은 조상의 은덕으로 만종록을 누리며 수중에 천금을 희롱하며 부자로 득명하리라. 초년수는 고기가 큰 바다에 놀매 조화무궁함이라. 부모궁에 경사 있고 형제간에 기쁜 일이 많으며 십세 전은 재록이 넉넉하며 십세 후는 좋은 일이 많으며 십오륙세면 희소식을 듣고 동방화촉에 원앙의 금슬이 깊으며 이십 안에 자손 경사 있으리라. 자축년은 형제 중에 일희일비하며 가내에 근심이 중하고 인묘년은 재물을 쌓으며 진사년은 부모의 경사 있으며 오미년은 가정에 영화 있고 신유년은 귀인을 만나며 술해년은 자손 경사 있고 재수 대길하리라.

地水師卦 (지수사괘)

初年運

남자운

이 사주는 천성이 웅위하며 재주가 뛰어나고 국량이 출중하며 마음이 강유를 겸하고 뜻이 크니라. 부모궁은 아버지가 먼저 돌아가시며 형제궁은 사오형제격이며 처궁은 요조숙녀와 백년해로하고 자손궁은 삼형제격이며 귀한 자식을 두고 영화를 보리라. 재물궁은 금옥이 만당하며 수중에 만금을 희롱하고 복록이 무궁하리라. 벼슬궁은 복덕성이 비춰니 입신양명하며 이름을 후세에 날리고 귀한 관록이 무량하리라. 초년수는 십세 후에 가정에 풍파 있으며 부모궁에 이별수 있고 형제간에 일희일비하며 십육칠세면 귀한 여자와 평생 가약을 맺으며 이십 전에 남자 아이를 낳으리라. 자축년은 부모궁에 경사 있고 인묘년은 신병이 있고 진사년은 가정이 편안하지 않으며 오미년은 귀인을 만나며 신유년은 이름이 진동하며 술해년은 재수 대길하리라.

여자운

이 사주는 천성이 급하기 불꽃같고 강명 정직하며 구변이 있고 사리에 밝으며 시비를 잘 분별하고 마음이 백옥 같으니라. 부모궁은 어머니가 먼저 돌아가시며 형제궁은 사오형제격이나 덕이 없고 남편궁은 어진 남편과 백년해로하며 중간에 풍파 있으며 자손궁은 삼형제격이오. 귀한 자식을 두며 영화를 보고 재물궁은 부귀득명하며 이름이 사방에 우레같이 진동하고 어진 덕을 앙모하리라. 초년수는 오세를 꺼리며 십세 후로 가정에 변괴가 생기며 부모궁에 근심이 중하고 십사오세면 형제간에 이별수 있으며 집안 재물에 화가 침로하며 십오세면 희소식이 있고 십육칠세면 귀인을 남쪽에서 만나 평생에 인연을 맺으며 십팔구세는 부모궁에 액이 있고 이십일이세면 귀한 자식을 낳으리라. 자축년은 가정에 좋은 일이 많으며 인묘년은 재물을 쌓으며 형제의 경사 있고 진사년은 부모의 변이 있고 슬픈 일을 당하며 오미년은 귀인을 만나며 신유년은 가정에 경사 있으며 술해년은 남편의 근심이 있으리라.

地山謙卦 (지산겸괘)

初年運

남자운

이 사주는 천성이 공손하며 순후 유덕하고 매사에 조심이 많으며 사람을 사랑하고 사리에 밝으며 명성이 진동하리라. 부모궁은 아버지가 먼저 돌아가시고 형제궁은 오류형제격이나 낭패가 있고 처궁은 풍파가 많고 산란하며 이별수 있으리라. 자손궁은 삼사형제격이며 귀한 자식을 두고 재물궁은 화패가 많으며 자수성가하고 작은 것도 쌓이면 크게 되며 한번 풍파를 겪으며 벼슬궁은 인연이 적고 희살이 많아 관록이 없으며 액이 침로하리라. 초년수는 부모궁에 근심이 있고 형제간에 이별수 있으며 십세 후는 가정에 변이 있고 십육칠세면 귀인을 만나 평생을 언약하며 이십일이세면 반가운 사람이 도와 이름이 원근에 진동하며 재수 대길하리라. 인묘년은 가내에 경사 있고 자축년은 재물을 쌓으며 진사년은 부모의 근심이 중하고 액이 많으며 오미년은 형제의 기쁜 일이 있고 신유년은 귀인이 도우며 술해년은 만사 대길하리라.

여자운

이 사주는 천성이 공손하며 인후 유덕하고 널리 사람을 사랑하며 도량이 너그러우며 재덕을 겸비하니라. 부모궁은 아버지가 먼저 돌아가시고 형제궁은 살성이 비취니 독신격이오. 남편궁은 현철한 장부와 백년동락하고 자손궁은 삼사형제격이오. 재물궁은 성패가 많으며 자수성가하며 부지런함과 진실함으로 재물을 얻으며 천금을 수중에 희롱하리라. 일생에 인복이 없어 무단히 해코져하며 구설을 일으키니 홀로 슬픈 회포를 자탄할 때 많으리라. 초년수는 가정에 변괴가 많으며 부모의 근심이 중하고 형제의 이별수 있으며 십오세를 지내기 어려우며 십칠팔세면 남으로 희소식이 들리며 백년가약을 정하여 평생 복록을 누릴지니라. 자축년은 부모궁에 근심이 깊고 인묘년은 신병으로 오래 고생하며 진사년은 형제간에 눈물을 흘리며 오미년은 가정에 변이 생기고 신유년은 재수 대길하며 술해년은 구설이 분요하리라.

重地坤卦 (중지곤괘)

初年運

八八

남자운

이 사주는 천성이 안정 인후하며 흉중에 비상한 모략을 품었으며 뜻이 크고 모든 일에 다 능하니라. 부모궁은 어머니가 먼저 돌아가시며 형제궁은 삼사형제격이며 처궁은 지혜 있고 명철한 여자와 백년동락하며 자손궁은 사오형제격이오. 귀한 자식을 두며 재물궁은 금옥이 만당하며 만금을 수중에 희롱하고 부자로 득명하며 벼슬궁은 희살이 많아 패를 보고 관록에 인연이 없으리라. 초년수는 가정에 친족은 번열하며 경사 있으나 몸이 피곤하며 고생이 되고 십세 후로 부모궁에 액이 있으며 신병이 두렵고 십팔구세면 서북으로 길인을 만나 평생을 언약하며 이십 전에 귀한 자식을 낳으며 이십일이세면 재수 대길하리라. 자축년은 부모의 좋은 일이 있으며 인묘년은 형제간에 변이 있고 진사년은 가정에 기쁜 일이 있으며 오미년은 귀인을 만나며 신유년은 부모의 근심이 있고 술해년은 횡재하리라.

여자운

이 사주는 천성이 온화하며 인후 유덕하고 유한한 태도가 있으며 어진 덕행이 여자 중 군자요 인망이 지극하니라. 부모궁은 어머니가 먼저 돌아가시며 형제궁은 사오형제격이며 남편궁은 어진 장부나 원진살이 있어 내외의 사이가 좋지 못하며 풍파가 있으리라. 자손궁은 삼사형제격이며 귀한 자식을 두며 재물궁은 조상의 적덕으로 부자로 득명하며 만금을 쌓으리라. 일생에 심덕으로 자손 영화를 보며 부귀를 누리고 자손이 창성하리라. 초년수는 곤궁하며 십세 전은 부모의 액이 있고 가내에 불길한 일이 있으며 십세 후는 형제궁에 좋은 일이 있고 부모궁에 경사 있으며 십육칠세면 동남으로 희소식이 들리며 지혜 총명한 장부와 백년가약을 맺으리라. 자축년은 신병이 있고 인묘년은 부모궁에 변괴가 있어 가정이 요란하고 손재하며 진사년은 형제간에 기쁜 일이 생기며 가정에 우환이 있고 오미년은 재물을 손해 보며 신유년은 귀인을 만나며 술해년은 횡재수 있으리라.

제 二 편

중 년 운(中 年 運)

重 乾 卦 (중건괘)

中年運

━━━
━━━

남자운

중년수는 남방으로 귀인을 만나 삼십 안에 이름이 사방에 진동하여 열아홉에서 스물셋까지가 대통운이라. 용이 여의주를 얻음이요. 벌과 나비가 꽃밭에 놀미라. 사오진년에 금방(金榜)에서 이름이 없으지며 이십육칠세에 북방 사람을 삼가 멀리하면 길하고 이십칠팔세에 수중에 만금을 희롱하고 해자양년간에 여자를 가까이 하면 패가 망신하리라. 중년운에 난 자손을 잘 기르지 못하고 패가 많으며 딸 자손은 아무 흠 없이 잘 기르며 인묘년이 되면 재물이 물러가고 큰 화를 당하리라. 이십사오세에 타인과 송사하면 길인이 동남으로 도와 횡재하며 또 여인 중에 귀인이 있어 관록을 돋우며 몸이 장수되어 천병만마를 휘하에 호령하리라.

여자운

중년수는 부모궁에 말이 많고 몸이 괴로우며 진술년에 자손의 액이 중하며 인묘년은 남편궁에 경사 있고 해자년은 가정에 변괴 있어 남편의 병이 없으면 다른 화액이 일고 또 이별수 있으며 신유년은 자손궁에 기쁜 일이 있고 삼십 전은 환란이 많고 삼십후면 재앙이 사라지며 길한 귀인이 사방으로 도와 이름이 원근에 진동하며 삼십일이세에 타인의 말을 듣지 말고 또 집을 떠나지 말지니라. 삼십 오세에 객귀가 침로하여 병이 들면 오래 고생하리라. 이 사주는 인복이 없어 남을 위하여 공력을 많이 쓰되 반드시 구설만 돌아오고 선공무덕(善供無德)함이라 홀로 자탄할 때 많도다. 사십이 가까이 오면 자손으로 경사 새로우며 또 슬픈 일이 있으며 사십오륙세에 사람을 삼가라. 해를 입기 쉬우리라. 중년운이 산란함이 많고 풍상의 고락을 많이 겪을 수다. 그러나 모든 일을 다 자기 주선으로 결정할 수 니라.

天澤履卦(천택이괘)　　　中年運

남자운

중년수는 형제로 인하여 기쁜 일이 있으며 구름에 쌓인 달이 바람을 만나 차차 벗어지는 격이니 자수성가할 팔자며 동서로 분주히 다니며 매사를 경영하니 자수성가할 팔자며 동서로 분주히 다니며 매사를 경영하니 부지런한 도량으로 집을 다스리로다. 인묘년을 만나면 재물이 넉넉하며 오미년이 돌아오면 부모궁에 경사 있고 식록을 얻으며 삼십 후면 모든 액이 눈 쓸듯 하며 구름을 헤치고 일월이 반공에 뚜렷이 명랑한 격이라. 삼십 이삼세가 되면 귀인을 만나 장사로 사방에 돌아다니며 이름이 원근에 진동하며 삼십 오륙세가 되면 도적의 화를 삼가라. 삼십칠팔세면 연인을 만나 평생 짝을 맺으며 삼십 전에 상처수 있으며 자손을 말년에 비로소 두리라. 사십후에 귀한 자식을 낳으며 사십 전은 자손의 패가 끊어지지 않으리라.

여자운

중년수는 그물에 걸린 새가 그물을 벗어 마음대로 중년에 높이 날아 사방으로 주류함이라. 부모의 적덕이 적어 인간 고생이 자심함이 모두 하늘이 정하신 팔자라. 남을 원망하거나 꾸짖을 것이 없으리요. 사주에 살격이 있어 종종 방해되나 삼십 후로 대통운이 십년을 지낼지라. 사오미년을 당하면 자손의 경사 있고 재물이 만당하며 해자년은 식구가 늘며 전토 (田土)를 더하고 신유년은 집안에 변이 없으면 천리에 이별수 있고 자년은 부모궁에 근심이 중하며 삼십일이세는 땅을 파 금을 얻을 수요. 삼십사오세는 남방으로 천록성이 비취니 경사 구름이 가정에 자욱한 격이오. 오미년과 신유년이 오면 멀리 여행할 수요. 자손은 화패가 많다가 말년이 되어 귀한 자식을 두며 사십칠팔세는 병이 두려우리라. 일생에 눈에 병이 있으나 귀한 자식을 낳은 후에는 병살이 사라지리라.

天火同人卦(천화동인괘) 　　　中年運

남자운

중년수는 이름이 금방(金榜)에 걸고 관록을 먹을 수요. 고기가 변하여 용이 됨이오. 봉황이 성인을 만나 세상에 나옴이라. 인묘 진년에 귀인을 상봉하여 평생에 뜻을 다하며 사년이 되면 관액이 두려우며 해자년이 돌아오면 형제간에 액이 크며 인년이 되면 재물에 해를 당하며 처궁에 근심이 있으리라. 이십삼사세에 멀리 여행하면 대길하며 이십오륙세에 송사를 조심하며 조씨 성을 가진 사람과 상종을 끊으라. 삼십세는 타인의 말을 듣지 말며 삼십일세는 한번 풍파를 지내며 삼십이삼세는 여자를 가까이 말라 액이 돌아오리라. 녹이 처궁에 비춰었으니 어진 아내의 현명한 덕이 미치리라. 중년운에 기러기가 슬피 우니 형제궁에 화가 미치도다. 사십후면 재물이 한번 흩어지고 가정에 변이 생기리라. 사십후 사오인년은 대단히 불길하리라.

여자운

중년수는 반길반흉한 수라. 호랑이가 함정에 빠진 형상이오. 고기가 그물에 걸린 격이니 좌우로 난처하도다. 은인이 변하여 원수가 되며 재물이 흩어지도다. 삼십세에서 사십세까지 액이 다하고 일조에 귀인이 도와 사십후로 고기가 용문에 놀고 봉황이 문전에 춤을 추며 상서로운 일이 가정에 가득할 수며 삼십내로 오년과 사년은 화패가 있고 집안 사람이 동서로 분리하였다가 사십일이세가 되면 다시 한 집에 모여 태평을 노래하는 격이오. 축미년 중에 자손 경사 있고 사십오륙세에 일희일비할 수요. 형제궁에 귀인이 우연히 도와 재물을 얻으며 서방으로 멀리 여행할 수며 진년은 남편궁에 불길한 일이 있고 해년은 만인의 인사를 받으며 병이 나면 오래 고생하며 토성인(土姓人)을 만나 근심을 제어하리라. 중년운이 처음에는 흉하나 나중에는 길하며 인간 고생이 많고 세상 재미를 보지 못하는 격이라.

天雷無妄卦(천뢰무망괘) 中年運

남자운

중년수는 몸에 칼을 메고 만군 중에 장수되여 호령이 엄숙하며 기상이 웅위한 상이오. 흑운이 벗어지고 일월이 반공에 명랑한 수라. 복록이 날로 이르고 재앙은 점점 물러가며 삼십후로 이름을 원근에 진동케 하며 만인이 다 우러러 보리라. 삼십이삼세에 서남으로 경영하는 일이 뜻대로 되며 녹을 띤 귀인이 도와 백사 대길하며 삼십사오세에 귀한 여인을 만나 동방화촉에 아름다운 언약을 맺고 삼십칠팔세에 귀한 자식을 낳으며 삼십구세는 외방으로 경영하면 대길하며 물가로 장사함이 좋으리라. 사십후로는 재물에 패가 있으며 인묘년은 악한 사람의 모해를 당하며 해자년은 슬하에 근심이 있고, 진년 사년과 오년에 졌던 달이 다시 밝으며 고목이 봄을 만나는 격이라. 흉이 변하여 길하게 되리라.

여자운

중년수는 미꾸라지가 변하여 큰 바다에 용이 되는 격이라. 풍우를 몰아 조화를 임의대로 부리니 천종만물이 때를 만나 번성하는 수라. 세상의 고락을 많이 지내고 중년운을 당하여 하늘이 정한 신복이 돌아오도다. 삼십일이세에 귀한 자식을 낳으며 해산한 후로 집이 늘며 재앙이 소멸되리라. 삼십오세는 귀인이 사방으로 도와 만금을 쌓을 수며 삼십 육칠세는 슬하에 근심이 있고 또 이별수 있으며 삼십팔구세는 외방으로 횡재수 있고 사십세면 사람의 흉악한 계교에 빠져 해를 보기 쉬우리니 미리 조심하며 타인의 말을 듣지 말면 무사하리라. 술년과 인년에 재물이 흩어지며 몸에 병이 급하나 자연 구할 사람이 있으며 해년과 자년은 슬하에 일희일비할 수요. 사년오년은 자손의 경사 있고 가정에 기쁜 일이 생기리라.

天風姤卦 (천풍구괘)　中年運

一五

남자운

중년수는 사방에 일이 많고 동서로 분주히 여러 가지 일을 경영함이라. 한가한 날이 적으니 이는 역마성이 사주에 비취임이오. 또 탐랑성이 몸에 있으니 욕심은 크고 성사되는 일은 적도다. 구설이 많으며 먹을 것은 적은 데 할 일만 많은 격이라. 소가 봄밭에 농사하니 몸은 괴로우나 먹을 것은 근심치 아니하리라. 삼십전에 일조에 낭패를 당하고 지향 없이 고생이 막심하다가 삼십이 지나면 귀인이 도우며 현처를 만나고 복지에 집을 지으며 삼십삼사세에 이름이 원근에 진동하며 벼슬의 인연이 중하여 관록을 먹을 수며 삼십오륙세면 자손의 경사 있고 재물을 희롱하며 원방에 귀인이 둘이 도와 백사대길하며 삼십팔구세면 녹을 돋우고 가정에 기쁜 일이 있으며 해자년이 되면 관재가 일고 축년과 오년이면 형제간에 눈물을 흘릴 것이오. 인묘년은 용이 물을 얻음이라.

여자운

중년수는 강태공이 위수에 낚시로 세월을 보내며 문왕을 기다리는 격이라. 목전에 일을 상관하지 아니하고 일후에 좋은 때를 낚시질 함이라. 인간 고락을 많이 지낸 후에야 하늘이 복과 녹을 주심이니 이것이 모두 팔자로 인하여 이름이오 인력으로 되는 일이 아니로다. 이십팔세면 형제간에 구설이 왕래하며 삼십세면 자손의 경사 있고 귀인이 도와 길한 일이오며 삼십사오세면 가정에 이별수 있고 또 놀랄 일이 있으며 삼십칠세에 재물이 물러가고 시비가 요란하며 사십후면 구름이 흩어지고 일월이 명랑한 격이라. 꽃이 동산에 만발하니 벌과 나비가 스스로 모이는 상이라. 귀인이 도와 온갖 일이 뜻대로 되며 자손의 근심이 물러가 집이 점점 늘며 악인이 변하여 선인이 됨이라. 사오미년이 되면 뜻밖의 변이 돌아오며 미술년이면 슬하에 일희일비할 일이 있고 유년과 신년은 몸에 비단옷을 입고 고향으로 돌아옴이라. 온갖 일이 뜻대로 되는 수니라.

天水訟卦 (천수송괘)　　　中年運

남자운

중년수는 세상 풍파를 많이 지내며 인간 고생이 날로 사라지며 적덕하여 자손에게 경사를
끼치도다. 외방으로 경영하는 일이 뜻대로 되며 집에 있으면 불길하리라. 상처수 있고 삼
십 일이세면 산에 올라 호랑이를 만나는 격이오. 삼십삼세면 집을 떠나 천리 타향을 향하
는 수며 삼십사오세면 남으로 귀인이 손을 이끌어 녹을 돕는 수며 삼십칠팔세는 눈물을
서산에 뿌리는 수요. 사십이 되면 동방에 복록성이 비취니 동으로 경영하면 많은 재물을
얻고 또 자손의 경사를 보며 금옥이 만당하리라. 신유년이면 여인 중에 귀인을 만나고 인
묘년이면 이름이 사방에 진동하며 권세가 중하고 해자년이면 관재나 구설이 요란하며 음
인의 해를 당하기 쉬우리라. 진술년이면 귀한 자식을 낳으며 집이 점점 늘어나니라.

여자운

중년수는 농사 짓는 사람이 진심으로 힘을 다하여 밭갈기를 힘쓴 후에 풍년을 만나 배를
두드리고 노래하는 격이라. 몸을 부지런히 한 후에 즐거움을 얻는 수라. 삼십후로 액이 많
고 희살이 있어 무슨 일이든지 마음대로 잘 되지 않다가 여러 해 공을 쌓은 일로 삼십오
륙세가 되면 고기가 물을 얻고 용이 여의주를 얻은 격이라. 대인을 만나 재물이 점점 생기
며 자손의 경사 있으리라. 삼십칠세면 북방 사람을 상종하지 말며 삼십구세면 슬하에 액이
있고 또 몸에 병이 두려우며 가정에 불길한 일이 생기리라. 사십이 되면 눈물을 흘리며 자
탄하며 인묘년을 당하면 동으로 복록성이 비취며 해자년이 되면 은인이 변하여 원수가 되
니 가정이 요란하며 구설이 분분하며 진술년이면 자손의 경사 새로우며 사오년이면 놀랄
일이 있고 혹 관재를 조심하라. 신유년은 재물을 가정에 쌓으며 득의양양하리라.

天山遯卦 (천산둔괘)

中年運

남자운

중년수는 이름이 금방(金榜)에 걸리고 몸이 영귀하며 위엄이 중하고 권세가 진동하는 격이니 청운에 인연이 깊은 수며 삼십일이세면 자손의 경사 있고 삼십사오세면 형제간에 일이 있으며 삼십육칠세면 녹을 돋우고 벼슬이 오르며 삼십팔세면 처궁에 병이 있고 삼십구세면 관액이 일고 송사되기 쉬우며 사십세면 놀랄 일이 있고 사십일세면 슬하에 액이 있고 사십삼사세면 원방에 길성이 비춰니 귀인이 도움이오 사십팔구세면 일득일실하며 신유년은 재물이 흩어지며 구설이 왕래하고 인묘년은 부모궁에 환란이 대기하며 사오년은 형제간에 놀랍고 슬픈 일이 있고 진술년은 자손궁에 근심이 중하며 또 관액이 있으리라. 동남으로 귀인이 오면 흉한 일이 변하여 길하게 되며 축미년은 뜻밖에 만금을 얻으리라.

여자운

중년수는 남방으로 길인이 와 한번 언약하면 대길하며 오랜 가뭄 날에 비가 내리는 격이라. 평생에 자기의 권도로 지내며 먹을 것은 적은 데 할 일만 많으며 몸이 귀하되 일은 많은 상이라. 적은 일로 인하여 큰 일을 만들며 타인의 어려운 일을 내일과 같이 주선하는 성격이오. 삼십일이세면 용이 물을 얻음이오. 삼십삼사세면 사람의 구설로 인하여 좋은 일을 지으며 삼십오륙세면 꽃밭에 불이 난 수요. 삼십팔구세면 슬하에 경사 있고 경사를 보지 못하면 재물을 동방으로 얻으며 사십세면 멀리 여행할 수며 사십일이세면 동서로 분주히 일이 많고 또 구설이 왕래하며 사십삼사세면 음흉한 사람의 간계에 빠져 독한 해를 입을 수요. 사십육칠세면 이지러졌던 달이 허공에 뚜렷이 밝은 상이라. 사오년은 병이 있고 인묘년은 부모의 효복을 당할 수며 신유년은 가정에 재앙이 있고 손재할 수며 진술년은 귀인이 도울 수니라.

天地否卦(천지비괘) 　　　中年運

남자운

중년수는 꿩이 가을 밭에 들고, 말이 수풀에 우는 격이라. 시운이 비로소 통하며 만사가 뜻대로 되고 금옥이 만당한 수니라. 길한 사람이 사방으로 쫓아오며 녹을 더하고 노비들이 많은 격이며 몸이 청운에 올라 입신양명하리라. 조상의 적덕으로 부귀를 자랑함이라. 이십칠팔세에 귀인이 오며 이십구세면 만금을 횡재하며 삼십이세면 자손의 길사 있으며 삼십오륙세면 만인의 치하를 받으며 이름이 사방에 진동하며 삼십칠팔세면 흉인의 해를 조심하라. 삼십구세면 여자로 인하여 변이 생기며 사십삼사세면 멀리 여행하면 손재수 있고 관액이 두려우며 신유년은 처환이 심하며 인묘년은 횡재하고 해자년은 벼슬을 파직하기 쉬우며 진술미년은 슬하에 근심과 경사있으리라.

여자운

중년수는 하늘의 보필성이 중년운에 도우니 남편의 영귀함이 극진하며 이름이 진동하고 재물을 창고에 가득 쌓으며 태평을 노래하는 격이라. 한때 부귀를 만인이 모두 칭송함이로다. 이십 후로 점점 발달하며 이십사오세에 금과 옥이 사방으로 들어오며 이십오륙세면 슬하에 경사있고 이십칠팔세면 녹을 돋우며 부모궁에 기쁜일이 있고 삼십세면 신병이 있으나 오래지 아니하여 쾌차하며 구설이 있고 삼십일이세면 동남으로 귀인이 오며 삼십삼사세면 놀랄 일이 있고 눈물을 흘리리라. 삼십칠팔세에 몸에 병이 침범하면 여러 달 고생하리라. 인묘년이면 횡재하며 부모궁에 근심이 있고 신유년은 자손의 치하를 받으며 진사년은 사방에 이름을 떨치며 술해년은 관재와 구설이 한번 일면 손재하고 액이 침로하며 자축년은 형제궁에 일이 있으리라.

澤天夬卦(택천쾌괘)   中年運

二一

남자운

중년수는 처음에는 흉하나 나중에는 길하며 심력을 다한 후에 뜻을 얻는 격이라. 풍파를 많이 지낸 사람의 모함으로 재물이 한번 흩어졌다가 다시 모이는 수라. 이십오륙세면 원방에 일이 있어 한번 가면 여러해 머무르며 이십팔구세면 불의의 화액이 당도하니 진퇴유곡이오. 삼십세면 서북방으로 목성(木姓)을 가진 길한 사람이 스스로 와서 큰 일을 성취하며 삼십삼사세면 재물이 원방에서 오며 귀한 여자 귀인을 만나고 삼십오륙세면 자손간에 일희일비할 일이 있고 삼십칠팔세면 문서상에 기쁜 경사있고 부모궁에 좋은 소식이 들리며 삼십구세면 봉황이 성인을 만남이라. 인묘년은 형제간에 액이 있으며 해자년은 만금을 얻을 수 있으며 진사년은 자손궁에 일이 있고 신유년은 관액이 두려우며 술년은 눈물을 머금으며 축미년은 멀리 여행할 수가 있어 대길하리라.

여자운

중년수는 옛 일을 바꾸고 새로운 일을 경영하며 사람의 은혜로 인하여 재물에 낭패하며 길운을 기다려 다시 부귀를 누리는 격이라. 사람을 의심하면 화를 당하며 액이 돌아오니 조심함이 길하며 이십오륙세면 타인의 말을 듣고 화를 자초하며 이십칠팔세면 남방으로 기쁜 소식이 들리며 사십세면 흑운이 벗어지고 일월이 명랑하며 사십일세면 북방 사람과 언약한 일이 성사되며 천금은 횡재하며 사십사오세면 자손의 근심이 있고 또 가정에 재앙이 생기며 사십칠세면 사람의 인사를 받으며 부모궁에 액이 침로하고 사십구세면 논과 밭을 사방에 두며 이름이 진동하리라. 자축년이면 구설이 요란하고 인묘년은 형제중에 이별수 있고 신유년은 남편궁에 불길한 일이 있으며 사오년은 자손의 근심이 크고 또 재물의 손해를 보며 가정에 변괴가 생기리라. 진술년은 신병이 위태하며 오래 고생을 하리라.

重 兌 卦 (중태괘)

中年運

二二
二

남자운

중년수는 반길반흉하며 인간 풍파를 지낸 후에 길운이 돌아오며 동서 양방에 있어 온갖 일에 성공하리라. 이십오륙세면 고기가 가마에 듦이요. 이십칠세면 부모궁에 근심이 있고 여자로 인하여 화를 당하며 삼십 전은 먹을 것은 적은 데 할 일은 많으며 애를 썼으나 공이 없고 삼십이삼세면 자손의 경사있고 삼십사오세면 귀인이 녹을 떠고 서남으로 와서 도우며 삼십칠팔세면 횡재할 수요 가정에 무궁한 경사있고 삼십구세면 장사로 만금을 얻으며 사십세면 원방에 역마성이 비치니 두 사람과 동행하면 만사가 뜻대로 되며 도중에 길인이 스스로 와 큰 일을 성공하리라. 축미년은 부모의 이별수 있고 해자년은 북방으로 만금을 횡재하며 인묘년은 관재와 구설수 있고 만일 송사되면 관액을 당하며 진사년은 이름이 사방에 진동하며 기쁜 일이 많으며 신유양년은 자손궁에 경사 있으리라.

여자운

중년수는 괴로운 중에 금을 얻음이오. 어려운 일을 지낸 후에 경사를 보리라. 비록 한때 운수 불길하나 장래 부귀를 누릴 팔자라. 이십칠세면 신병과 자손의 액이 있고 이십팔구세면 놀랄 일이 있고 또 구설이 분분하며 사십세면 진흙에 빠진 옥이 벗어지며 함정에 든 범이 함정을 벗어나는 격이며 사십일이세면 가정에 기쁜 일이 있고 사십삼사세면 재물을 얻으며 식구가 늘고 사십오륙세면 신병이 위급하나 길인이 도우며 사십팔구세면 기쁜 소식이 들리며 반가운 사람을 만나며 오십세면 도적과 실물수 있으며 오십삼사세면 음인의 모함을 받으며 구설이 요란하고 오십오륙세면 불재앙을 조심하고 오십팔세면 자손의 경사 있으리라. 자축년은 슬하에 근심이 있고 인묘년은 부모궁에 화액이 침범하며 진사년은 일득일실하며 오미년은 문서에 희소식이 들리며 신유년은 손재, 실물하며 해년은 북으로 횡재하리라.

澤火革革(택화혁괘)

中年運

남자운

중년수는 산을 파 금을 구하며 바다에 들어가 구슬을 구함이라. 예로부터 하던 일을 버리고 새로운 일을 성취하는 격이오. 때를 따라 풍속을 고치며 사계절 또는 이치를 순히하여 억천 만사를 따름이라. 이십후로 이십육세까지 인간에 일이 많고 화복 중에 고락이 많도다. 사람이 능히 못할 일을 견디니 줏대가 철석같고 흉중에 모략이 비할데 없으리라. 이십칠팔세면 자손의 길한 일이 있고 삼십세면 횡재하기 쉽고 삼십일이세면 처궁에 이별수 있거나 병이 침로하며 삼십사오세면 서방으로 귀인이 도우며 온갖 일이 뜻대로 되고 삼십칠팔세면 슬하에 경사 있고 삼십구세면 만물이 비를 얻어 번성한 격이라. 해자년은 몸이 영귀하며 진사년은 멀리 여행하며 인묘년은 횡재하며 신유년은 식록이 더하리라.

여자운

중년수는 친족간에 귀인이 도와 화액이 물러가고 식록이 더하며 세상 근심을 다 버리고 하늘명을 잘 지키며 내외궁에 이별수 있고 천리 밖에서 서로 생각함이 일구월심(日久月深)하다가 일조에 만나 부귀를 누리며 만인의 인사를 받으리라. 이십오륙세면 집을 이사하며 집에 변이 있고 이십칠팔세면 놀랄 일이 있으며 도적의 액이 있고 이십구세면 길인이 도와서 경사있고 삼십세면 형제간에 치하할 일이 있고 삼십이삼세면 역마성이 동하니 북방으로 여행하며 삼십오륙세면 복덕성이 몸에 비취니 뜻밖에 재물을 얻으며 삼십칠팔세면 구설 중에 기쁜 일이 있고 사십세면 남편궁에 경사있으리라. 자축년은 동방의 사람을 사귀지 말며 인묘년은 용이 하늘에 올라 조화를 부림이오. 진사년은 신병이 침로하며 신유년은 가정에 희소식이 들리며 술해년은 부모궁에 경사 있으리라.

澤雷隨卦 (택뢰수괘)

中年運

남자운

중년수는 고목이 봄을 만나며 봉접이 꽃밭에 날도다. 비와 바람이 때를 어기지 아니하니 시절이 태평한 기상이라. 삼십후로 길운이 열리고 만사가 뜻대로 되며 복록이 무궁함이라. 삼십일세이면 금방(金榜)에서 이름이 없어지며 입신양명하고 부모의 영광을 빛내며 삼십삼 사세면 자손의 경사있고 귀한 여인이 오며 삼십오륙세면 관록이 더하고 만인의 치하를 받으며 삼십칠팔세면 실물수 있고 부모궁에 근심이 중하며 사십일세면 슬하에 액이 침로하리라. 사오년은 재물이 원방으로 쫓아오고 인묘년은 처궁에 근심이 있고 신유년은 형제궁에 환란이 일며 구설이 왕래하고 해자년은 관재가 두려우며 타인과 시비를 일으키지 말며 진술년은 눈물을 흘리고 미년은 길인이 북으로 오리라.

여자운

중년수는 춘풍삼월에 제비와 참새가 집을 짓고 새끼를 품는 격이오. 가을밭에 소가 누었으니 만사가 걱정이 없고 무량한 부귀 영화의 거동이라. 삼십 일세면 구설이 별일없이 분분하며 부모궁에 일이 있고 삼십삼사세면 처궁에 길한 일이 있고 가정에 기쁜 사람이 들어오고 삼십오륙세면 자손의 인사를 받으며 원방에 일이 많고 삼십팔구세면 귀인이 동으로 오며 횡재수 있고 사십세면 타인의 말을 듣지 말고 허욕을 내지 말지니라. 사십오륙세면 사람을 의심하지 말며 또 시비를 일으키지 말지니라. 사십팔구세면 문을 닫고 밖의 일을 경영하지 말며 스스로 분수를 지키고 망동함이 없을지니라. 인묘년은 처세함이 분수에 지나치면 화를 면하기 어려우며 사오년은 남방으로 큰 재물이 오며 진술미년은 부모궁에 화변이 있어 효복이 다다르며 자축년은 구설과 도적으로 근심이 생기며 사람을 덜리라.

澤風大過卦(택풍대과괘) 中年運

남자운

중년수는 사방으로 꾀하는 일을 경영하지 말고 문을 닫고 성품을 기르며 좋은 때를 기다리며 허망한 생각으로 분수에 없는 욕심을 내지 아니함이 도리어 복이 됨이라. 일조에 하늘이 정하신 운이 열리면 득의양양하리라. 삼십일이세면 귀인이 스스로 와 도우며 삼십삼사세면 만사를 다 쉬고 글을 읽으며 때를 기다리며 삼십오륙세면 관록이 이르며 이름을 날리고 삼십칠팔세면 자손의 경사 있고 또 근심이 있으며 삼십구세면 실물수 있고 도적의 화변이 위태하며 사람의 음해를 당하리라. 사십세면 멀리 여행함이 불길하고 집을 떠나면 몸에 봉변을 당하리라. 오년은 액이 변하여 길사되며 미신년은 어려운 사람과 큰 일을 의논함이 불길하며 인묘년은 구설이 일면 송사되기 쉬우며 해자년은 횡재하고 가정에 좋은 일이 여러 가지 있으리라.

여자운

중년수는 몸이 분주하며 가정에 일이 많고 형제, 친족간에 의논이 합치되지 못하니 마음이 고르지 못하며 내외가 마음이 상쾌하지 못하니라. 삼십일이세면 시비되어 송사되기 쉽고 은인이 변하여 원수되며 삼십삼사세면 경사있는 중에 근심이 더하며 남편궁에 변이 있고 자손궁에 일희일비하며 삼십오륙세면 신병이 있고 오래 고생되며 삼십칠팔세면 재수있고 동남으로 손재주 있으며 악인의 일로 욕을 당하리라. 자년은 가정에 이사수 있고 집을 떠나지 않으면 가정이 불안하며 축인년은 관재를 조심하라. 횡액이 문전에 임하리라. 묘진년은 횡재하며 만금을 쌓으며 전토(田土)를 더하리라. 사오년은 슬하에 기쁜 일이 생기며 신유년은 무고히 놀라 병이 되니 백약이 무효하다가 남으로 길인이 나와 구원하리라. 해년은 물가에 가까이 가지 말라. 화를 당하기 쉬우니라.

澤水困卦(택수곤괘)　　　　中年運　　　二六

남자운

중년수는 못에 물이 점점 불어 쉬지 아니하고 흘러 바다로 돌아가는 격이라. 이십사오세면 부모궁에 변이 생기며 이십육칠세면 가내에 좋은 일이 있고 처궁에 근심이 크며 이십팔구세면 재물을 쌓으며 귀인을 만나고 삼십세면 자손에 경사 있고 삼십일이세면 멀리 여행하며 삼십삼사세에 귀인이 동방으로 오고 소원을 성사하고 삼십오륙세에 손재 있고 처궁에 놀라며 삼십칠팔세면 슬하에 액을 당하며 삼십구세면 몸이 사방에 분주하며 가정에 경사 있고 사십세면 놀랄 일이 있으며 사십일이세면 눈물을 뿌리고 이별하며 근심으로 세월을 보내리라. 인묘년은 재수 길하며 자축년은 구설이 요란하며 진사년은 슬하에 좋은 일이 있고 신유년은 처궁이 산란하며 오미년은 신액이 있고 술해년은 소원을 성사하리라.

여자운

중년수는 귀인성이 가정에 비취니 영화가 무궁하며 길한 귀인이 도울 격이라. 이십사오세면 남편궁에 좋은 경사 있으며 이십육칠세면 자손에 좋은 일을 보며 이십팔구세면 구설이 가내에 분요하며 실물수 있고 삼십세면 남편궁에 풍파가 일며 근심이 중하고 삼십일이세면 멀리 여행할 수 있으며 귀인이 동으로 오고 삼십삼사세면 신병이 위태하며 가정에 우환이 끊어지지 않고 삼십오륙세면 만금을 쌓으며 가내에 경사 있고 삼십칠팔세면 자손 경사 있으며 남편궁에 의외의 봉변이 있어 가내가 요란하며 삼십구세면 동북으로 기다리던 사람이 오며 오래 경영하던 일을 성사하고 사십세면 슬하에 근심이 크고 재물이 흩어지며 사십일이세면 만사 대통이라. 진사년은 횡재수 있고 자축년은 실물하며 시비가 요란하고 인묘년은 슬하에 액이 있고 오미년은 가정이 불평하며 신유년은 구설이 있고 술해년은 천금을 얻으리라.

澤山咸卦(택산함괘) 中年運

남자운

중년수는 산정수려한 곳에 성정을 단련하며 도학을 수련하고 길한 때를 기다리는 격이오. 뜻이 사방에 있으며 재주를 닦는 격이라. 이십칠팔세면 관록이 더하고 재물을 얻으며 이십구세면 원방에 일이 있고 삼십일이세면 실물수 있으며 음인의 해를 입고 삼십삼사세면 가정에 재앙이 끊어지지 않으며 혹 도적의 화가 있으며 삼십오륙세면 몸이 원방에 일이 많으며 이름이 진동하고 삼십칠팔세면 자손의 액이 있고 관재를 조심하며 삼십구 사십세면 흑운이 흩어지고 일월이 밝으며 사십일이세면 구설이 변하여 길한 일이 되며 사십삼사세면 여인의 도움이 많고 사십오륙세면 백사대길하리라. 자축년은 사람의 모함을 받으며 인묘년은 길인이 동남으로 오며 진사년은 가내에 경사 있고 오년은 시비가 왕래하며 시비 큰 즉 송사되며 신유년은 은인이 변화를 부리니 복록이 사방으로 금옥이 만당하리라.

여자운

중년수는 배를 타고 만경창파에 떠다니다가 태풍을 만나 정처없이 방황하다가 하늘이 도와 귀인이 중간에서 인도하여 평안히 돌아오는 격이오. 정성이 지극한 후 공을 이루는 격이니라. 삼십일이세면 형제간 일로 구설이 요란하며 실물수 있고 삼십삼사세면 자손이 일희일비할 일이 있고 이별수 있으리라. 삼십오륙세면 귀한 사람이 손을 이끌어 횡재하며 집을 이사하기 쉬우며 삼십칠팔세면 가내 변이 있고 동으로 길한 일이 있으며 삼십구세면 영화로운 일이 많고 큰 일을 성취하며 사십이면 신령의 도움으로 소원을 성취하리라. 사십삼사세면 신병이 중하며 자손의 일이 있으리라. 미년은 희소식이 들리며 신유년은 재물이 오며 술해년은 도적을 잘 방비하며 자축년은 일이 사방에 많으며 인묘년은 경영하던 일을 성취하리라. 진년은 사람을 믿지 말지니라.

澤地萃卦 (택지취괘)

中年運

二八

남자운

중년수는 고기와 용이 바다에 모이며 배를 타고 만금을 횡재하며 여자 귀인을 만나 만사 대길하리라. 꽃이 난간 앞에 만발하니 열매 번성함이라. 이십오륙세면 자손의 경사 있고 식록이 더하며 이십칠팔세에 외방에 귀인성이 비취여 만사 대길하며 이십구세면 음인의 해를 입고 손재, 실물하며 삼십일이세면 큰 일을 성취하며 삼십삼사세면 병살이 있고 구설이 왕래하며 삼십오륙세면 멀리 여행함이 길하고 횡재할 수며 삼십칠팔세면 자손의 영화 있고 사십세면 일득일실할 수며 사십일세면 변이 있고 허욕을 내지 말지니라. 해년은 귀자를 낳으며 신유년은 남으로 재록이 오며 사오년은 귀인이 도와 소원을 성취하며 인묘년은 관재, 구설이 사방에 요란하며 진술년은 신병이 위험하며 축미년은 흉이 변하여 길한 일이 되고 천금을 횡재하리라.

여자운

중년수는 여러해 잃었던 자식을 만나며 돌이 변하여 옥이 되고 닭이 변하여 봉이 됨이라. 만인이 앙모하며 치하를 드리는 격이며 가정에 복덕성이 비취니 운수대통함이라. 삼십전에 도를 닦아 삼십 후로 성공하니 이름을 사방에 떨침이라. 삼십일이세면 이별수 있고 눈물로 세월을 보내며 삼십삼사세면 옥과 금이 만당하며 귀인이 서방으로 오며 삼십오세면 실물수 있고 구설이 왕래하며 삼십육칠세면 전토(田土)가 사방에 있고 자손의 경사 있으며 삼십팔구세면 멀리 여행할 수라. 만일 멀리 여행하지 않으면 몸에 병이 되며 자손간 화액이 있으며 사십이면 뜻밖의 길한 일이 생기며 가정에 식구를 들고 횡재수 있으리라. 오년은 관액이나 시비를 삼가며 묘년은 도적의 일로 놀랄 일이 있고 신유년은 동서에서 기쁜 소식이 들리며 자축년은 외방으로 경영하는 일이 성사되리라.

火天大有卦(화천대유괘)　　　中年運

남자운

중년수는 몸이 청운에 올라 백성을 다스리며 이름이 사방에 진동하고 재록이 넉넉하며 흉중에 품은 재주를 세상에 나타내며 만인의 재화를 구제하는 격이라. 삼십세면 동남으로 일이 많고 삼십일이세면 외방에 기쁜 경사 있고 천금을 얻으며 삼십삼사세면 실물수 있고 악인의 화를 당하며 삼십오륙세면 놀라고 일이 있고 신병이 있으리라. 삼십칠팔세면 전토를 늘리며 재수 길하고 삼십구세면 타인의 말을 조심하며 큰 일을 경영하지 말며 사십세면 서쪽에서 귀인이 오며 좋은 일을 성취하고 사십세면 밝은 구슬을 희롱하고 자손 경사 있으리라. 진미년은 부모궁에 경사 없으면 큰 액이 있고 축술년은 형제궁에 희소식이 들리며 인묘년은 관재를 조심하고 송사를 일삼지 말며 신유년은 재물이 원방으로 오며 만금을 횡재하리라.

여자운

중년수는 흐린 날이 차차 벗어지면 천지가 명랑하고 만물이 새로우며 순풍이 부는 격이오. 심중에 오래 품은 회포를 일조에 풀고 귀인을 만나 만사 대길함이라. 이십팔구세면 자손의 경사 있고 삼십세면 이별수 있고 삼십일이세면 불을 조심하며 멀리 떠나지 말고 삼십삼사세면 슬하에 근심이 있고 삼십오륙세면 사람을 의심치 말며 사람의 급한 일을 구하라. 삼십칠팔세면 길인이 동으로 오며 사십세면 놀랄 일이 있고 남편궁에 근심이 있으며 사십이삼세면 허욕을 생각지 말며 재물을 구하지 아니함이 좋으리라. 인신년은 형제간에 경사 있고 유술년은 외방 사람을 집에 두지 말며 해자년은 귀인이 도와 횡재하며 사오년은 자손경사 있고 또 신액이 있으며 축미년은 만사 대길하며 만금을 얻으리라.

火澤睽卦(화택규괘)

中年運

남자운

중년수는 적은 것을 가지고 큰 것을 경영하며 심력을 다하고 공을 바라는 격이며 작은 것도 쌓이면 크게 됨이라. 중년은 가축으로 장사함이 대길하며 물가로 장사함도 길하니라. 이십오륙세면 귀인이 오며 삼십일이세면 자손의 경사 있고 외방에 일이 있으며 삼십삼사세면 관액이 두려우며 구설이 요란하고 삼십오륙세면 집에 화란이 생기며 부모궁에 근심이 적지 아니하며 삼십칠팔세면 두 사람과 하는 한가지 일이 대길하고 천금을 횡재하며 삼십구세면 슬하에 액이 있고 놀랄 일이 있으며 역마성이 동하니 외방에 머무르기 쉬우며 사십일세면 귀인을 상봉하여 큰 일을 성취하고 재물을 얻으리라. 사오년은 자손궁에 액이 있고 신유년은 재물이 서남에서 이르며 해자년은 많은 일을 경영치 말며 진술년은 경사 있고 이름이 원근에 진동하리라.

여자운

중년수는 고목이 봄을 만나고 천리 타향에 외로운 객이 집으로 돌아오며 재앙이 사라지고 복록이 이르는 격이라. 이십육칠세면 동으로 이별수 있고 서쪽으로 반가운 일이 있으며 이십팔구세는 자손의 액이 있고 또 경사 있으며 삼십세는 구설이 요란하며 삼십일세는 도적의 액이 아니면 병으로 근심하며 삼십삼사세면 길인이 오며 멀리 떠나기 쉽고 삼십오륙세면 부모궁에 화액이 침로하며 삼십팔구세면 자손 경사 있고 재물이 오며 사십세면 횡재치 않으면 좋은 일이 생기며 사십이삼세면 실물수 있고 사십오륙세면 놀랄 일이 있고 사십칠팔세면 슬픈 소식이 들리며 또 재물을 얻으리라. 미신년은 가정에 경사 있고 유술년은 이름이 사방에 진동하며 해자년은 불을 조심하며 축년은 물가에 가지 말며 묘년은 귀인이 스스로 와 만금을 얻으리라.

重 離 卦 (중리괘)   中年運

남자운

중년수는 기린이 성세를 당하며 봉접이 꽃을 만남이라. 운수 대통하며 귀인이 사방에 있도다. 입싯ㄴ양명하며 치국안민(治國安民)하는 격이라. 이십칠팔세면 이별수 있거나 병으로 근심하며 삼십세면 이름이 일국에 진동하며 만인이 앙모하고 삼십일이세면 황금이 만당하고 삼십삼사세면 처궁에 화를 면치 못하며 삼십오륙세면 원행수 있고 두 사람과 동행하면 대길하고 삼십칠팔세면 도적의 일로 놀라며 사십세면 밖의 재물이 수중에 들어오며 사십일이세면 구설과 재앙이 분분하며 사십사세면 득처득재하리라. 인묘년은 슬하에 근심이 크고 신유년은 관재, 구설이 두렵고 해자년은 원방에 일이 많으며 진술년은 타인의 비방이 심하여 해를 당하며 축미년은 허욕을 내지 말며 재물을 경영함이 허사가 되리라.

여자운

중년수는 추운 겨울의 서리와 눈을 지내고 고목이 봄을 만나 가지가지 꽃이 만발하며 외기러기 짝을 얻음이라. 삼십일이세면 귀인이 우연히 도와 재물을 얻으며 가정에 기쁜 일이 많고 삼십사오세면 구설과 횡액이 두려우며 삼십오륙세면 관재와 병이 두려우며 삼십칠팔세면 자손의 좋은 일이 있고 실물수 있으며 삼십구세면 친족간에 시비가 왕래하며 무단히 치소를 받으며 사십일이세면 귀인이 와 경영하는 일이 성공하리라. 사십사오세면 봉황이 당상에 춤을 추며 만인의 인사를 받을 수요. 복록이 더하리라. 사오년은 구설이 요란하며 인묘년은 외방의 일로 근심이 되며 신유년은 가정에 친히 믿던 사람의 마음이 변하여 도리어 나를 해하며 손재하리라. 해자년은 슬하에 일득일실할 수며 동남으로 재수 있고 진술년은 놀라운 일로 병이 되며 가내가 불안하고 식구가 줄어드니라.

火雷噬嗑卦(화뢰서합괘) 中年運

남자운

중년수는 칠년 대한에 비가 오며 오래 곤한 용이 조화를 부리며 만물이 번창하는 격이라. 황금이 사방으로 이르니 하늘복이 무궁함이라. 이십삼사세면 귀인이 남으로 오며 봄바람에 소원을 성취하고 이십칠팔세면 외방으로 길인이 스스로 오며 여인을 상봉하여 복록을 더하며 깊은 인연을 맺고 삼십세면 구설이 요란하고 사람의 해를 당할 수요. 삼십일이세면 뜻을 사방에 두어 큰 일을 경륜하며 자손의 경사 있고 삼십삼사세면 실물하며 놀랄 일이 있고 삼십오륙세면 처환이 중하며 삼십칠팔세면 부모궁에 큰 화가 있고 사십일이세면 횡재하리라. 인묘년은 가정에 변이 있고 신유년은 부모궁에 경사 있고 술해년은 멀리 여행하며 자축년은 이름이 사방에 진동하리라.

여자운

중년수는 하늘의 복덕성이 비취니 귀인이 사방에 있고 복록이 무궁하며 이름이 사방에 진동하고 황금이 만당하며 자손이 번성하리라. 이십칠팔세면 슬하에 구슬을 희롱하며 꽃이 가정에 만발하고 삼십일이세면 친족간에 음해하는 사람이 있어 구설이 요란하며 손재수 있고 삼십사오세면 남편궁에 일희일비할 일이 있고 삼십오륙세면 관록이 더하며 횡재수 있고 삼십칠팔세면 가정에 우환이 있으며 부모궁에 액이 있고 삼십구세면 병과 시비가 왕래하며 사십일이세면 도적의 근심이 있고 사십삼사세면 외인을 집에 두지 말며 사십오륙세면 자손에 액이 침범하며 손재키 쉽고 원행수 있으리라. 신유년은 사방에 귀인이 도우며 술해년은 자손궁에 경사 있고 오미년은 서방 사람을 집에 두지 말지니라. 만일 삼가지 않으면 변괴가 생기리라. 인묘년은 일이 많고 또 재사있으며 경사 무궁함이라.

火風鼎卦 (화풍정괘)

中年運

三五

남자운

중년수는 어진 신하가 명군을 만나 천하를 다스리며 삼군을 거느린 장수되여 성공하고 벼슬을 돋우는 격이라. 이십칠팔세면 여인을 조심하며 이십구세면 구설이 분분하며 삼십세면 타인의 말을 조심하고 삼십일이세면 귀인이 도와 횡재하며 만금을 얻을 수요. 삼십삼사세면 두 사람과 하는 일을 성취하며 삼십오륙세면 자손의 경사 중하며 화기가 있고 삼십칠팔세면 가정에 불길한 일이 있고 부모궁에 액이 있으며 구설이 요란하고 삼십구세면 원방에서 뜻밖의 길인이 오며 사십세면 슬하에 액이 두렵고 사십일이세면 만금이 자연이 생기며 금옥이 만당하리라. 오미년은 재수 길하고 진사년은 처궁에 액이 중하며 또 손재수 있고 자축년은 악인의 해를 당하며 술해년은 도적에 놀라고 신유년은 만사 대길하며 소원이 성취되리라.

여자운

중년수는 용이 물을 얻으며 새가 그물을 벗어남이라. 하늘이 정하신 복록을 받으며 자손의 경사 중하며 부귀로 이름이 진동하리라. 이십오륙세면 문전에 경사 있고 이십칠팔세면 놀랄 일이 있고 자손간에 일희일비하며 삼십일이세면 귀한 자식을 낳으며 남편궁에 경사 있고 삼십삼사세면 가정에 외방 사람을 들이지 말며 삼십오륙세면 놀랄 일이 있고 가정에 변괴가 생기며 삼십칠팔세면 근심되는 일이 변하여 좋은 일이 되며 삼십구세면 재수 있고 전토(田土)를 늘리며 사십세면 송사와 시비를 일으키지 말며 사십일이세면 타인을 믿지 말지니라. 해가 크리라. 사십삼사세면 동북간으로 반가운 사람이 와 천금을 얻으며 가내에 좋은 경사 있으리라. 신유년은 남편에게 횡재수 있고 인묘년은 기쁜 소식이 들리며 해자년은 가정에 우환이 심하며 슬하에 액이 있고 진사년은 가정이 대길하리라.

火水未濟卦(화수미제괘)　　中年運

남자운

중년수는 액운이 흩어지고 길운이 돌아오며 이전 일을 버리고 새 일을 경륜하며 몸을 부지런히 하여 복록을 구함이라. 이십오륙세면 동남으로 재수 있고 외방에 일이 많으며 이십칠팔세면 귀한 여자를 만나 좋은 일을 섭취하며 삼십세면 악인의 화를 당하며 관액이 두렵고 시비가 분분하며 삼십일이세면 신액이 있으며 삼십삼사세면 형제간에 경사 있고 자손에 기쁜 일이 생기며 삼십오륙세면 재수 대통하며 천금을 서북으로 얻으며 삼십칠팔세면 길인이 오며 외방으로 큰 일을 성공하고 자손의 액이 있으며 삼십구, 사십세면 서너명과 한 가지 하는 일이 중도에 실패하고 손해를 보리라. 사십일이세면 남으로 횡재하리라. 인묘년은 가내에 변이 있고 진사년은 눈물을 뿌리며 오미년은 도적이 침범하며 신유년은 경사 있고 술해년은 이름이 진동하리라.

여자운

중년수는 한가한 날이 없이 분주다사하되 남이 칭찬하는 자가 없고 도리어 비웃음만 받으며 인간 풍파가 조석으로 일며 곤하고 괴로움이 심하다가 형제간으로 길인이 도와 몸이 편하며 화액이 사라지리라. 이십오세면 자손 경사 있고 이십육칠세면 남편궁에 일이 있으며 삼십세면 슬하에 근심이 중하며 삼십일세면 놀라고 험한 일이 있고 삼십삼사세면 재수 있으며 사람을 원방에 이별하고 삼십오륙세면 가정에 경사 있고 또 음인의 해가 있으리라. 삼십칠팔세면 일희일비하며 사람을 조심하고 허욕을 내지 말며 삼십구세면 재수 있고 귀인을 만나며 사십세면 반가운 사람을 보며 동남으로 재수 길하고 사십일이세면 멀리 떠나지 말고 외방 사람을 집에 두지 말지니라. 신유년은 자손 경사 있고 술해년은 우환이 끊어지지 않으며 손재하고 자축년은 눈물로 세월을 보내며 인묘년은 물가에 가지 말고 진사년은 귀인이 오며 오미년은 횡재하고 기쁜 경사있으리라.

火山旅卦(화산려괘) 中年運

남자운

중년수는 산상에 불이 나니 만인이 우러러보며 광채가 원근에 비춰도다. 이름이 우레같이 진동하며 복록이 무량하리라. 이십오륙세면 귀인이 남으로 이르고 처자궁에 경사 있으며 이십칠팔세면 귀한 자식을 낳으며 재수 대통하고 여인을 조심하며 이십구세면 구설이 분분하며 신병이 있고 삼십일이세면 멀리 떠나며 가정에 변괴있고 삼십삼사세면 실물수 있고 악인의 해를 입으며 삼십오륙세면 동남으로 횡재하며 두 사람과 큰 일을 경륜하며 삼십칠팔세면 자손 경사 있고 기쁜 일이 많으며 사십세면 외방에 일이 많으며 사십일이세면 만사 대길하리라. 해자년은 하늘록이 서북밥으로 비춰며 만금을 얻고 신유년은 외방에 경륜함이 많고 인묘년은 일희일비하며 사오년은 처궁에 액이 있고 손재하며 진술년은 대길하리라.

여자운

중년수는 그물을 가지고 고기를 구함이니 소원이 성취되며 황금이 만당하고 경사로운 일이 많으리라. 이십사오세면 자손 경사 있고 어진 사람을 사귀여 재물을 얻으며 이십육칠세면 가정에 근심 되는 일이 많고 부모궁에 화액이 심하며 이십팔구세면 집을 떠나고 논과 밭을 늘리며 삼십일이세면 흉한 중 경사 있고 만금을 횡재하며 삼십삼사세면 눈물을 뿌리며 자탄함으로 세월을 보내며 삼십오륙세면 만인의 인사를 받으며 외방에 일이 많고 삼십칠팔세면 가정에 금옥이 만당하고 자손의 기쁜 일이 있고 삼십구세면 구설이 요란하며 사십일이세면 놀라고 두려운 일이 있고 사십삼사세면 귀인이 오며 소원을 성취하고 만사 대길하리라. 자축년은 실물수 있고 인묘년은 신병이 있으며 진사년은 남편궁에 근심이 되며 오미년은 재수 대길하고 신유년은 구설이 분분하며 술해년은 천금을 얻으리라.

火地晋卦(화지진괘) 中年運

남자운

중년수는 배를 타고 만리 타향에 큰 일을 경륜하고 돌아오매 소원을 성취하고 재물을 쌓으리라. 이십오륙세면 자손 경사 있고 귀한 여인을 사귀며 이십칠팔세면 외방에 일이 많고 삼사인과 대사를 의논하며 이십구세면 구설수 있고 놀랄 일이 있으며 삼십세면 관록이 더하며 경사 있고 삼십일이세면 서북으로 경륜하는 일이 성사되며 부모궁에 일이 있고 삼십삼사세면 가내에 변이 생기며 근심이 되고 악인의 해를 당하며 삼십오륙세면 허욕을 내지 말고 만사의 경륜을 그치라. 흉사가 많으며 길사는 적으리라. 삼십칠팔세면 원행함이 대길하고 이름이 원근에 진동하며 사십일이세면 횡재하고 귀인을 만나며 사십삼사세면 가정에 기쁜 일이 많으리라. 자축년은 시비를 일으키지 말며 인묘년은 신병이 있고 진사년은 동방으로 재수 있고 오미년은 손재하며 신유년은 자손 경사 있고 술해년은 만사 대길하리라.

여자운

중년수는 복덕성이 가정에 비취니 귀인이 서쪽에서 와 재물을 쌓으며 소원이 성취되고 만사가 뜻대로 되리라. 이십오륙세면 자손궁에 근심 중에 기쁜 일이 있고 이십칠팔세면 이름이 사방에 떨치며 횡재수 있고 이십구세면 꽃이 동산에 만발하며 삼십일이세면 실물수 있고 병으로 고생하며 삼십삼사세면 가정에 악인이 있으니 삼가 멀리하며 삼십오륙세면 남편궁에 경사있고 동으로 반가운 사람이 오며 삼십칠팔세면 집을 떠나거나 몸이 원방에 머무를 수요. 삼십구세면 구설수 있고 사십세면 실물키 쉽고 사십일이세면 먹을 것은 적은데 할 일은 많은 격이라. 여러 가지로 근심이 많으리라. 사십삼사세면 동북으로 재물을 얻으리라. 자축년은 눈물을 흘리며 인묘년은 구설이 요란하며 진사년은 가정에 좋은 일이 있고 오미년은 재수 길하며 남편궁에 근심이 많고 신유년은 신병이 있고 술해년은 횡재키 쉬우리라.

雷天大壯卦(뇌천대장괘) 中年運

남자운

중년수는 오륙월간 가뭄 날에 구름이 사방에 덮히며 우레 진동하고 큰 비가 내리는 격이라. 만물에 공이 막대함이로다. 이십오륙세면 외방에 일이 많고 횡재수 있으며 이십칠팔세면 관록에 좋은 일이 없으면 구설과 관재있고 이십구세면 귀인을 동남으로 만나며 삼십세면 부모궁에 액이 있고 삼십일이세면 자손 경사 있으며 또 실물수 있고 삼십삼사세면 한번 풍파를 지내며 이별수 있고 처궁이 산란하며 삼십오륙세면 역마성이 동하니 외방에 인연이 깊고 삼십칠팔세면 몸을 다치기 쉽고 관액이 두려우며 삼십구세면 횡재수 있고 사십세면 가정에 일이 있고 사십일이세면 귀인이 도와 소원을 성사하리라. 해자년은 재수 대길하며 사오년은 손재하고 놀랄 일이 있고 인묘년은 관록을 더하며 신유년은 자손 경사있고 진술년은 이별수 있고 처환이 삼하리라.

여자운

중년수는 고기가 물을 얻은 격이오. 어진 신하가 밝은 임금을 만나는 수라. 액이 중한 가운데 좋은 경사를 보리라. 이십오륙세면 귀인이 도와 재물을 얻고 이십칠팔세면 슬하에 액이 있고 구설이 요란하며 이십구세면 신병이 두려우며 삼십일이세면 이름이 원근에 진동하고 기쁜 소식이 들리며 삼십삼사세면 가정에 경사있고 남편궁에 일이 있으며 삼십오륙세면 놀랄 일이 있고 악인의 모함이 많으며 삼십칠팔세면 남편궁에 근심이 있고 신병이 또 괴로우리라. 삼십구세면 동으로 횡재수 있고 사십세면 도적을 잘 방비하며 사십일이세면 남의 일로 손재하고 구설을 많이 들으리라. 자축년은 집안에 외방 사람을 들이지 말고 인묘년은 부모궁에 경사있고 진사년은 재물을 얻으며 오미년은 몸이 사방에 일이 많으며 슬하에 경사있고 신유년은 재수 대통하며 술해년은 만사 대길하리라.

雷澤歸妹卦 (뇌택귀매괘) 中年運

남자운

중년수는 부모의 적덕함으로 귀인이 도와 이름을 금방(金榜)에 걸고 관록을 먹을 수요. 문필로 이름을 얻으리라. 이십오륙세면 자손 경사있고 부모궁에 좋은 일이 있으며 이십칠팔세면 외방에 귀인성이 비춰며 재수 길하고 이십구세면 여인을 가까이 말며 삼십세면 허한 일을 경륜치 말고 삼십일이세면 가정에 근심이 있고 처궁이 산란하며 삼십삼사세에 놀랄 일이 있고 악인의 해를 당하며 삼십오륙세면 관록이 좋은 일이 있고 삼십칠팔세면 횡재하며 삼십구세면 자손 경사 있고 가내에 일이 있으며 사십일이세면 만금을 얻으리라. 자축년은 몸이 분수 다사하고 인묘년은 처궁에 액이 있고 진사년은 귀인이 도와 외방에 일을 성취하며 신유년은 신병이 있고 오미년은 대길하리라.

여자운

중년수는 가을달이 맑은 물결에 비춰고 청풍낙엽성의 무릎위에 거문고를 타며 회포를 노래함이라. 이십오륙세면 슬하에 기쁜 일이 있고 또 슬픈 일이 있으며 이십칠팔세면 가정에 좋은 일이 있고 이십구세면 구설수 있으며 삼십세면 뜻밖의 풍파 일고 삼십일이세면 놀랄 일 있으며 삼십사오세면 음인의 해를 당하고 손재하며 삼십육칠세면 친족간에 흉한 사람을 조심하며 집에 두지 말고 삼십팔구세면 원방으로 기쁜 소식을 들으며 사십세면 가정에 우환이 끊어지지 않고 수도한 용이 여의주를 얻은 격이오. 사십일이세면 횡재수 있고 귀인이 도우며 사십삼사세면 문전에 경사 비범하리라. 자축년은 남편궁에 화액이 있고 인묘년은 재수 길하며 진사년은 관재, 구설이 있고 오미년은 손재수 있고 신유년은 몸에 병이 침로하며 술해년은 동방 사람과 언약한 일을 성취하리라.

雷火豊卦(뇌화풍괘)

中年運

남자운

중년수는 어두운 밤이 다하고 날이 밝으니 천지가 명랑하며 만물이 번성하며 부드러운 바람이 부는 격이라. 중년수가 길함은 많고 흉함은 적으리라. 이십오륙세면 높은 문에 출입하며 관록을 먹으며 이십칠팔세면 외방에 일이 많으며 가정에 경사 있고 이십구세면 관액을 조심하며 삼십세면 횡재수 있고 삼십일이세면 처궁이 산란하고 손재수 있으며 삼십삼사세면 멀리 떠나야 큰 일을 성공하며 두 사람과 한가지 일을 경륜하리라. 삼십오륙세면 가내에 우환이 있고 이별수를 면치 못하리라. 삼십칠팔세면 좋은 소식을 듣고 삼십구세면 횡재하며 사십세면 실물수 있으리라. 자축년은 병이 침로하며 인묘년은 재수 있고 진사년은 구설이 있고 오미년은 놀랄 일이 있고 신유년은 횡재수 있고 술해년은 귀인을 만나리라.

여자운

중년수는 오랜 고목에 꽃이 피고 봉접이 쌍쌍이 모여 득의양양하며 춘풍을 희롱하는 격이라. 이십오륙세면 귀인이 도우며 소원을 성취하며 이십칠팔세면 자손 경사 있고 친족간에 시비가 왕래하며 삼십세에 슬하에 근심이 있고 부모궁에 액이 있으며 삼십일이세면 가정에 좋은 일이 있고 문전에 상서로운 기운이 찬란하며 삼십삼사세면 외인의 구설을 막으며 삼십오륙세면 자손 경사 있고 재물이 생기며 삼십칠팔세면 적은 것으로 일하여 큰 일을 성취하며 삼십구세면 손재수 있고 구설이 요란하며 사십세면 천리 밖에 희소식이 들리며 반가운 사람을 만나고 사십일세면 신병이 두려우며 슬하에 근심이 중하고 놀랄 일이 생기리라. 신유년은 횡재수 있고 인묘년은 허욕을 내면 대흉하고 해자년은 가정에 우환이 심하고 사오년은 음인의 해가 적지 않고 진술년은 만금을 얻으며 미년은 금옥이 만당하리라.

重 震 卦 (중진괘)

中年運

四
四

남자운

중년수는 천년을 수도한 용이 여의주를 얻고 조화로 만물을 윤택케 하며 4계절에 음양 순서를 고르게 함이로다. 이십오세면 하늘의 복덕성이 비춰니 만금을 희롱하며 자손 경사 있고 이십칠팔세면 이름이 우레같이 백리에 진동하며 부모궁에 환란이 있으며 삼십세에 원방에 일이 있고 삼십일이세면 몸이 다사하며 사방에 일이 있고 삼십삼사세면 귀인이 남으로 오며 삼십오륙세면 자손 경사 있고 실물수 있으며 삼십칠팔세면 음인의 모함을 조심하며 큰 일을 경륜치 말지니라. 삼십구, 사십세면 슬하에 근심이 있고 사십일이세면 횡재수 있으리라. 자축년은 신액이 있고 인묘년은 도적의 근심이 있고 진사년은 사방에 일이 성사되며 오미년은 재수 대통하며 신유년은 불의의 변이 있고 술해년은 두 사람과 한가지 하는 일이 성사되리라.

여자운

중년수는 이름이 사방에 진동하며 재록이 무궁하고 집안에 좋은 일이 종종 많으리라. 이십오륙세면 가정에 악인이 모해하니 불의의 변이 생기며 이십칠팔세면 남편궁에 근심이 있고 이십구세면 신병이 두려우며 삼십세면 외인의 시비가 많고 삼십일이세면 자손궁에 액이 심하며 재수 있고 삼십삼사세면 귀인이 남으로 오며 부모궁에 근심이 되며 삼십오륙세면 눈물을 뿌리며 삼십칠팔세면 도적의 우환이 발생하며 삼십구세면 만금을 쌓으며 사십세면 기쁜 소식이 들리며 사십일이세면 친족간에 근심이 있고 동남으로 횡재하고 몸에 병살이 위태하리라. 사십삼사세면 근심 중에 경사 있으리라. 인묘년은 슬픈 일이 있고 진사년은 자손의 경사 있고 오미년은 재물을 쌓으며 전토를 늘리고 신유년은 화액이 있고 관재 구설이 요란하며 술해년은 놀랄 일이 있고 자축년은 대길하리라.

雷風恒卦 (뇌풍항괘)

中年運

四五

남자운

중년수는 뜻이 사방에 있고 분주 다사하며 이름이 원근에 울리며 재물을 쌓고 몸이 영귀할 격이라. 이십오륙세면 자손 경사 있고 실물수 있으며 이십칠팔세면 외방에 큰 일을 경영하며 두 사람과 한가지 하는 일이 성사되며 이십구세면 구설과 도적의 근심이 있고 삼십삼세면 원행수 있으며 삼십일이세면 슬하에 일희일비(一喜一悲)하며 삼십삼사세면 놀랄일이 있고 가정에 변이 생기며 부모궁에 근심되리라. 삼십오륙세면 악인의 해를 당하며 삼십칠팔세면 신병이 두렵고 처궁에 근심이 많으며 삼십구세면 재수 길하고 사십세에 시비를 일으키지 말며 사십일이세면 횡재수 있으리라. 자축년은 동남방으로 길인이 도우며 인묘년은 송사있고 진사년은 실물수 있고 오미년은 이름이 진동하고 신유년은 관재있고 술해년은 만사 대길하리라.

여자운

중년수는 엄동설한 중에 매화가 만발함이니 만인이 다 사랑함이로다. 귀한 이름이 사방에 진동하며 복록이 날로 오리라. 이십삼사세면 좋은 일이 날로 이르며 이십오륙세면 동북간으로 길인이 도와 소원을 성취하며 이십칠팔세면 자손 경사있고 실물수 있으니 조심할지어다. 이십구세면 구설이 요란하며 삼십세면 몸에 병이 있고 근심이 생기며 삼십일이세면 손재수 있고 가정에 변이 생기며 삼십삼사세면 길인이 서쪽에서 와 좋은 일이 많고 삼십오륙세면 뜻밖에 이별수 있고 눈물을 뿌리며 삼십칠팔세면 두 사람과 큰 일을 의논하여 성사되며 횡재수 있고 삼십구세면 구설과 실물수를 조심하며 사십세면 슬하에 액이 있고 사십일이세면 재물을 얻으며 경사 많으리라. 신유년은 타인의 말을 듣지 말고 해자년은 불을 조심하며 인묘년은 자손 경사있고 사오년은 원방으로 좋은 소식이 있고 축미년은 재수 있고 진술년은 만사 대길하리라.

雷水解卦 (뇌수해괘)

中年運

남자운

중년수는 일이 많고 재물을 쌓으며 전토(田土)를 늘리고 가산이 흥성하며 자손이 만당하리라. 이십오륙세면 자손 경사 있고 이십칠팔세면 여인을 희롱하여 부부 사이의 화락한 즐거움이 많으며 가정에 근심이 있고 이십구세면 손재하며 삼십세면 외방에 일이 많고 삼십일이세면 부모궁에 화변이 있으며 삼십삼사세면 자손의 기쁜 일이 있으며 실물수 있고 삼십오륙세면 눈물을 흘리고 사람을 이별하며 삼십칠팔세면 악인의 해를 입으며 구설이 왕래하고 삼십구세면 재수 있고 사십세면 멀리 떠나며 사십일이세면 귀인이 남으로 와 일을 성사하리라. 자축년은 신병과 실물수 있고 인묘년은 관재가 동하며 진사년은 가정이 요란하고 횡재수 있으며 자손 경사 있고 오미년은 신병을 조심하며 신유년은 슬하에 근심이 있고 술해년은 천금을 얻으리라.

여자운

중년수는 풍운이 흩어지며 일륜명월이 반공에 뚜렷이 밝으며 옥중에 오래 고생하던 자가 밝은 관원을 만나 액운을 물리치고 집에 돌아오는 격이라. 이십오륙세면 자손궁에 좋은 경사 있고 남편궁에 근심이 있으며 이십칠팔세면 가정에 불길한 일이 생기면 부모궁에 액이 침로하며 이십구세면 구설수 있고 삼십세면 귀인이 오며 삼십일이세면 재수 대통하며 천금을 얻으며 삼십삼사세면 슬하에 일희일비하며 삼십오륙세면 가정이 불안하고 우환이 있으며 삼십칠팔세면 놀랄 일이 있고 신병이 침로하며 삼십구세면 외방으로 기쁜 사람이 오며 횡재하고 사십세면 가정에 경사있고 사십일이세면 관재 구설이 요란하며 손재하리라. 자축년은 슬하에 경사있고 인묘년은 남편궁에 좋은 일이 있고 진사년은 형제궁에 액이 많고 오미년은 눈물을 뿌리며 신유년은 믿었던 사람이 마음이 변하여 해를 입히리라.

雷山小過卦(뇌산소과괘) 中年運

四七

남자운

중년수는 몸이 다사하고 가내가 불안하며 처궁에 일이 있고 관액이 두려우며 음인의 해가 침로하리라. 이십오륙세면 부모궁에 변이 있으며 가정에 구설이 요란하고 이십칠팔세면 횡재수 있고 귀인이 남으로 이르며 이십구세면 가내에 불길한 일이 생기며 삼십세면 관재가 동하며 삼십일이세면 외방에 역마성이 발동하니 멀리 떠나기 쉽고 삼십삼사세면 기쁜 사람을 만나 액이 사라지며 슬하에 근심이 되고 삼십오륙세면 재수 있고 삼십칠팔세면 눈물을 뿌리며 삼십구세면 구설이 왕래하며 사십세면 횡재수 있고 사십일이세면 오래 경륜하던 일을 성사하리라. 자축년은 신병과 가내에 우환이 있고 신유년은 경사 있으며 인묘년은 송사가 일며 진사년은 손재하며 오미년은 횡액이 침로하며 술해년은 귀인이 도와 소원을 성취하리라.

여자운

중년수는 동남으로 귀인을 만나 심중에 오래 품은 한이 사라지며 악한 운수를 물리치고 길한 일을 경륜하리라. 이십오륙세면 구설이 분분하며 이십칠팔세에 가정에 경사있고 남편궁에 좋은 일이 생기며 이십구세면 재수 길하며 삼십세면 횡재하고 삼십일이세면 가정에 악인이 있어 흉악한 모해를 당하며 신병이 침로하고 삼십삼사세면 원방으로 길인이 오며 재물이 생기고 삼십오륙세면 근심이 중하고 이별수 있으며 삼십칠팔세면 송사되며 구설이 왕래하고 액운이 깊은 중에 귀인이 도와 흉사가 변하여 길사가 되며 삼십구세면 멀리 떠나지 말고 사십세면 경사있고 재수 길하며 사십일이세면 만사가 뜻대로 되며 소원을 성취하리라. 인묘년은 구설이 변하여 좋은일이 되며 해자년은 적은 것도 쌓이면 크게 되며 신유년은 관재를 조심하며 사오년은 신병이 있고 가정에 불길함이 많고 진술년은 재수 길하며 축미년은 귀인이 남으로 오리라.

雷地豫卦 (뇌지예괘)

中年運

남자운

중년수는 봉황이 밝은 구슬을 머금고 가정으로 들어오며 녹을 돋우고 이름이 우레같이 진동하리라. 이십오륙세면 문서에 기쁜 일이 있고 자손 경사 있으며 이십칠팔세면 여자를 조심하고 화를 물리치며 이십구세면 구설수 있고 삼십세면 슬하에 경사 있고 재수 대통하며 삼십일이세면 실물하며 구설수 있고 삼십삼사세면 외인의 말을 듣지 말고 외방 일을 경륜치 말지니라. 삼십오륙세면 원방에 귀인이 있으니 재물을 횡재하며 삼십칠팔세면 가정에 경사있고 놀랄 일이 있으며 삼십구세면 타인의 음해를 당하며 사십일이세면 처궁에 근심이 있으리라. 신유년은 형제궁에 횡액이 있고 해자년은 슬하에 근심이 있고 사오년은 만금을 얻으며 인묘년은 가정에 기쁜 경사 있고 진술년은 손재하며 축미년은 원행하리라.

여자운

중년수는 그물에 걸린 고기가 그물을 벗어나며 범이 산으로 돌아가는 격이라. 중년운이 대길함이라. 이십오륙세면 재물을 남으로 얻고 이십칠팔세면 가정에 좋은 일이 있고 이십구세면 남편궁에 경사 있고 가정에 우환이 있으며 삼십세면 구설이 요란하며 삼십일이세면 원행수 있고 원행치 아니하면 이별수 있으리라. 삼십삼사세면 가정에 근심됨이 많고 실물수 있으며 삼십오륙세면 친족중에 길인이 도와 천금을 횡재하며 삼십칠팔세면 자손 경사 있고 삼십구세면 우환이 끊어지지 않으며 가정에 풍파있으며 사십세면 놀랄 일이 있고 사십일이세면 신병이 침로하여 오래 고생하리라. 자축년은 남편궁에 액이 있고 인묘년은 자손에 득실이 있으며 진사년은 눈물을 뿌리며 오미년은 손재하며 신유년은 부모궁에 경사 있고 술해년은 집안에 불을 조심하라.

風天小畜卦(풍천소축괘) 中年運

남자운

중년수는 봄바람이 한번 불매 산과 들에 모두 비단결을 드리운 듯하며 여러 가지 짐승들이 때를 타 춘흥이 화창함이라. 이십오륙세면 처궁에 일희일비하며 동남으로 귀인을 만나고 이십칠팔세면 재물을 수중에 희롱하며 이십구세면 외인의 시비를 막으며 삼십세면 외방에 큰 일을 세 사람과 경륜하면 성사하며 삼십일이세면 가정에 불길한 일이 있고 삼십오륙세면 자손 경사 있고 재수 길하며 삼십칠팔세면 멀리 여행함이 대길하고 처궁에 근심이 있으며 삼십구세면 신병이 있고 사십세면 손재하고 슬하에 액이 침범하며 사십일이세면 황금이 만당하리라. 해자년은 부모궁에 액이 있고 신유년은 관재나 구설이 있고 사오년은 귀인이 스스로 오며 인묘년은 실물하며 진술년은 여인을 가까이 말며 축미년은 남으로 천금을 얻으리라.

여자운

중년수는 곤한 용이 여의주를 얻으며 고기가 바다로 돌아오는 격이오. 비상한 재주를 세상에 쓰며 만인을 건지는 격이라. 이십오륙세면 자손 경사 있고 남편궁에 풍파 일며 이십칠팔세면 단봉이 명주를 입에 물고 가정에 상서를 드리며 이십구세면 재수 대통하며 삼십세면 신병이 있고 가정에 불길한 일이 있으며 삼십일이세면 슬하에 액이 있고 삼십삼사세면 남편궁에 경사 있고 가내에 우환이 있으며 삼십오륙세면 귀인이 도와 횡재하며 삼십칠팔세면 자손의 일로 손재하고 흉중에 근심이 가득하며 삼십구세면 실물수 있고 사십세면 타인의 말을 듣지 말며 허욕을 내지 말고 사십일이세면 황금이 만당하리라. 자축년은 신병이 있고 인묘년은 근심이 중하고 손재하며 진사년은 외방에 기쁜 소식이 들리며 오미년은 슬하에 액이 심하며 신유년은 남편궁에 불의의 화가 있고 술해년은 이름이 사방에 진동하리라.

風澤中孚卦(풍택중부괘) 中年運

남자운

중년수는 부지런하여 적은 것도 쌓으면 크게 되고 진실함으로 경사를 보며 사람의 칭예를 들으며 사방에 역마성이 동하니 타향에 많이 머무를 수라. 이십오륙세면 동남으로 귀인이 도와 좋은 일을 보며 이십칠팔세면 원방에 일이 많고 이십구세면 노상에 횡액이 있고 손재하며 삼십세면 여인을 가까이 말며 삼십일이세면 기쁜 일이 남으로 있고 재수 대길하며 삼십삼사세면 구설이 있으며 몸에 병이 침로하고 삼십오륙세면 반가운 사람을 만나고 자손 경사 있으며 삼십칠팔세면 횡재하고 길인이 오며 삼십구세면 가정에 일이 있으며 사십세면 일이 많으며 사십일이세면 천금을 얻으리라. 자축년은 구설이 있고 인묘년은 신병이 있으며 진사년은 타향에 머무르며 오미년은 귀인을 만나며 신유년은 가정에 기쁜 일이 있고 술해년은 재수 대길하리라.

여자운

중년수는 금과 목이 서로 만나매 상극이 되어 불길하나 목이 금을 만나 그릇을 이루는 격이라. 이십오륙세면 자손 경사 있고 가정에 기쁜 일이 있으며 이십칠팔세면 남편궁에 풍파가 일고 근심이 되며 이십구세면 구설이 요란하며 삼십세면 재수 길하고 삼십일이세면 서쪽에서 귀인이 오며 삼십삼사세면 천금을 얻으며 가정에 좋은 경사 있고 삼십오륙세면 손재수 있고 삼십칠팔세면 원행수 있고 삼십구세면 악인의 해를 당하며 슬하에 액이 있고 사십세면 횡재수 있고 사십일이세면 몸에 병이 침로하며 남편궁에 기쁜 일이 있고 자손궁은 일희일비하며 사십삼사세면 적은 일로 인하여 큰 재수 있으리라. 자축년은 구설이 요란하며 인묘년은 자손 경사 있고 진사년은 실물수 있고 오미년은 가정에 불안한 일이 있고 신유년은 횡재하며 술해년은 만사 대길하리라.

風火家人卦 (풍화가인괘)

中年運

남자운

중년수는 전토(田土)를 사방에 두며 가업이 융성하고 친족이 화목하며 만금을 수중에 희롱하리라. 십오륙세면 이름이 진동하고 귀인이 인도하며 이십칠팔세면 자손 경사 있고 처궁에 일이 있으며 이십구세면 구설수 있고 삼십세면 실물수 있으며 삼십일이세면 재물을 쌓으며 또 손해되리라. 삼십삼사세면 가내에 경사 있고 슬픈 일이 생기며 삼십오륙세면 외방에 기쁜 일이 있으며 귀인이 도와 일을 성사하며 삼십칠팔세면 신병이 있고 실물수 있으며 삼십구세면 재수 길하며 사십세면 멀리 여행함이 길하고 사십일이세면 슬하에 근심이 있고 처궁에 액이 침로하리라. 자축년은 놀랄 일이 있고 인묘년은 음인의 해가 있고 진사년은 손재하며 오미년은 구설이 있고 신유년은 횡재하며 멀리 여행하고 술해년은 만사가 뜻대로 되리라.

여자운

중년수는 산을 파 금을 구하며 돌을 갈아 옥을 이루는 격이니 공을 쌓은 후에 경사를 봄이라. 이십오륙세면 자손 경사있고 남편궁에 기쁜 소식이 있고 이십칠팔세면 역마성이 발동하니 타향에 인연이 있고 이십구세면 슬하에 액이 있고 삼십세면 신병이 있으며 삼십일이세면 가정에 불길한 일이 생기며 구설이 요란하며 삼십삼사세면 눈물을 뿌리며 근심이 많고 삼십오륙세면 놀램이 있고 도적을 조심하며 삼십칠팔세면 가정에 악한 사람의 일로 해를 당하며 삼십구세면 부모궁에 일이 있고 사십세면 재수 대통하며 사십일이세면 천금을 횡재하고 희소식이 원방으로 오며 복록을 더하리라. 인묘년은 기쁜 중애 근심이 오며 신유년은 남편궁에 풍파 있고 사오년은 재수 대길하며 자축년은 신병과 슬하에 액이 있고 진술년은 반가운 사람을 만나 소원이 성취되리라.

風雷益卦 (풍뢰익괘)

中年運

남자운

중년수는 날아가는 기러기 순풍을 만나며 사방에 흐르는 물이 바다로 돌아가는 격이라. 이십사오세면 남으로 귀인을 만나 재수 대길하며 이십육칠세면 자손 경사 있고 이십팔구세면 전토(田土)를 사방에 두며 삼십세면 가내에 좋은 일이 있고 삼십일이세면 반가운 사람이 원방에서 오며 삼십삼사세면 슬하에 근심이 중하고 가정에 풍파있으며 삼십오륙세면 놀랄 일이 있고 손재하며 삼십칠팔세면 자손궁에 희소식이 있고 삼십구세면 음인의 모함을 당하며 사십세면 재수있고 또 실물수 있으며 사십일이세면 원방에 역마성이 발동하며 가정에 구설이 분분하리라. 자축년은 눈물을 뿌리며 인묘년은 자손에 근심이 중하며 진사년은 사방에 일이 많으며 오미년은 횡재하며 신유년은 세 사람과 서북방으로 경륜하는 일이 성사되며 술해년은 처궁에 일이 있고 손재하리라.

여자운

중년수는 재주 많고 뜻을 품은 신하가 밝은 임금을 만나 지위가 높고 관록이 후하니 만인이 다 우러러 보는 격이라. 이십사오세면 이름이 진동하며 귀인이 오며 이십육칠세면 자손 경사있고 재수 대길하며 이십팔구세면 남편궁에 기쁜 일이 있고 실물수 있으며 삼십세면 구설이 있고 도적을 조심하며 삼십일이세면 가정에 이별수 있고 슬하에 근심이 있으며 삼십삼사세면 황금이 만당하고 삼십오륙세면 신병이 있고 남편궁에 근심이 있으며 삼십칠팔세면 가정에 변이 있고 음인의 해를 당하며 삼십구세면 재수 길하며 사십세면 반가운 일이 생기며 사십일이세면 슬하에 액이 있고 우환이 있으며 놀랄 일이 있으리라. 자축년은 가내에 풍파있고 구설이 요란하며 인묘년은 부모궁에 근심이 중하며 진사년은 사람의 해를 당하며 오미년은 재물을 얻으며 친족간에 기쁜 사람이 도와 소원을 성취하며 신유년은 자손의 일로 구설이 많고 재물이 손해나리라.

重 巽 卦 (중손괘)

中年運

五
五

남자운

중년수는 이름이 사방에 우레같이 진동하며 만금을 희롱하고 물망이 중하리라. 이십사오세면 귀인이 동남으로 와 기쁜 일이 많고 이십육칠세면 여자 귀인이 도우며 자손 경사있고 가정에 반가운 사람이 들어오며 이십팔구세면 슬하에 일희일비함이 있고 부모궁에 좋은 일이 있으며 삼십세면 음흉한 사람의 화를 막으며 삼십일이세면 관재있기 쉬우며 구설을 조심하고 삼십삼사세면 만금을 수중에 희롱하며 외방에 일이 많고 삼십오륙세면 가정에 불의의 변이 있고 실물하며 삼십칠팔세면 멀리 여행함이 좋으며 삼십구세면 재수있고 사십세면 가내에 근심이 있고 사십일이세면 귀인이 원방으로 쫓아오리라. 자축년은 가정에 근심이 많고 인묘년은 몸이 사방에 일이 많으며 진사년은 손재하고 오미년은 신병이 있고 신유년은 큰 일을 성사하여 재록이 진진하며 술해년은 처궁에 근심이 있고 손재하리라.

여자운

중년수는 이지러진 달이 다시 원만하며 반공에 뚜렷이 밝아 사람의 마음을 상쾌하게 함이라. 이십사오세면 자손 경사있고 가정에 기쁜 일이 생기며 이십육칠세면 남편궁에 풍파가 일고 마음을 진정치 못하며 이십팔구세면 슬하에 액이 침로하며 손재수 있고 삼십세면 신병이 있고 삼십일세면 자손의 경사있고 남편궁에 일이 있으며 삼십삼사세면 가내에 근심이 많고 슬픈 회포를 억제치 못하며 삼십오륙세면 횡재수 있고 삼십칠팔세면 근심 중에 기쁜 일이 생기며 천금을 얻고 삼십구세면 자손궁에 반흉반길하며 사십세면 놀랄 일이 있고 사십일이세면 귀인이 가족중에 있어 큰 일을 성취하며 복록이 더하리라. 자축년은 신액이 있고 인묘년은 자손의 경사있고 진사년은 악인의 화를 당하며 오미년은 눈물을 뿌리며 신유년은 재수 길하고 술해년은 남편궁에 근심있고 가내에 좋은 일이 있으리라.

風水渙卦(풍수환괘)

中年運

남자운

중년수는 동서로 다사하며 부지런히 몸을 움직여 적은 것도 쌓이면 크게 되며 수고로움을 다한 후에 공을 이루는 격이라. 이십사오세면 형제간에 귀인이 있어 도우며 이십육칠세면 원방으로 재물을 구하며 이십팔구세면 신액이 있고 구설이 분분하며 삼십세면 여인을 가까이 말며 삼십일이세면 가내에 근심이 많고 손재수 있으며 삼십삼사세면 동남으로 횡재하며 삼십오륙세면 처궁에 풍파있고 삼십칠팔세면 눈물을 뿌리며 삼십구세면 재수 대길하고 사십세면 귀인이 도와 천금을 얻고 사십일이세면 자손 경사 있고 횡재수 있으리라. 해자년은 형제간에 일이 많고 자축년은 처궁이 산란하며 인묘년은 부모궁에 경사 있고 신유년은 천금을 얻으며 술해년은 구설이 있고 사오년은 희소식을 들으리라.

여자운

중년수는 배를 타고 물을 따라 사방 팔방으로 주류하며 소원을 성취함이라. 이십사오세면 자손의 경사 있고 재물을 얻으며 이십육칠세면 반가운 사람을 서방으로 만나며 이별수 있고 이십팔구세면 신액이 있고 가정에 풍파가 일며 삼십세면 재수 있고 친족간에 길인이 도우며 삼십일이세면 부모궁에 근심이 있고 삼십삼사세면 남편궁에 좋은 일이 생기며 삼십오륙세면 슬하에 액이 있고 삼십칠팔세면 가정에 불길한 일이 있으며 손재하고 삼십구세면 구설이 요란하고 사십세면 동남으로 횡재하며 사십일이세면 두 사람과 큰 일을 경륜하여 성사하고 재물을 얻으리라. 자축년은 경사 있고 인묘년은 몸이 분주하며 진사년은 자손의 경사 있고 또 근심이 있으며 오미년은 사람을 이별하며 신유년은 횡재하며 술해년은 가정에 기쁜 일이 많으리라.

風山漸卦(풍산점괘)

中年運

남자운

중년수는 일백 물건이 흘러 바다로 돌아가며 어두운 날이 점점 밝아오는 격이라. 이십오륙세면 경사 있으며 이십칠팔세면 부모궁에 근심이 많고 실물수 있으며 이십구세면 재수 있고 사람의 치소를 받으며 삼십세면 처궁에 일이 있고 자손 경사 있으며 삼십일세면 형제궁에 좋은 일이 생기며 삼십삼사세면 슬하에 기쁜 경사 있고 재물을 얻으며 삼십오륙세면 원방에 희소식을 들으며 삼십칠팔세면 관재를 조심하며 삼십구세면 구설수를 조심하며 삼십일이세면 경사 있고 화재를 조심할지니라. 자축년은 눈물을 흘리며 인묘년은 손재하며 진사년은 근심이 있고 오미년은 경사 있고 신유년은 귀인을 만나며 술해년은 만금을 쌓으리라.

여자운

중년수는 웅덩이에 물이 고여 넘어 흘러 사방으로 흩어져 점점 번져 흐르는 격이라. 이십사오세면 자손 경사 있고 이십육칠세면 남편궁에 풍파있으며 이십팔구세면 슬하에 액이 있고 삼십일이세면 신병으로 고생하며 삼십삼사세면 남편궁에 경사 있고 부모궁에 근심이 있고 삼십오륙세면 재수 대길하며 만금을 쌓으며 삼십칠팔세면 영화로운 일이 있고 삼십구세면 자손의 근심이 있고 사십세면 원방에 반가운 사람을 만나며 가내에 근심이 변하여 좋은 일이 되며 사십일이세면 재물을 쌓으며 자손이 근심이 중하고 남편궁에 일이 있으며 식구를 덜며 일희일비하리라. 자축년은 신병이 있고 인묘년은 귀인이 오며 좋은 일이 있고 진사년은 슬하에 경사 있고 오미년은 가정에 변이 생기며 손재하고 신유년은 구설이 분요하며 술해년은 횡재수 있으리라.

風地觀卦 (풍지관괘)

中年運

남자운

중년수는 이름이 사방에 울리며 몸이 영귀하고 재록이 진지하여 당대 무궁한 복을 누리는 격이라. 이십사오세면 남방으로 귀인이 도와 대길하며 이십육칠세면 만인의 인사를 받으며 이십팔구세면 가정에 근심이 있고 처궁에 불길한 일이 있으며 삼십세면 재수 있고 삼십일 이세면 신병이 있어 오래 고생하며 삼십삼사세면 가내에 불의의 변이 생기며 손재하고 삼십오륙세면 횡재하며 삼십칠팔세면 부모궁에 액이 있고 삼십구세면 멀리 떠나며 사십세면 관록을 더하며 사십일이세면 가내에 풍파일고 구설이 요란하리라. 자축년은 경사 있고 인묘년은 자손의 기쁜 일이 있으며 진사년은 처궁에 화란이 있고 오미년은 재수 대통하며 신유년은 외방에 일이 많으며 술해년은 사람의 해를 입으며 관재 있으리라.

여자운

중년수는 만물이 큰 은혜를 입어 가을이 오매 풍성하니 농부들이 일년내 성사함을 치하하며 전가를 배회하며 물정을 관망하는 격이라. 이십삼사세면 가정에 비상한 일이 있고 이십오륙세면 슬픈 눈물이 옷깃을 적시며 이십칠팔세면 자손 경사 있고 재수 대길하며 이십구세면 가내 경사 있고 삼십세면 남편궁에 좋은 경사 있으며 삼십일이세면 슬하에 액이 있고 삼십삼사세면 놀랄 일이 있으며 손재되고 삼십오륙세면 가정에 풍파일며 구설이 요란하고 삼십칠팔세면 귀인이 남으로 오며 큰 일을 성취하고 삼십구세면 부모궁에 변이 있고 사십세면 신병이 두려우며 사람의 흉한 일을 보며 사십일이세면 가내에 식구를 덜리라. 자축년은 은인이 변하여 원수되며 인묘년은 천금을 얻으며 진사년은 실물하며 오미년은 화가 있고 신유년은 자손의 환란이 생기며 술해년은 몸이 다사하며 좋은 일이 많으리라.

水天需卦 (수천수괘)

中年運

남자운

중년수는 사방에 일이 많으며 한가할 날이 없고 인간 고락과 풍파를 많이 지내리라. 이십사오세면 동남으로 귀인이 오며 이십육칠세면 여인을 만나며 재수 있고 자손 경사 있으며 이십팔구세면 부모궁에 일이 있고 처궁에 근심이 있으며 삼십세면 관재 구설이 있고 삼십일이세면 타향에 일이 있고 슬하에 액이 있으며 삼십삼사세면 처궁에 액이 있고 삼십오륙세면 재수 길하며 삼십칠팔세면 손재하며 놀라며 자손 경사 있고 삼십구세면 가내에 근심이 있고 사십세면 신병이 있고 사십일이세면 큰 일을 경륜하여 반은 성취하니라. 술해년은 가정에 근심이 있고 신유년은 횡재하며 자축년은 부모궁에 변이 있고 인묘년은 자손 경사 있으며 진사년은 슬하에 액이 있고 오미년은 처궁에 일이 있으리라.

여자운

중년수는 문무가 일월을 가리우며 오래 음침하다가 일조에 바람이 일며 날이 청명하리라. 이십사오세면 자손 경사 있고 남편궁에 근심이 되며 이십육칠세면 가정에 기쁜 일이 생기며 재수 길하고 이십팔구세면 슬하에 액이 있으며 부모궁에 화변이 있고 삼십세면 손재하며 삼십일이세면 남편궁에 경사 있으며 삼십삼사세면 가내에 흉한 사람의 해를 당하며 삼십오륙세면 서북으로 횡재수 있으며 삼십칠팔세면 자손의 근심이 중하며 삼십구세면 가내에 불길한 일이 생기며 사십세면 친족의 일로 구설이 왕래하며 사십일이세면 신병이 심하며 가정에 우환이 끊어지지 않으리라. 인묘년은 이별수 있으며 자축년은 놀랄 일이 있고 진사년은 동북으로 손재하며 관액이나 시비가 요란하며 오미년은 슬하에 눈물을 흘리며 신유년은 귀한 자식을 얻으며 술해년은 남편에 근심이 있고 손재수를 조심할지니라.

水澤節卦 (수택절괘)　　中年運

남자운

중년수는 우레 소리에 천지가 진동하니 만인이 다 놀라고 두려워하며 위엄이 상하에 진동함이라. 이십사오세면 자손 경사 있고 부모궁에 좋은 일이 있으며 이십육칠세면 이름이 사방에 들리며 재물이 만당하며 처궁에 일이 있으며 이십팔구세면 슬하에 근심이 중하며 삼십세면 손재하며 삼십일이세면 관재와 구설이 분요하며 삼십삼사세면 가정에 불길한 일이 있으며 삼십오륙세면 외방에 일이 많으며 삼십칠팔세면 손재수 있고 처궁에 액이 있으며 슬하에 경사 있고 삼십구세면 귀인을 만나며 큰 일을 경륜하고 사십세면 가내에 좋은 일이 있고 사십일이세면 만금을 쌓으며 슬하에 액이 있으리라. 오미년은 신액이 있으며 신유년은 귀인을 만나며 술해년은 가정에 풍파 일며 자축년은 자손 경사 있으며 인묘년은 동남으로 귀인을 만나며 진사년은 근심이 많으리라.

여자운

중년수는 학을 타고 옥경(玉京)에 참예하니 영화로움이 일세에 진동하며 만인이 다 앙모하는 격이라. 이십사오세면 관록이 가정에 들어오며 이십육칠세면 자손 경사 있으며 남편궁에 기쁜 일이 있고 이십팔구세면 부모궁에 근심이 중하며 가내에 악인이 해를 끼치며 삼십세면 재수 대통하며 삼십일이세면 눈물을 뿌리며 삼십사세면 한번 풍파를 지내며 슬픈 회포를 금치 못하고 삼십오륙세면 슬하에 경사 있으며 삼십칠팔세면 몸에 병이 있거나 재물에 재앙이 침로하리라. 삼십구세면 가정에 희소식이 있으며 사십세면 경사 있고 재수 길하며 사십일이세면 이별수 있으며 남편궁이 산란하며 도적의 환이 두려우리라. 자축년은 부모궁에 변괴있고 인묘년은 원방에 역마성이 동하며 진사년은 슬하에 일이 있으며 오미년은 이름이 원근에 울리며 신유년은 구설이 요란하며 술해년은 재수 대통하리라.

水火旣濟卦(수화기제괘) 中年運

남자운

중년수는 물과 불이 서로 만나매 만물을 이루며 조화 무궁함이라. 중년운은 자기 주선으로 소원을 이루는 격이라. 이십사오세면 가내에 불길한 일이 있으며 이십육칠세면 부모의 근심이 있고 슬하에 좋은 일이 있으며 이십팔구세면 동남으로 귀인을 만나 재수 길하며 삼십세면 횡액이 있고 삼십일세면 처궁에 화란이 생기며 삼십삼사세면 천금을 횡재하며 삼십오륙세면 슬하에 액이 있으며 가정에 기쁜 일이 있고 삼십칠팔세면 멀리 여행함이 길하며 삼십구세면 외방에 좋은 일이 있으며 사십세면 희소식을 들으며 사십일세면 재수 대길하리라. 진사년은 슬픈일이 가내에 있으며 오미년은 처액이 있고 신유년은 신병이 있고 술해년은 자손 경사 있고 자축년은 관재를 조심하며 인묘년은 큰 일을 경영치 말지니라.

여자운

중년수는 서리 맞은 버드나무 가지에 봄이 돌아오니 가지가지 푸르며 춘흥에 흩날리도다. 이십사오세면 귀인이 서북으로 오며 운수 대통하고 이십육칠세면 자손 경사 있으며 남편궁에 좋은 일이 있고 이십팔구세면 가정에 근심이 있으며 남편에 액이 있고 삼십세면 슬하에 근심이 있으며 삼십일세면 재수 대길하며 삼십삼사세면 가정에 기쁜 일이 있고 삼십오륙세면 놀라며 실물수 있고 삼십칠팔세면 자손의 일로 이름이 사방에 진동하며 삼십구세면 구설이 왕래하며 사십세면 천금을 얻으며 가내에 경사 있고 사십일세면 친족의 변이 발하여 액이 가정에 미치며 손재하리라. 진사년은 병이 두려우며 자축년은 외방의 일로 근심이 되며 인묘년은 관재가 쉬우며 오미년은 가내에 풍파일며 놀라고 신유년은 재물일로 인하여 욕을 보며 근심이 더하리라.

水雷屯卦(수뢰둔괘)

中年運

남자운

중년수는 부지런함으로 성공하며 재물을 쌓으며 이름이 사방에 진동하리라. 이십사오세면 자손 경사 있으며 귀인을 만나고 이십육칠세면 여인을 가까이 말며 이십팔구세면 재수 대길하며 가정에 경사 있으며 삼십세면 원방에 일이 많으며 길한 사람이 도와 만사가 뜻대로 되며 삼십일이세면 가정에 불길한 일이 많고 삼십삼사세면 신병이 있으며 삼십오륙세면 경사 있으며 삼십칠팔세면 구설이 분분하며 삼십구세면 처궁에 근심이 중하며 사십세면 횡재하며 사십일이세면 근심이 변하여 경사되어 소원을 이루리라. 자축년은 가정에 풍파 있으며 인묘년은 손재하며 진사년은 구설이 있고 오미년은 처궁이 산란하며 신유년은 신병이 있으며 술해년은 재수 대길하리라.

여자운

중년수는 가을밤 밝은 달 아래 거문고를 타며 회포를 노래하며 밤 경치를 감상하는 격이라. 이십사오세면 자손 경사있으며 재수 길하고 이십육칠세면 가정에 기쁜 일이 많고 이십팔구세면 부모궁에 근심이 있으며 삼십세면 신액이 두렵고 삼십일이세면 슬하에 경사있으며 남편궁에 일이 있고 삼십삼사세면 가내에 눈물을 흘리며 이별수 있고 삼십오륙세면 동남으로 귀인이 도와 천금을 얻으며 삼십칠팔세면 외방 사람을 집에 두지 말지라. 그렇지 않으면 후환이 되리라. 삼십구세면 실물하되 도적의 근심이 되며 사십세면 슬하에 액이 침로하며 사십일이세면 가내에 변이 생기리라. 자축년은 자손의 기쁜 일이 있으며 인묘년은 먹을 것은 적은데 할 일만 많으며 진사년은 친족간에 흉한 사람이 있어 화를 당하며 오미년은 놀랄 일이 있으며 신유년은 좋은 소식이 들리며 술해년은 만사가 뜻대로 되리라.

水風井卦 (수풍정괘)

中年運

六五

남자운

중년수는 이름을 용문에 날리며 귀인이 사방에 있어 만사가 뜻대로 되며 관록이 만종에 이르는 격이라. 이십사오세면 동남으로 횡재하며 귀인을 만나고 이십육칠세면 물망이 진동하며 품직이 높으며 만민을 다스리며 이십팔구세면 문서에 기쁜 일이 있고 처궁에 근심이 있으며 삼십세면 가정에 경사 있고 삼십일이세면 원방에 일이 많고 부모궁에 액이 있고 삼십삼사세면 가정에 변이 생기며 삼십오륙세면 재물을 쌓으며 삼십칠팔세면 관문에 경사 있으며 위엄이 상설같으며 삼십구세면 가정에 좋은 일이 있고 사십세면 손재하며 사십일이세면 신액이 있으리라. 자축년은 부모궁에 액이 있고 진사년은 멀리 여행하며 오미년은 구설이 있고 신유년은 녹이 더하며 술해년은 희소식이 들리리라.

여자운

중년수는 바람이 불매 티끌로 일월을 가리우며 동서를 분간하지 못하고 방황 망조하는 격이라. 이십사오세면 슬하에 경사 있으며 가정에 구설이 분요하며 이십육칠세면 남편궁에 근심이 깊으며 가내에 풍파 일고 이십팔구세면 부모궁에 액이 있고 슬하에 불길함이 있으며 삼십세면 서방으로 길한 사람을 만나 재수 대길하며 삼십일세면 가정이 산란하며 이별수 있고 삼십삼사세면 만금을 희롱하며 이름이 진동하고 삼십오륙세면 슬픈 회포를 금치 못하며 삼십칠팔세면 반가운 사람을 상봉하고 소원을 이루며 삼십구세면 신병이 있고 사십세면 가정에 좋은 일이 많으며 경사있으리라. 사십일이세면 손재수 있고 음인의 해를 입으리라. 자축년은 구설이 요란하며 인묘년은 재물을 얻으며 진사년은 이별수 있고 오미년은 가정이 불안하며 신유년은 횡액이 있고 술해년은 만금을 얻으리라.

重 坎 卦(중감괘)

中年運

남자운

중년수는 옥이 진토를 벗어나며 함정에 빠진 범이 함정을 벗어 나옴이라. 이십사오세면 길인이 도와 만사 대길하며 이십육칠세면 슬하에 경사를 보며 재수 길하고 이십팔구세면 외방에 일이 있어 동키 쉽고 삼십세면 처궁에 근심이 들며 가정이 불안하고 삼십일이세면 만금을 희롱하며 이름이 진동하고 삼십삼사세면 악인의 모함을 당하며 근심이 중하고 삼십오륙세면 가정이 요란하며 슬하에 액이 있고 삼십칠팔세면 사람의 칭찬이 자자하며 삼십구세면 손재하며 사십세면 기쁜 경사있으며 사십일이세면 가내에 근심이 많으리라. 자축년은 귀인을 만나며 인묘년은 횡재하며 진사년은 가내에 액이 있고 오미년은 외방에 일이 많으며 신유년은 부모궁에 변이 있고 술해년은 손재 있으리라.

여자운

중년수는 꿩이 가을 밭에 내려오니 먹을 것이 많으나 항상 두려운 마음을 놓지 못하는 격이라. 이십사오세면 자손궁에 기쁜 일이 있거나 재수 길하며 이십육칠세면 남편궁에 풍파가 있고 가내에 근심이 되며 이십팔구세면 가족 중에 좋은 일이 있고 슬하에 경사있으며 삼십세면 구설과 신병이 있으며 삼십삼사세면 남편궁에 기쁜 일이 있고 삼십오륙세면 가정에 근심이 중하며 슬하에 액이 있고 재물에 재앙이 많으며 삼십칠팔세면 동남으로 오래 기다리던 반가운 사람을 만나 소원이 성사되며 삼십구세면 이름이 원근에 들리며 몸에 근심을 물리치리라. 사십세면 슬하에 경사있으며 사십일이세면 놀랄 일이 있으며 가정에 슬픈 눈물을 흘리리라. 자축년은 재수 대길하며 인묘년은 일희일비하며 진사년은 가정에 일이 크며 만인의 인사를 받으며 오미년은 자손의 좋은 일이 있으며 신유년은 실물수 있고 술해년은 횡재하며 귀인을 만나리라.

水山蹇卦(수산건괘)

中年運

남자운

중년수는 바람부는 데로 따라 사방에 인연을 맺으며 분주 다사한 중에 귀인이 도와 소원을 이루는 격이라. 이십사오세면 가내에 화변이 있고 근심이 많으며 이십육칠세면 자손 경사 있으며 부모궁에 액이 침로하고 이십팔구세면 역마성이 동하며 몸이 천리강산에 객(客)이 될 수며 삼십세면 여인을 가까이 하면 큰 해를 보며 삼십일세면 처궁에 근심이 있고 삼십삼사세면 재수 대길하며 삼십오륙세면 귀인을 만나며 삼십칠팔세면 신병이 있고 한번 풍파를 지내며 몸에 외로운 회포를 품으리라. 삼십구세면 횡재하며 사십세면 구설이 요란하며 사십일이세면 놀라며 기쁜 일이 있으리라. 신유년은 자손 경사 있으며 술해년은 부모의 변을 당하며 자축년은 눈물을 흘리며 인묘년은 가정에 경사 있고 진사년은 슬하에 액이 있고 오미년은 재물을 서쪽에서 얻으리라.

여자운

중년수는 몸이 분주하여 동서에 일이 많으며 이별수가 자주 있고 가정이 항상 편안치 아니하는 격이라. 이십사오세면 남편궁에 구설이 횡행하며 자손의 일이 있으며 이십육칠세면 가정에 좋은 일이 있으며 또 산란한 일이 생기리라. 이십팔구세면 동남으로 길인이 와 재수 대길하며 삼십세면 신액이 있고 삼십일이세면 슬하에 근심이 되며 사람의 해를 보리라. 삼십삼사세면 횡재수 있고 천금을 수중에 희롱하며 삼십오륙세면 친족간에 귀인이 도와 큰 일을 성취하며 삼십칠팔세면 남편궁에 좋은 일이 있고 삼십구세면 가정에 기쁜 일이 생기며 만인의 인사를 받으리라. 사십세면 서쪽에서 귀인이 오며 사십일이세면 슬하에 변이 생기며 몸도 불길하리라. 자축년은 눈물을 뿌리며 인묘년은 가정이 산란하며 진사년은 횡액이 있고 손재하며 오미년은 기쁜 경사 있으며 재수 대통하고 신유년은 이별수 있으며 술해년은 만사 대통하리라.

水地比卦(수지비괘)　　中年運

六
八

남자운

중년수는 고기가 변하여 용이 되며 굼벵이가 변하여 뱀이 되는 격이라. 이십사오세면 동북으로 귀인이 스스로 와 좋은 길을 인도하며 이십육칠세면 가정에 경사 있고 이름이 진동하며 이십팔구세면 슬하에 좋은 일이 있고 만금을 쌓으며 삼십세면 귀한 여인과 인연을 맺으며 부모궁에 근심이 있고 삼십일이세면 외방에 일이 많으며 멀리 여행하고 삼십삼사세면 가내에 불길한 일이 있고 삼십오륙세면 재물에 재앙이 침로하며 삼십칠팔세면 근심이 많고 불의의 화를 당하며 삼십구세면 황재하며 사십세면 귀인이 오며 사십일이세면 송사치 말며 관재, 구설을 조심하라. 오미년은 슬픈 일이 있고 신유년은 관액이 있으며 술해년은 부모궁에 일이 있고 자축년은 자손 경사 있고 인묘년은 손재하며 진사년은 만금을 쌓으리라.

여자운

중년수는 이름이 사방에 우레같이 진동하며 만인의 인사를 받으며 물망이 지극한 격이라. 이십사오세면 남편궁에 불길한 일이 있으며 슬하에 경사 있고 이십육칠세면 신병이 침로하며 부모궁에 액이 있고 이십팔구세면 가정에 좋은 소문이 있고 재물이 생기며 삼십세면 슬픈 일이 있고 삼십일세면 손재하며 악인의 모해를 입으리라. 삼십삼사세면 동남으로 만금을 쌓으며 귀인을 만나고 삼십오륙세면 가정에 불의의 변이 있고 구설이 분요하며 삼십칠팔세면 신병이 있으며 슬하의 액이 있고 삼십구세면 횡재하며 사십세면 불을 조심하고 사십일이세면 눈물을 뿌리며 또 이별수 있으리라. 진사년은 형제의 액이 있고 인묘년은 재물을 손해보며 자축년은 자손 경사있으며 오미년은 가정에 변이 생기며 신유년은 횡액이 있으며 술해년은 천금을 횡재하리라.

山天大畜卦(산천대축괘)　　　中年運

七
一

남자운

중년수는 오륙월에 오래 비가 내리니 만물이 모두 함양하며 풍성한 격이라. 이십사오세면 재물을 쌓으며 슬하에 경사 있고 이십육칠세면 이름을 날리며 복록이 후하고 중하며 이십팔구세면 처궁에 액이 있고 가정에 불길한 일이 있으며 삼십세면 몸이 분주다사하고 만인의 인사를 받으며 삼십일이세면 부모궁에 근심이 중하며 삼십삼사세면 실물수 있으며 구설이 분요하며 삼십오륙세면 가정에 경사 있고 삼십칠팔세면 사람의 음해를 당하며 삼십구세면 자손의 좋은 일이 있고 사십일이세면 만금을 쌓으리라. 신유년은 자손 경사 많고 술해년은 놀랄 일이 있으며 자축년은 관록을 더하며 인묘년은 형제의 액이 있으며 진사년은 가내에 우환이 있고 오미년은 눈물을 뿌리리라.

여자운

중년수는 엄동설한에 마르고 마른 초목이 봄을 만나니 가지가지 꽃이로다. 춘풍에 화기 만발한 격이라. 이십사오세면 부모궁에 경사 있으며 슬하에 좋은 일이 있고 이십육칠세면 남편궁에 경사 있으며 가정에 이상한 일이 있고 이십팔구세면 형제간에 눈물을 흘리며 삼십세면 기쁜 일이 가정에 있고 삼십일세면 이름이 사방에 진동하며 삼십삼사세면 길인이 도와 횡재하며 삼십오륙세면 몸에 병이 두려우며 삼십칠팔세면 남편궁에 근심이 있고 슬하에 경사 있으며 삼십구세면 재수 대통하며 사십세면 실물수 있으며 사십일세면 가정에 경사 중중하리라. 자축년은 횡재하며 인묘년은 슬하에 근심이 있고 진사년은 손재하며 오미년은 구설이 요란하며 신유년은 오래 부리던 노복의 일로 가정이 요란하며 큰 화액이와 풍파가 일며 술해년은 남편이 원방에서 불의의 화를 입어 근심이 중하리라.

山澤損卦(산택손괘)

中年運

남자운

중년수는 처마 끝에 거미가 줄을 늘어 그물을 맺고 있는 중에 일진 광풍이 불매 삽시간에 그물이 파괴되는 격이라. 이십사오세면 슬하에 경사 없으면 형제간에 좋은 일이 있고 이십육칠세면 원방에 역마성이 동하며 부모궁에 근심이 있고 이십팔구세면 처궁에 경사 있으며 삼십세면 재수 길하고 삼십일이세면 귀인이 도우며 삼십삼사세면 가정에 좋은 경사 있고 천금을 횡재하며 삼십오륙세면 손재수 있고 삼십칠팔세면 경사 있고 삼십구세면 가정에 근심이 중하며 사십일이세면 동으로 귀인이 도와 소원을 성사하리라. 신유년은 자손 경사 있고 술해년은 재수 대길하며 인묘년은 신병이 있고 자축년은 가내에 기쁜 일을 보며 진사년은 횡재하며 오미년은 슬하에 근심이 있으리라.

여자운

중년수는 흙을 쌓아 산을 이루며 땅을 파 물을 구함이니 심력을 다하여 공을 이루는 격이라. 이십사오세면 남편궁에 좋은 일이 있고 이십육칠세면 슬하에 경사 있으며 가내에 근심이 있고 이십팔구세면 남편궁에 풍파있고 삼십세면 가정에 눈물을 흘리며 삼십일이세면 귀인이 남으로 오며 삼십삼사세면 자손의 일이 있고 구설이 요란하며 삼십오륙세면 형제 간으로 재물을 손재하며 신병이 두렵고 삼십칠팔세면 놀라며 실물수 있고 삼십구세면 가내에 좋은 일이 많고 사십세면 신액이 중하며 동으로 악인이 이르러 가정이 요란하며 해가 많고 사십일이세면 귀한 자식을 낳으며 천금을 횡재하리라. 오미년은 눈물을 뿌리며 자축년은 재수 있고 인묘년은 송사를 일으키지 말며 진사년은 슬하에 액이 있고 구설이 왕래하며 신유년은 남편궁에 근심이 있고 술해년은 금옥이 만당하리라.

山火賁卦(산화비괘) 　　　中年運

남자운

중년수는 복덕성이 비춰니 이름이 사방에 진동하며 영화 무궁한 격이라. 이십사오세면 자손 경사 있으며 이십육칠세면 귀인이 도와 이름을 사방에 떨치며 이십팔구세면 가정에 좋은 일이 많고 재물을 쌓으며 삼십세면 슬하에 근심이 있고 구설수 있으며 삼십일이세면 부모궁에 액이 침로하며 삼십삼사세면 관문에 길사있고 삼십오륙세면 만금을 얻으며 녹을 더하고 삼십칠팔세면 가내에 풍파있으며 형제궁에 근심이 있고 삼십구세면 슬하에 일희일비하며 사십세면 자손 경사 있고 실물수 있으며 사십일세면 재수 대통하며 만사가 뜻대로 되리라. 신유년은 처궁에 기쁜 일이 있고 술해년은 손재하며 자축년은 횡액이 있고 인묘년은 재수 대길하며 진사년은 신병이 있고 오미년은 가내에 근심이 많으리라.

여자운

중년수는 단봉이 구슬을 입에 물고 가중에 춤을 추며 상서를 드리는 격이라. 이십사오세면 자손 경사 있으며 남편궁에 기쁜 일이 있고 이십육칠세면 부모궁에 좋은 일이 있으며 이십팔구세면 재수 대길하며 남편궁에 큰 일이 있고 삼십세면 실물수 있으며 삼십일세면 슬하에 근심이 크며 삼십삼사세면 남편의 근심이 있고 가내가 요란하며 삼십오륙세면 집안에 불길한 일이 생기며 손재되고 삼십칠팔세면 구설이 일며 놀랄 일이 있고 삼십구세면 이름이 진동하며 사십세면 자손 경사 있고 남편의 좋은 일이 생기며 사십일세면 반가운 사람을 만나고 횡재하리라. 자축년은 슬픈 일이 있고 인묘년은 관재가 아니면 구설이 있고 진사년은 재수 있고 오미년은 슬하에 액이 있으며 신유년은 몸에 병이 들면 오래 고생하리라.

山雷頤卦(산뢰이괘)

中年運

남자운

중년수는 금을 단련하여 그릇을 만들며 돌을 쪼아 옥을 얻는 격이라. 이십사오세면 동남으로 귀인이 인도하여 좋은 일을 성취하며 이십육칠세면 자손 경사 있고 가내에 기쁜 일이 많으며 이십팔구세면 처궁에 근심이 있으며 삼십세면 만금을 쌓으며 삼십일이세면 부모궁에 화변이 생기며 삼십삼사세면 이름이 사방에 진동하며 삼십오륙세면 가내에 풍파 일며 손재하고 삼십칠팔세면 원방에 큰 일을 경륜하며 삼십구세면 구설이 요란하며 사십세면 재수 길하며 사십일이세면 귀인이 멀리서 오고 가내가 기쁜 일을 보리라. 자축년은 눈물을 뿌리며 인묘년은 귀인이 이르며 진사년은 슬하에 액이 있고 오미년은 재록이 만당하며 신유년은 신병이 있고 술해년은 천금을 횡재하리라.

여자운

중년수는 비단옷을 입고 번화로운 장안에 돌아다니니 만인의 이목을 황홀케 하는 격이라. 이십사오세면 만금을 쌓으며 길인이 돕고 이십육칠세면 남편궁에 풍파가 있고 가정에 구설이 왕래하며 이십팔구세면 자손의 좋은 일이 생기며 삼십세면 남편궁에 경사 있으며 삼십일이세면 재록이 만당하며 경사 무궁하고 삼십삼사세면 신액이 있으며 부모궁에 근심이 있고 삼십오륙세면 슬하에 액이 많고 실물수 있으며 삼십칠팔세면 가정에 경사 있으며 친족간에 근심이 중하여 해를 당하리라. 삼십구세면 도적을 조심하며 사십세면 슬픈 일을 보며 사십일이세면 재물을 횡재하며 가내에 기쁜 일이 있으리라. 자축년은 부모의 근심이 있고 인묘년은 남편의 액을 조심하며 진사년은 구설이 있고 오미년은 가정에 놀랄 일이 있고 신유년은 횡재하며 술해년은 슬하에 변이 생기리라.

山風蠱卦(산풍고괘)

中年運

七五

남자운

중년수는 이름을 청운에 날리며 충성으로 직업을 다하매 물망이 진동하는 격이라. 이십사오세면 이름이 진동하며 재록이 무궁하고 이십육칠세면 자손 경사 있고 처궁에 액이 있으며 이십팔구세면 부모궁에 화란이 있고 삼십세면 관궁에 녹을 더하며 가정에 경사 있고 삼십일이세면 역마성이 발동하며 삼십삼사세면 눈물을 뿌리며 가정이 요란하고 삼십오륙세면 재물을 쌓으며 귀인이 도와 소원이 성취되며 삼십칠팔세면 가내에 변괴있고 손재되며 삼십구세면 구설이 있으며 송사되기 쉬우리라. 사십세면 신병이 있고 사십일이세면 횡재하리라. 오미년은 슬하에 액이 있고 신유년은 놀라며 술해년은 근심이 많고 자축년은 멀리 여행하며 인묘년은 처궁에 풍파가 일며 진사년은 관재를 조심할지니라.

여자운

중년수는 기린이 성세를 만나 세상에 나오니 시절이 태평하며 해마다 풍년이 드는 격이라. 이십사오세면 자손 경사 있고 형제의 근심이 있으며 이십육칠세면 남편궁에 기쁜 일이 있고 이십팔구세면 귀인이 동으로 오며 삼십세면 실물수 있고 삼십일이세면 부모궁에 변이 생기며 삼십삼사세면 가정에 경사 있으며 재물을 쌓으며 삼십오륙세면 슬하에 큰 액이 침로하며 눈물을 뿌리고 삼십칠팔세면 신병이 있고 가정에 우환이 두려우며 삼십구세면 뜻밖에 만금을 얻으며 남편궁에 좋은 일이 많고 사십세면 타인의 말을 듣지 말며 집을 이사치 말지니라. 사십일이세면 이별수 있으며 가내에 불길한 일이 있으리라. 진사년은 눈물을 흘리며 자축년은 식구가 줄어들며 인묘년은 구설이 변하여 송사되기 쉬우며 오미년은 원행수 있고 신유년은 손재하며 술해년은 흉한 사람의 해를 당하리라.

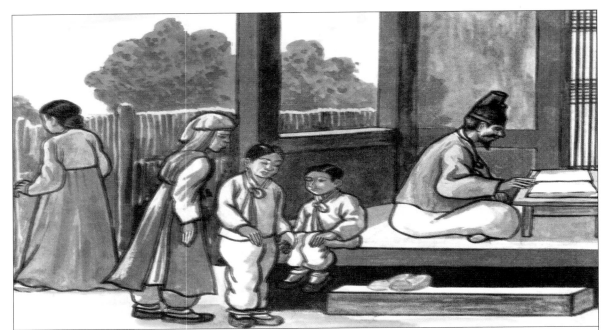

山水蒙卦 (산수몽괘)   中年運

남자운

중년수는 옥이 돌 속에 묻히여 때를 기다리며 보검을 깊히 감추어 어지러운 시대를 기다리는 격이라. 이십사오세면 몸이 다사하되 공이 없어 자탄으로 세월을 보내며 이십육칠세면 가내에 좋은 일이 생기며 자손 경사 있고 이십팔구세면 처궁에 일이 있으며 삼십세면 동으로 횡재수 있으며 삼십일이세면 슬하에 근심이 있고 신병으로 고생하며 삼십삼사세면 멀리 여행하며 삼십오륙세면 가정에 놀랄 일이 있으며 삼십칠팔세면 손재하며 삼십구세면 실물하며 사십세면 처궁에 근심이 깊고 사십일이세면 귀인이 동남으로 오리라. 진사년은 구설이 요란하며 오미년은 원방에 일이 많아 몸이 분주하며 신유년은 신병이 있고 술해년은 횡재하며 자축년은 눈물을 뿌리며 인묘년은 천금을 얻으리라.

여자운

중년수는 귀인성이 형제궁에 비춰니 형제들이 서로 도와 화액을 물리치고 복록을 누리게 하는 격이라. 이십사오세면 자손 경사 있으며 이십육칠세면 남편궁에 풍파 일며 가정이 불안하고 이십팔구세면 슬하에 근심이 되며 부모궁에 액이 있고 삼십세면 이별수 있고 삼십일이세면 길인이 동남으로 이르며 삼십삼사세면 재수 대길하며 삼십오륙세면 가정에 경사 있고 슬하에 좋은 일이 생기며 삼십칠팔세면 남편궁에 기쁜 일이 있고 원방의 일로 횡재하며 타인의 일로 구설이 왕래하며 삼십구세면 놀랄 일이 있으며 사십세면 귀인이 스스로 오며 가정에 좋은 경사 있고 사십일이세면 재수 대통하며 금옥이 만당하리라. 신유년은 신병이 있고 술해년은 관재 일며 불길한 일을 당하며 자축년은 가정에 풍파 일고 시비가 많으며 인묘년은 눈물을 뿌리며 진사년은 놀랄 일이 있으며 오미년은 친족간에 귀인이 도와 만금을 쌓으리라.

重艮卦 (중간괘)　　中年運

남자운

중년수는 심산궁곡에 외로운 객이 방황망조하다가 길을 찾아 대로로 나오는 격이라. 이십사오세면 자손 경사 있으며 이십육칠세면 부모의 근심이 중하며 슬하에 액이 있고 이십팔구세면 처궁에 일이 있으며 구설이 분요하고 삼십세면 신병이 침로하며 삼십일이세면 원행수 있고 삼십삼사세면 두 사람과 한가지 하는 일을 성사하며 삼십오륙세면 먹을 것은 적은데 할 일만 많으며 구설이 요란하고 삼십칠팔세면 가정에 경사 있고 천금을 얻으며 삼십구세면 귀인이 스스로 오며 사십세면 반가운 일을 보며 사십일이세면 여러해 경영하던 일이 성사되며 재수 대길하리라. 자축년은 눈물을 뿌리며 인묘년은 멀리 여행하며 진사년은 슬하에 일희일비하며 오미년은 재수 길하고 신유년은 타인의 말을 듣지 말며 술해년은 가정에 경사 있으리라.

여자운

중년수는 돌아가는 행인이 물에 도착하여 배를 얻으며, 천리에 외로운 객이 집으로 돌아오는 격이라. 이십사오세면 자손 경사 있으며 이십육칠세면 남편궁에 경사 있고 만금을 쌓으며 이십팔구세면 귀인이 스스로 오며 삼십세면 슬하에 액이 있고 삼십일이세면 부모에 근심이 중하며 삼십삼사세면 가정에 좋은 일을 보며 삼십오륙세면 신병이 있고 구설이 요란하며 삼십칠팔세면 형제간에 기쁜 경사 있으며 삼십구세면 남편궁에 기쁜 일이 생기고 슬하에 눈물을 흘리며 사십세면 친히 부리던 노복의 일로 가정이 요란하며 손재하고 구설이 분요하리라. 사십일이세면 재물을 쌓으며 자손 경사있으리라. 인묘년은 실물하며 자축년은 놀랄 일이 있고 오미년은 횡재하며 진사년은 가정에 변이 생기며 근심이 많으리라. 신유년은 신액이 있으며 술해년은 천금을 횡재하리라.

山地剝卦 (산지박괘)

中年運

남자운

중년수는 새가 외로운 가지에 깃들이니 바람소리에 황황한 마음과 공구한 생각을 진정치 못하는 격이라. 이십사오세면 재수 길하며 동으로 여자 중 길한 사람을 만나며 이십육칠세 면 멀리 떠나서 천금을 얻으며 이십팔구세면 부모의 근심이 있고 삼십세면 처궁에 불길한 일이 있으며 삼십일이세면 자손 경사 있으며 삼십삼사세면 가정에 기쁜 일이 생기며 삼십 오륙세면 송사가 일며 구설이 요란하고 삼십칠팔세면 귀인이 남으로 와 큰 일을 의논하며 삼십구세면 슬하에 경사 있으며 사십세면 손재하고 사십일이세면 가내에 우환이 끊어지지 않으며 실물하리라. 오미년은 눈물을 뿌리며 자축년은 슬하에 액이 있고 인묘년은 신병이 있으며 진사년은 처궁에 근심이 되며 신유년은 구설이 있고 술해년은 재수 대길하리라.

여자운

중년수는 오래 가문 뒤에 구름이 덮히며 비가 오니 만물이 새로우며 풍년을 점치는 격이 라. 이십사오세면 남편궁에 큰 근심이 있으며 이십육칠세면 자손 경사 있으며 신병이 침로 하여 위태한 경우 있으며 이십팔구세면 몸에 일이 많으며 가정이 분요하며 풍파있으리라. 삼십세면 슬하에 기쁜 일이 많으며 삼십일이세면 남편궁에 액이 있고 손재하며 삼십삼사 세면 경사있으며 형제간에 좋은 소식이 있고 삼십오륙세면 슬하에 변이 생기며 가정이 요 란하고 삼십칠팔세면 도적의 근심이 있고 악인의 해를 보며 삼십구세면 천금을 횡재하며 사십세면 눈물을 뿌리며 사십일이세면 놀라며 재산에 큰 화를 당하리라. 자축년은 슬하에 경사 있으며 인묘년은 남편궁에 기쁜 일이 생기며 진사년은 가정에 이상한 일이 있으며 오미년은 신병으로 고생하며 신유년은 구설이 요란하며 술해년은 천금을 횡재하리라.

地天泰卦(지천태괘) 中年運

남자운

중년수는 고기가 그물에 걸리며 범이 함정에 빠진 격이라. 중년운이 길한 일은 적고 흉한 일이 많으리라. 이십사오세면 불의의 횡액이 침로하며 욕을 당하고 이십육칠세면 처궁에 근심이 있고 자손ㄴ의 경사 있으며 이십팔구세면 역마성이 발동하니 동남에 일이 있으며 삼십세면 슬하에 좋은 일이 있고 가내에 근심이 중하며 삼십일이세면 부모궁에 액이 있거나 형제궁에 눈물을 뿌리며 삼십삼사세면 재수 대길하며 귀인이 서북으로 이르리라. 삼십오륙세면 송사일며 액이 당두하여 해를 보며 삼십칠팔세면 슬하에 근심이 있고 삼십구세면 신병이 있으며 사십세면 가내에 좋은 일이 생기며 사십일이세면 형제의 일로 재물을 손해보리라. 오미년은 불길하며 신유년은 횡재하고 귀인이 오며 술해년은 가정에 우환이 있고 처궁에 일이 있으며 자축년은 구설이 요란하며 인묘년은 멀리 여행하며 진사년은 자손 경사 있으리라.

여자운

중년수는 소상강 달 밝은데 슬피 우는 기러기 반공에 높이 날아 벗을 부르는 격이라. 이십사오세면 자손 경사 있으며 이십육칠세면 남편궁에 풍파 일며 가내에 근심이 많고 이십팔구세면 슬하에 액이 있으며 삼십일이세면 몸에 병이 침로하며 가정에 우환이 있고 삼십삼사세면 반가운 사람이 오며 재수 길하고 소원을 성사하며 삼십오륙세면 자손 경사 있으며 형제간에 근심이 있고 삼십칠팔세면 일이 많고 기쁜 소식을 들으며 사람의 모함을 받으며 구설이 요란하리라. 삼십구세면 손재하며 이별수 있고 사십세면 슬하에 근심이 있고 사십일이세면 가내에 좋은 일이 있고 재물이 생기리라. 자축년은 좋은 일이 생기며 인묘년은 이별수 있고 진사년은 귀인이 도우며 소원이 성취되고 오미년은 재물이 흩어지며 변이 있고 신유년은 신액이 위태하며 술해년은 구설이 요란하리라.

地澤臨卦 (지택임괘)

中年運

남자운

중년수는 난초가 초목중에 섞이며 봉이 닭의 무리에 섞인 격이라. 이십사오세면 부모궁에 액이 많으며 가정에 불길한 일이 있고 이십육칠세면 형제간에 이별수 있으며 자손 경사 있고 이십팔구세면 처궁에 일이 있고 손재키 쉬우며 삼십세면 멀리 여행함이 길하고 삼십일이세면 슬하에 경사 있고 귀인을 남방에서 만나 큰 일을 의논하며 삼십삼사세면 가정에 좋은 일을 보며 삼십오륙세면 천금을 얻고 형제간에 기쁜 소식이 들리며 삼십칠팔세면 근심이 크고 슬픈 눈물을 흘리며 삼십구세면 손재하며 사십세면 가정에 변이 있고 사십일이세면 관재와 구설을 조심할지니라. 자축년은 부모의 화를 당하며 인묘년은 눈물을 뿌리리라. 진사년은 재물을 패하며 오미년은 가내에 재앙이 침범하며 신유년은 음인의 해가 있고 술해년은 천금을 횡재하리라.

여자운

중년수는 옥이 진흙에 묻히며 용이 바다에 숨은 격이니 몸을 닦아 때를 기다리는 격이라. 이십사오세면 자손 경사 있으며 이십육칠세면 남편궁에 근심이 중하고 이십팔구세면 부모궁에 기쁜 일이 있으며 삼십세면 자손의 좋은 경사 있고 삼십일이세면 남편궁에 근심이 생기여 가정이 요란하며 삼십삼사세면 슬하에 액이 있고 삼십오륙세면 가내에 풍파 일며 이별수 있고 삼십칠팔세면 근심하던 일이 변하여 좋은 경사되며 화기가 집안에 융융하고 길인이 동으로 이르리라. 삼십구세면 실물하며 악인의 화를 당하고 송사되기 쉬우리라. 사십세면 가내에 불길한 일이 있고 눈물로 세월을 보내며 사십일이세면 만금을 횡재하며 귀한 여자를 만나 일을 성사하리라. 오미년은 슬하에 경사있으며 신유년은 몸에 병이 들면 위태하고 술해년은 재수있고 자축년은 부모의 근심이 있고 인묘년은 슬하에 액이 있으며 진사년은 이름이 진동하리라.

地火明夷卦(지화명이괘)

中年運

남자운

중년수는 범이 함정에 빠지며 고기가 그물에 걸리니 진퇴유곡이라. 헛된 생각을 하지 말고 때를 기다리는 격이라. 이십사오세면 집을 떠나 천리에 머무르며 이십육칠세면 기쁜 사람이 인도하여 마음속에 원하던 일을 이루며 이십팔구세면 자손의 희소식이 있고 부모궁에 근심이 있으며 삼십세면 처궁에 좋은 일이 있으며 삼십일이세면 재수 길하며 귀인이 스스로 오고 삼십삼사세면 가정에 액이 침로하며 삼십오륙세면 손재하며 삼십칠팔세면 슬하에 경사 있고 천금을 횡재하며 삼십구세면 실물하고 사십세면 관재를 조심하며 사십일이세면 동북으로 횡재하며 가내에 좋은 일이 있으리라. 진사년은 귀인이 도우며 자축년은 구설이 분요하며 인묘년은 신병이 있고 오미년은 가정이 요란하며 신유년은 눈물을 뿌리며 술해년은 이별수 있으리라.

여자운

중년수는 봉이 명주를 물고 집으로 들어오니 액운이 흩어지며 좋은 일이 많은 격이라. 이십삼사세면 귀인이 도우며 가정에 경사있고 이십오륙세면 남편궁에 풍파일며 이십칠팔세면 슬하에 경사있고 반가운 사람을 만나며 이십구세면 이별수 있으며 삼십세면 부모의 근심이 크고 가내에 우환이 있고 삼십일이세면 슬픈 눈물을 뿌리며 사람을 이별하고 삼십삼사세면 동남으로 귀인이 와 재물을 얻으며 소원을 성취하며 삼십오륙세면 슬하에 액이 있고 삼십칠팔세면 손재하며 사람의 해를 당하고 구설이 요란하며 삼십구세면 도적을 조심하며 멀리 여행함이 불길하며 사십세면 가정에 좋은 일이 있고 재수 길하며 사십일이세면 몸에 횡액이 있고 자손의 근심이 중하리라. 오미년은 귀인이 서방에서 오며 신유년은 슬하에 경사있고 술해년은 재수 대통하며 자축년은 희소식을 들으며 인묘년은 횡재하며 진사년은 가정에 기쁜 일이 생기리라.

地雷復卦 (지뢰복괘)

中年運

남자운

중년수는 우레가 가을 하늘을 진동하니 만인이 놀라며 공구성이 만천하니 유해 무익한 격이라. 이십사오세면 자손 경사있으며 이십육칠세면 처궁에 일이 있고 가정이 요란하며 이십팔구세면 귀인이 인도하여 좋은 일이 있으며 삼십세면 멀리 여행하며 삼십일이세면 천금을 얻으며 자손 경사있고 삼십삼사세면 관재가 두려우며 구설이 분분하리라. 삼십오륙세면 도적의 근심이 있고 사람의 모해를 당하며 삼십칠팔세면 귀인을 만나며 남으로 큰 일을 의논하고 삼십구세면 신병이 있고 슬하에 액이 있으며 사십세면 가정에 놀랄 일이 있으며 사십일이세면 자손의 기쁜 경사있으며 횡재수 있으리라. 진사년은 집을 지키고 동치말며 자축년은 멀리 여행함이 길하며 인묘년은 슬하에 변이 있으며 오미년은 논랄 일이 있으며 신유년은 재수있고 술해년은 근심이 변하여 경사되리라.

여자운

중년수는 살기가 침범하니 가정이 분요하며 사람이 흩어지고 재물에 재앙이 많은 격이라. 이십사오세면 남편궁에 근심이 크며 슬하에 일이 있고 이십육칠세면 가정에 풍파 일며 시비가 분요하고 이십팔구세면 자손 경사있으며 귀인이 도와 가정이 태평하고 삼십세면 멀리 여행함이 대길하고 삼십일세면 부모궁에 기쁜 일이 있으며 삼십삼사세면 가내에 영화 있고 길인이 오며 삼십오륙세면 도적의 근심이 있고 동으로 재수 길하며 오래 기다리던 사람을 상봉하고 삼십칠팔세면 자손의 좋은 일이 있고 형제간에 희소식이 들리며 삼십구세면 한번 풍파를 지내며 가정이 산란하고 사십세면 슬하에 액이 있고 사십일이세면 부모의 적덕으로 천금을 얻으리라. 진사년은 남편에 근심이 되며 오미년은 화변이 자손궁에 미치고 자축년은 재수 길하며 인묘년은 신병으로 고생하며 신유년은 손재하고 술해년은 구설이 요란하리라.

地風昇卦 (지풍승패)

中年運

남자운

중년수는 이름이 진동하니 만인이 다 우러러 보며 물망이 상하로 있는 격이라. 이십사오세면 귀인이 인도하며 가정에 경사있고 이십육칠세면 부모의 좋은 일이 있으며 이십팔구세면 이름을 사방에 떨치고 만금을 횡재하며 삼십세면 처궁에 일이 생기고 형제간에 근심이 중하며 삼십일이세면 원행수 있고 삼십삼사세면 문서에 희소식을 들으며 자손 경사있고 삼십오륙세면 신병이 중하며 슬하에 액이 있고 삼십칠팔세면 실물수 있으며 삼십구세면 가정에 근심이 있고 놀랄 일을 보며 사십세면 관록을 더하며 천금을 얻고 사십일이세면 가정에 기쁜 경사있으며 형제간에 변이 생기리라. 인묘년은 처환이 있으며 자축년은 귀인을 상봉하여 큰 재물을 얻으며 진사년은 눈물을 뿌리며 오미년은 실물하며 신유년은 부모의 변이 있고 술해년은 자손 경사있으리라.

여자운

중년수는 거울을 숫돌에 가니 광채가 점점 빛나며 큰 보배를 이루는 격이라. 이십사오세면 이름이 사방에 진동하며 가내에 경사있고 이십육칠세면 부모궁에 영화로운 일이 있으며 남편의 우환이 근심되리라. 이십팔구세면 귀인이 남방으로 오며 녹을 더하고 물망이 원근에 진동하며 삼십세면 슬하에 액이 있고 가정에 불길한 일이 있으며 삼십일이세면 역마가 동하니 멀리 떠나지 않으면 불의의 액이 있으며 삼십삼사세면 자손의 액이 있고 삼십오륙세면 신병이 있으며 가내에 우환이 있고 삼십칠팔세면 부모의 변이 생기며 형제간으로 근심이 되고 삼십구세면 재수 대길하며 사십세면 남편궁에 좋은 일이 있고 만금을 쌓으며 사십일이세면 희소식을 들으며 영화로운 일이 생기리라. 자축년은 신병이 있고 인묘년은 부모의 액이 침범하며 진사년은 구설이 요란하며 오미년은 자손에게 놀랄 일이 있고 신유년은 천금을 얻으며 술해년은 가정에 경사있으리라.

地水師卦(지수사괘) 中年運

남자운

중년수는 금을 단련하여 그릇을 만들며 옥을 갈아 구슬을 만드는 격이라. 이십사오세면 가정에 경사 있으며 이십육칠세면 부모궁에 좋은 일을 보며 형제간에 영화 있고 이십팔구세면 자손 경사있고 만금을 동으로 얻으며 처궁에 좋은 일이 있고 삼십세면 구설이 요란하며 손재하고 삼십일이세면 귀인이 도우며 삼십삼사세면 눈물을 흘리며 이별수 있고 삼십오륙세면 멀리 여행함이 대길하고 삼십칠팔세면 천금을 손재하며 삼십구세면 부모의 근심이 있고 슬하에 액이 있으며 사십세면 영화로운 일을 보며 사십일이세면 큰 일을 성사하며 가내에 희소식이 있으리라. 오미년은 슬픈 일을 당하며 신유년은 자손 경사 있고 술해년은 관록을 돋우며 자축년은 처궁에 근심이 중하고 인묘년은 횡재하며 진사년은 송사의 일이 있으리라.

여자운

중년수는 용마가 세상에 나오니 만인이 다 공경하며 칭찬하고 위풍이 사람으로 하여금 놀라게 하는 격이라. 이십사오세면 남편의 좋은 영화있으며 이십육칠세면 형제간에 기쁜 일이 있으며 이십팔구세면 자손 경사있고 가정에 인사를 받으며 만금을 쌓으며 삼십세면 신병이 두려우며 삼십일이세면 부모궁에 변이 생기고 근심으로 세월을 보내며 삼십삼사세면 가족간에 길인이 도와 근심을 물리치며 좋은 일이 있고, 삼십오륙세면 슬하에 눈물을 뿌리며 삼십칠팔세면 남편의 일로 집안이 요란하며 구설이 분요하고 슬하에 경사있으며 형제의 액이 침로되리라. 삼십구세면 재물을 손재하며 신액이 있고 사십세면 오래 원하던 반가운 사람을 만나며 사십일이세면 가내에 불의의 변이 있으며 구설이 분요하리라. 자축년은 자손 경사있고 인묘년은 좋은 일이 있으며 근심이 중하고 진사년은 실물수 있고 놀랄 일이 있으며 오미년은 슬하에 액이 있고 신유년은 남편의 근심이 있고 술해년은 만금을 얻으리라.

地山謙卦 (지산겸괘)　　　中年運

남자운

중년수는 일이 사방에 많으며 몸이 한가할 날이 없고 부지런하며 진실함으로 귀인을 만나는 격이라. 이십사오세면 타향에 일이 있고 이십육칠세면 부모의 근심이 중하며 가정에 변이 있고 이십팔구세면 처궁에 풍파일며 근심이 되고 손재수 있으며 삼십세면 동으로 길한 사람이 인도하여 좋은 일을 보며 삼십일이세면 가내에 경사 있고 형제간에 좋은 소식이 들리며 삼십삼사세면 천금을 횡재하며 구설이 분요하고 삼십오륙세면 손재하며 가내에 불길한 일을 당하며 삼십칠팔세면 이별수 있고 눈물을 뿌리며 삼십구세면 자손 경사 있고 사십세면 신병이 있으며 사십일이세면 몸에 좋은 일이 있고 귀인을 만나리라. 자축년은 실물하며 인묘년은 악한 일을 당하며 진사년은 가내에 근심이 중하고 오미년은 재수 대길하며 신유년은 처궁에 액이 있고 술해년은 슬하에 눈물을 뿌리리라.

여자운

중년수는 일월이 검은 구름에 가리우며 백옥이 진흙에 묻힌 격이라. 이십사오세면 자손 경사있으며 이십육칠세면 부모의 변괴를 당하며 형제간에 근심이 중하고 이십팔구세면 가정에 좋은 일이 있으며 남편궁에 뜻밖의 풍파일고 슬픈 회포를 금치 못하며 삼십세면 외방으로 귀인이 도와 소원을 성취하며 삼십일이세면 슬하에 경사있고 삼십삼사세면 가내에 근심이 중하며 삼십오륙세면 천금을 횡재하며 삼십칠팔세면 자손의 화변이 있고 남편궁에 근심이 생기며 친족간에 기쁜 소문을 들으리라. 삼십구세면 실물하며 허욕의 일로 손재하고 또한 송사키 쉬우리라. 사십세면 가정에 좋은 일이 있고 사십일이세면 귀인이 도와 큰 일을 성사하리라. 진사년은 슬픈 일을 보며 자축년은 신병이 있고 인묘년은 횡재하며 오미년은 멀리 여행치 말며 신유년은 슬하에 경사있고 술해년은 좋은 일이 생기리라.

重 坤 卦(중곤괘)　　中年運　　八八

남자운

중년수는 비와 바람이 때를 어기지 아니하며 사계절에 음양이 순하니 만물이 발생하며 나라가 태평하고 곡식이 잘 된 격이라. 이십사오세면 귀인이 손을 이끌어 좋은 길을 인도하며 이십육칠세면 가정에 경사 있으며 이십팔구세면 자손 경사있고 이름이 원근에 진동하며 삼십세면 부모궁에 근심이 중하며 삼십일세면 만금을 쌓으며 슬하에 좋은 경사있고 삼십삼사세면 가정에 슬픈 일을 당하며 삼십오륙세면 형제간에 액이 있고 처궁에 근심이 있으며 삼십칠팔세면 가내에 불길한 일이 있고 삼십구세면 송사에 참여치 말며 시비를 일으키지 말고 사십세면 슬하에 액이 있으며 사십일세면 가내에 우환이 있고 실물하며 구설이 분요하리라. 인묘년은 형제간에 액이 있고 자축년은 자손에 근심이 되며 진사년은 횡재하며 귀인을 만나고 오미년은 멀리 여행하며 신유년은 도적을 방비하며 술해년은 슬하에 경사있으리라.

여자운

중년수는 용이 여의주를 얻으니 조화 무궁하며 만물을 윤택케 하는 격이라. 이십사오세면 귀한 자식을 낳으며 남편궁에 경사있고 이십육칠세면 재물이 점점 늘며 길한 사람이 돕고 이십팔구세면 자손 경사있고 가정에 좋은 일이 생기며 삼십세면 가내에 우환이 있으며 부모궁에 근심이 되고 삼십일세면 남편궁에 기쁜 일이 있고 재수 대길하며 슬하에 액이 침로하고 삼십삼사세면 친족중에 음해하는 사람이 있어 손재하며 삼십오륙세면 신병이 침로하여 위태한 지경을 지내며 가정에 큰 불길한 일이 생기며 실물수 있고 삼십칠팔세면 슬하에 액을 당하며 손재하고 삼십구세면 남편의 일로 횡재하며 사십세면 악인의 해를 당하며 사십일세면 동남으로 귀인을 만나리라. 자축년은 자손 경사있고 인묘년은 신병이 두려우며 진사년은 남편의 근심이 크고 오미년은 놀랄 일이 있으며 신유년은 가정에 좋은 경사있고 술해년은 천금을 얻으리라.

제三편

말 년 운(末 年 運)

重 乾 卦 (중건괘)　　　　末年運

二一一一一二

남자운

말년수는 반길반흉(半吉半凶)한 수라. 삼십삼사세에 형제간에 흉한 일을 보며 삼십오륙세에 부모궁에 근심이 있고 인사를 받을 수요, 사십이 되면 자손에 경사가 많고 또 슬하에 극ㄴ심이 여러번 있으며 사십삼세후로는 재물이 점점 흩어지며 은인이 변하여 원수가 되며 신유년에 상처수 있고 진술년에 가정에 변이 생기며 사십구세에 원방으로 큰 재물이 오며 오십 이후로는 벼슬을 그만두고 집으로 돌아가며 오십사오세에 자손에 일희일비(一喜一悲)할 일이 있고 오십칠팔세에 병이 들면 오래 고생을 하리라. 자손이 효성이 지극함으로 말년에 복을 누리며 자손이 만당하고 친척이 화목하나, 다만 부족한 것은 재물이 넉넉지 못함이라. 일자종신(一字終身)하리라.

여자운

말년수는 용이 여름 하늘에 여의주를 얻어 풍우를 일으켜 만물을 유택하게 하다가 기러기 우는 소리에 놀라 조화 무궁함을 지고 바다로 돌아가는 격이라. 자손을 원방에 두고 돌아오기를 기다리는 격이오. 사십후로는 일이 적고 몸이 편하나 흉중에 가득한 회포를 스스로는 억제치 못하는 형상이라. 사십일이세에 좋은 경사를 보지 못하면 슬하에 액이 있고 진년이나 인묘년을 당하면 복을 입을 수요. 인신년은 형제궁에 눈물을 뿌릴 수며 사십사오세는 타인의 음해로 재물이 흩어지며 오십이 되면 자손의 경사로 집이 다시 일어나며 귀인이 도와 백사대길(百事大吉)하리라. 평생에 성격이 순박하고 후하면 말년에 복을 누리고 그렇지 않으면 고생이 심하고 노년에 적막한 신세를 자탄하리라. 이자종신(二子終身)하며 수명은 오십을 지내면 팔십구세가 정명(定命)이라.

- 167 -

天澤履卦(천택이괘)   末年運

남자운

말년수는 장사로 만금을 쌓아 태평가를 부르는 격이라. 오십후로 대통운이 들면 칠팔년동안 재앙이 없고 복록이 많을 수라. 용이 풍우를 몰라 변화를 부리니 만물이 때를 타 번성함이로다. 진술미년이 돌아오면 귀자를 낳으며 봉과 용이 상서를 드리는 격이오. 신유년이 돌아오면 재록이 만당하며 전토(田土)가 사방에 있도다. 그러나 평생에 오래 쌓인 원망으로 몸에 병이 되리라. 육십이 가까워 오면 재물은 흩어지고 육십일이세면 뜻밖의 화를 받겠고 육십오륙세면 형제궁에 액이 있고 처궁에 근심이 떠나지 않으리라. 인신년에 자손의 일로 구설이 요란하고 또 자손에 경사 무진할 수요. 일자(一字)가 종신(終身)하며 수(壽)는 육십칠세가 정명(定命)이라.

여자운

말년수는 이별수 있고 적적한 공방(空房)중에 자손을 희롱하고 세월을 보내는 격이라. 세상 고락을 많이 지내고 귀한 자손의 효성으로 몸이 편하고 기운이 강건한 격이라. 소가 농사를 마치고 가을 밭에 누웠으니 괴로움은 가고 길한 일은 옴이로다. 사오년에 자손궁에 살기가 침범하니 액이 두려우며 인묘년은 병이 몸에 더하며 진술년은 슬하에 경사 있고 오십삼세는 가정에 악인을 조심하며 오십육칠세는 꽃이 만발한 중에 봉이 쌍쌍이 노는 격이오. 육십세면 병이 들어 크게 고생하며 이로 인하여 병근을 없애지 못하고 자리에 누워 수 삼년 고초를 지나며 이자종신(二子終身)하리라. 수(壽)는 육십을 넘기면 칠십삼세까지 살으리라.

天火同人卦(천화동인괘) 末年運

一
三

남자운

말년수는 진흙에 묻힌 옥이 때를 만나 진흙에서 벗어나며, 낚시에 걸린 고기가 바다로 돌아가는 격이라. 하늘의 복덕성이 비춰여 복록이 만당하며 부귀를 겸전한 격이며 인신년에 만금을 수중에 희롱하며 사년과 오년은 처궁에 이별수 있으며 오십후로 집을 동서로 나누고 처첩을 두며 오십삼사세는 타인의 말을 들으면 손재수 있고 또 관액이 두려우며 오십오륙세면 원방으로 귀인이 스스로 와서 북으로 만금을 얻으며 오십칠팔세면 자손궁에 놀랄 일이 있고 또 경사 있으리라. 이 사주는 말년운이 대통하며 자손이 만당하여 하늘이 주시는 복을 받으며 육십후면 세상에 근심없는 늙은이가 되며 이자종신(二子終身)하리라. 정명(定命)은 오십일이세를 지나면 육십오세가 되리라.

여자운

말년수는 호랑이가 백수중에 왕이 되니 호평이 엄숙하며 위엄이 상설같도다. 세상의 풍파를 많이 지내고 말년운을 당하여 고생을 물리치고 복록을 누리는 격이라. 근심되는 자손이 효성으로 섬기며 가정이 화목하고 식구가 점점 늘며 악인이 변하여 착한 사람이 되리라. 사오인년이 돌아오면 친족간에 음흉한 사람의 모함으로 재물이 손해되며 자손에게 화가 미치리라. 진년이 돌아오면 자손으로 인하여 탄식할 일이 있고 오십이세에서 오십육세까지 오년 동안은 몸에 병이 두렵고 가정에 변이 있으며 음인의 해가 있으리라. 오십칠팔세는 기쁜 소식을 들으며 육십후면 신병이 종종 끊어지지 않으리니, 이는 사주에 상형살이 침범한 까닭이라. 삼자종신(三子終身)하며 정명(定命)은 사십오세를 지나면 육십팔세가 되리라.

天雷無妄卦 (천뢰무망괘)　　末年運

남자운

말년수는 인간에 일이 많고 재앙이 자주 침범하며 관재가 두려운 격이라. 벼슬을 하면 파직하며 장사하면 재물을 쌓으리라. 가정에 괴이한 일이 있고 자손으로 근심이 많으며 또 상처수 있으리라. 사십후에서 오십세까지 십년동안 나비가 등잔에 듦이오. 꽃이 바람을 만난 격이라. 가정에 불길한 일이 종종 있으니 이는 사주에 희살이 있어 액이 돌아옴이오. 오십후면 흙이 변하여 황금이 되며 옥이 변하여 구슬이 됨이라. 오십일이세가 되면 오래 소식이 끊어졌던 사람이 도와 이름이 사방에 진동하며 집에 경사가 자주 있으며 오십사오세면 자손궁에 기쁜 일이 있고 오십칠팔세면 구설이 요란하며 송사(訟事)되기 쉽고 육십이 되면 명산에 뜻을 두고 진토를 사양하며 명승처에서 도학을 수련하는 격이니 좋은 인연이 중한 상이오. 일자종신(一子終身)하며 칠십이 되리라.

여자운

말년수는 봉황이 성인을 만나지 못하매 때를 기다리는 격이오. 새가 외나무 가지에 깃들이는 모양이니 기쁜 중에 근심을 홀로 함이라. 자손에 액이 중하며 몸에 병이 위급하여 수년을 고생하리라. 사십팔구세가 위태하고 오십을 당하면 액운이 물러가고 길운이 돌아오며 심중에 맺힌 회포를 풀며 귀인이 서방으로 도와 길한 일이 많으리라. 평생에 하는 일이 중간에 풍파가 많고 타인의 비웃음을 받으니 이는 사주에 천강성이 비춰여 일을 방해함이라. 오십사세가 되면 가정에 경사있고 오십오륙세면 구설이 왕래하는 중에 또한 기쁜 일이 있고 오십팔세가 되면 슬하에 근심이 있고 육십이 되면 재물이 점점 늘며 부자 노인이 되리라. 육십사오세면 몸에 큰 병이 침범하여 눈이 상하며 수족이 편안치 않으리라. 수(壽)는 오십을 지나면 육십칠세이며 종신(終身)할 자손이 없으리라.

 # 天風姤卦(천풍구괘)

末年運

남자운

말년수는 마음 덕으로 흉한 것을 제어하고 흉한 일을 추창함이라. 하늘에 문창성과 무곡성이 비춰니 액이 있으면 길인이 동서에 있어 화를 면하며 형제같은 귀인이 도우니 흉한 일이 변하여 길한 일이 되도다. 외로운 배가 만경창파에 떠다니다가 풍랑을 만나매 위태함이 조석에 있다가 하늘의 이치가 헤아리기 어려운 고로 바람이 쉬고 순풍을 만나 평지에 도달하는 격이니 공을 쌓으면 자연 좋은 일이 돌아오리라. 사십삼사세면 평지에 풍파가 올 수요. 사십오륙세면 땅을 파 금을 얻으며 사십팔구세면 귀인이 서북방으로 나와 재물을 얻으며 오십이세면 구설이 빈번하여 송사(訟事)되며 관직이 있으리라. 오십오세면 원방에서 재물이 수중에 들어오며 육십이후면 범이 가을 밭에 내리는 격이라. 몸은 수고로우나 식록이 무궁하며 진술년이면 슬하에 경사있고 인묘년이면 병이 있으며 수한(壽限)은 칠십이오 삼자종신(三子終身)하리라.

여자운

말년수는 흉한 중에 대길한 형상이라. 하늘이 명하신 팔자를 지키고 복을 아끼어 일생을 잘 지내리라. 고기가 천년을 수도(修道)하여 용이 되니 여의주를 구하지 못하다가 일조(一朝)에 얻으나 때가 추동절이라. 또한 뜻은 있으나 이르지 못하다가 서남방으로 귀인을 만나 조화를 부리며 춘하간에 만사가 뜻대로 되리라. 평생에 근심되는 일은 자손의 일이라 이는 천살성이 자손궁에 비친 까닭이라. 사십세면 슬하에 근심이 있고 사십일세면 가내에 변괴가 대기하며 또 이별수 있고 사십사오세면 남편궁에 일이 없으면 멀리 여행하며 사십육칠세면 기쁜 소식이 들리며 오십세면 자손 경사있고 오십이삼세면 백호살이 침범하여 집안의 식구를 덜며 또 부모에 효복이면 관재와 구설이 요란하며 육십이후면 만사를 다 버리고 편안한 정복을 누리리라. 수한(壽限)은 오십사오세를 지나면 육십이세가 되며 일자종신(一子終身)하리라.

天水訟卦 (천수송괘)

末年運

남자운

말년수는 기린이 성세를 마치고 어진 신하가 밝은 인군을 만나도다. 평생에 액이 진하고 춘풍이 불매 백화가 만발하여 가지가지에 꽃이 열리며 봉접(蜂蝶)은 흥을 이기지 못하여 상하로 날도다. 말년운이 대통한 수라. 상서로운 일이 가정에 가득한 격이라. 재물을 날로 쌓으며 가족이 화목하고 식구가 점점 더하리라. 사십일이세면 여자 중에 착한 사람을 만나며 재수 대통하고 악한 살성이 변하여 복덕성이 되며 온갖 일이 형통하고 사십사오세면 슬하에 경사 있고 봉황이 문전에 춤을 추는 격이오. 사십육칠세면 놀라며 구설수 있고 관재가 두려우며 사십팔구세면 눈물이 옷깃을 적시며 오십이삼세면 일희일비할 일이 있고 사오년은 처액을 조심하라. 인묘년은 모친에 병이 침범하리라. 수한(壽限)은 오십이세를 지나면 오십구세가 정명(定命)이오. 이자종신(二子終身)하리라.

여자운

말년수는 돌 가운데 아름다운 옥이 어진 장인(匠人)을 만나 구슬이 되는 격이라. 고락을 지낸 후에 밝은 복이 돌아오며 재앙이 변하여 경사가 됨이라. 말년수가 대통하니 복록이 진하며 자손이 창성하리라. 사십세가 되면 모든 근심이 봄 눈 쓸듯하고 사십일이세가 되면 슬하에 액이 있으나 구원할 사람이 있고 흉한 일이 변하여 길한 일이 되며 사십삼사세면 재물에 조금 해가 있고 구설수 있으며 사십오륙세면 몸이 비단옷을 입고 장안의 큰 길에 광채를 흩날리며 오십이 되면 타인과 송사치 말며 오십삼사세면 여자를 가까이 말지라. 오십칠팔세면 문전에 상서로운 일이 있고 육십후면 무궁한 복을 누리며 자손궁에 기쁜일이 많으리라. 인묘년에 신액이 있고 사미년은 형제간에 눈물을 흘리며 오년은 송사하는 중에 길하리라. 수(壽)는 오십을 지나면 육십팔이 정명이오. 일자종신(一子終身)하리라.

天山遯卦 (천산둔괘)

末年運

남자운

말년수는 대장부의 지위가 높고 공을 이룬 후에 벼슬을 사양하고 임전락을 취하며 성정이 수려하며 도학을 공부하는 격이라. 티끌과 같은 속세에 영욕(榮辱)을 다 버리고 무쌍한 경개를 사랑하니 남에게 진 빚에 말미를 허락하는 짝이로다. 사십 후로 뜻이 굳세고 마음이 전일(專一)하여 재화됨을 물리치며 부귀영욕에 탐내는 마음이 없으니 신선과 같으며 사십오륙세에 병이 들면 수년 동안을 고생하며 사십칠팔세면 처궁에 눈물을 흘리며 오십이세면 재물궁에 흉살이 침범하며 오십삼사세면 원방으로 집을 떠나기 쉽고 그렇지 않은즉 몸이 타향에 머무르리라. 육십이 되면 편안한 맑은 복을 누리며 사오년은 놀랄 일이 있고 인묘년은 전토(田土)나 가옥에 일이 있고 진술년은 재물에 손해가 많으며 해자년은 귀인의 도움이 있어 길사(吉事)중중하리라.

여자운

말년수는 천살성과 복록성이 쌍으로 비취니 흉한 중에 구하는 사람이 있고 화액중에 길한 일이 있는 격이라. 사십일이세면 친족중에 흉한 사람이 있어 무단히 해를 입히며 구설이 요란하고 슬하에 액이 있으며 사십삼사세면 병살이 있고 가정에 불길한 변이 생기며 사십오륙세면 뜻밖에 횡재하며 만인의 인사를 받을 수며 사십칠세면 원방으로 친족간에 귀인이 우연히 도와 화액이 물러가고 기쁜 일이 많으며 사십팔세면 집이 요란하며 관재와 횡액이 침범하니 오십이 되면 길한 일이 일조에 이르며 오십삼사세면 오래 기다리던 사람을 만날 수요. 오십오륙세면 화재를 조심하고 오십칠팔세면 금옥이 만당하고 상서로운 기운이 가정에 자욱하리라. 진사년은 신병이 있고 인묘년은 재물이 스스로 오며 신유년은 백사(百事)대길하리라. 수(壽)는 사십을 지나면 칠십까지 살고 자손에게 유언할 곳이 없으리라.

天地否卦(천지비괘)

末年運

남자운

말년수는 소인이 조정에 가득하니 귀한 벼슬을 사직하고 고향으로 돌아가는 격이라. 늙은 용이 춘하절에 비를 이루며 만물을 윤택케한 후 추동절을 당하여 기운을 거두고 숨는 형상이니 세상 부귀를 지내고 집에 돌아와 청한한 복을 받는 격이라. 사십후로 재물이 차차 적어지며 사십칠팔세면 놀라고 두려운 액이 있고 사십구세면 눈물을 뿌리며 오십세면 처궁이 산란하고 오십일세면 슬하에 액이 있고 오십삼사세면 사람이 도와 천금을 얻으며 오십오륙세면 송사에 시비가 있고 오십칠팔세면 신병으로 고생되며 육십후면 몸이 한가하리라. 인묘년은 사람이 흩어지고 신유년은 화가 재물궁과 처궁에 있으며 해자년은 만금을 쌓으며 진술년은 문전에 기쁜 일이 있으리라. 수한(壽限)은 팔십이니라.

여자운

말년수는 날이 서산에 지고 달이 동녘에서 뜨니 밤이 깊어 온갖 소리가 그치어 조용해지고 번화한 초목군생(草木群生)이 고요하며 각각 처소를 편히하고 밤경치를 감상하는 격이라. 말년운은 반길반흉하니 사십일세면 슬하에 즐거운 일이 있고 사십삼사세면 이별수 있으며 천리에 바라는 회포가 간절하며 사십오륙세면 놀라며 일이 생기고 재물에 해가 있고 사람과 말로 시비가 일며 사십칠팔세면 동북방으로 재물이 생기고 화액이 물러가고 오십이 되면 자손 같은 귀인이 스스로 와 경사를 드리며 오십삼사세면 가정이 요란하며 집을 먼 곳으로 이사하며 오십오륙세면 악인이 변하여 은인이 되며 육십이되면 패가 할 수며 육십후면 외로운 몸으로 자탄가를 노래하리라. 인묘진년은 신병을 조심하며 해자년은 재수길하며 오미년은 귀인이 도와 온갖 일이 뜻대로 되리라. 육십이세가 정명(定命)이라.

澤天夬卦(택천쾌괘)   末年運

남자운

말년수는 춘풍이 화창한데 백화가 만발하니 풍류자제들이 춘흥을 희롱하며 태평성세를 노래하는 격이오. 하늘이 비를 내리며 만물을 윤택케 하는 수라. 말년은 복록이 무궁하니 부귀겸전하리다. 사십일이세에 자손ㅅ의 경사 있고 재물이 이르며 사십삼사세면 사람을 조심하고 허황한 일을 경영하지 말며 사십오륙세면 귀인이 남으로 오며 토지를 넓히고 사십칠세면 시비가 요란하며 송사되기 쉽고 사십팔구세면 가정에 일이 있고 뜻밖에 놀라고 오십세면 음인이 해코져 하니 재물이 손해되며 오십팔구세면 신병이 있고 육십후면 환란이 많으리라. 사오년은 자손에 액이 침범하고 신유년은 재물을 쌓으며 인묘년은 이별수 있으며 진술년은 처궁에 변이 생기며 미년은 귀인이 도와 대사(大事)를 성취하리라. 수한(壽限)은 삼십칠세를 지나면 육십구세가 되며 이자종신(二子終身)하리라.

여자운

말년수는 천년을 수도한 고기가 변하여 용이되며 여의주를 얻어 무궁한 조화를 부리는 격이오. 재주를 흉중에 품고 인간을 구제함이라. 말년복이 대통하도다. 사십일이세면 슬하에 기쁜 일이 있고 사십세면 두사람이 남으로 와 횡재케하며 사십오륙세면 식구가 줄어들게 되어 슬픈 회포를 금치 못하며 사십칠팔세면 기린과 봉황이 문전에서 춤을 추며 오십일이세면 한번 얻고 한번 잃을 수며 오십사오세면 재물에 낭패가 있으며 오십칠팔세면 신병이 침범하며 육십이후면 가정운이 불길함이 많으며 신유년은 옥과 금이 만당하며 진사년은 슬하에 액이 있고 해자년은 관재와 구설이 왕래하며 오미년은 눈물을 뿌리며 술년은 신병이 있고 인묘년은 귀인이 도와 만사가 뜻대로 되며 수한(壽限)은 팔십구세이고 삼자종신(三子終身)하리라.

重 兌 卦 (중태괘)

末年運

二二二

남자운

말년수는 일이 사방에 많고 몸이 분주하며 외방에 역마성이 비춰니 천리타향에 외로운 객 (客)이 되며 풍상고락을 여러 해 지내고 액운이 점점 물러가매 고향으로 돌아오는 격이라. 사십삼사세에 재물을 탕진하며 가정에 환란이 끊어지지 않으며 사십오륙세에 대나무 지팡 이와 짚신으로 천리 강산을 유람하는 격이오. 사십칠팔세면 부모같은 귀인이 우연히 도와 몸이 편하며 사십구세, 오십세면 고향에 돌아와 자손을 가르치며 청한한 경치를 사랑하며 오십삼사세면 처궁에 병이 있고 몸에 신병이 두려우며 오십칠팔세면 자손으로 인하여 천 금을 얻으며 화액이 물러가고 복록이 날로 이르리라. 해자년은 재수 길하고 신유년은 만사 가 대길하며 오미년은 사람을 의심하지 말며 진사년은 도적의 화를 조심하며 인묘년은 부 모궁에 악성이 비춰며 자축년은 대길하리라. 수한(壽限)은 육십이오 일자가 종신(終身)하리 라.

여자운

말년수는 부지런함으로 복을 받으며 수고로운 일로 성공하며 자기의 권도로 만사를 다스 리는 격이라. 가정에 화기가 융성하며 자손이 만당하리라. 사십일이세면 공든 탑이 일조에 무너지며 사십삼사세면 이별수 있고 신병이 되기 쉬우며 사십오륙세면 동남으로 천금을 얻으며 귀인이 도와 화액을 물리치며 사십칠팔세면 형제같은 사람이 원망스런 마음을 품 으매 방해로운 일이 생기며 오십이세면 자손에 경사있고 오십삼사세면 실물수 있고 오십 팔구세면 복록이 날로 오며 경사있으리라. 육십후면 한가한 몸으로 태평을 노래하리라. 해 자년은 자손에 액이 있고 사오년은 구설과 관액이 있고 인묘년은 병이 없으면 가정에 화 란이 생기며 신유년은 슬하에 경사가 있어 만인의 치하를 받으며 진미년은 이름이 사방에 진동할 수니라. 수한(壽限)은 이십팔세를 지나면 육십이세가 되며 이자종신(二子終身)하리 라.

澤火夬革(택화혁괘)

末年運

남자운

말년수는 소상강에 뚜렷히 뜬 달이 교교히 밝은 중에 높이 나는 저 기러기 벗을 찾노라. 사방으로 방황하며 슬피 우는 격이라. 말년에 짝을 잃고 적적한 빈 방에 홀로 앉아 자탄함이니라. 사십일이세면 서산에 눈물을 흘리며 사십삼사세면 서북간으로 길인이 도와 재물을 얻으며 사십오륙세면 자손 경사 있고 녹을 얻으며 사십칠팔세면 고기가 용문에 노는 격이며 오십이삼세면 이름이 원근에 진동하며 오십오륙세면 멀리 여행하면 길하며 노상에 길성이 비쳤으니 만사가 뜻대로 되리라. 진술년은 신병이 있고 인묘년은 슬하에 경사 있고 사오년은 재록이 스스로 오리라. 수한(壽限)은 이십을 지나면 오십구세가 정명(定命)이오. 일자종신(一子終身)하리라.

여자운

말년수는 돼지가 가을 밭에 드니 사람의 시비는 많으나 식록이 풍부하며 몸이 수고롭지 않도다. 평생에 나를 도와주는 사람은 적곡 무단히 비방하는 사람은 많도다. 사십후면 의식이 유족하고 자손에 근심되는 일이 차차 사라지며 가정이 편안하리라. 사십일이세면 귀인이 오며 만사가 대길하고 사십삼사세면 불의의 화가 당도하며 재물에 해를 보고 사십오륙세면 슬하에 일희일비(一喜一悲)하며 오십세면 운이 대통하며 오십삼사세면 치하를 받을 수요. 오십오륙세면 사람의 모함을 받으리라. 사오진년은 금과 옥이 만당하고 인묘년은 신병이 나 가정에 불길한 일이 있고 신유년은 토지를 사방에 넓히며 자년은 호랑이가 함정에 빠진 격이오. 미년은 공연한 구설이 요란하리라. 수한(壽限)은 육십구세가 되고 이자종신(二子終身)하리라.

澤雷隨卦(택뢰수괘)

末年運

남자운

말년수는 설중에 매화가 만발하며 향기가 사람에게 침로하니 만인이 다 사랑하며 사모하는 격이라. 꽃다운 이름을 후세에 전하니 짐승중에 기린이오. 비조(飛鳥)중에 봉황이며 사람중에 호걸이라. 사십 후로 진동하는 이름이 한 세상에 날리며 오십일이세면 자녀, 친족이 치하를 드리며 오십삼사세면 자손에 경사 있고 오십오륙세면 문전에 일이 있고 처궁에 근심이 되며 오십칠팔세면 신병이 있거나 슬하에 액이 있으며 육십후면 복록이 무궁하리라. 해자년은 시비가 요란하며 인묘년은 재물이 손해되며 사오년은 토지를 더하며 신유년은 문전에 기쁜 소식이 들리며 진술년은 가내에 이상한 일이 있으리라. 칠십이세가 정명(定命)이오. 일자종신(一子終身)하리라.

여자운

말년수는 장장한 여름 날에 청담한 경개를 취하여 명산에 몸을 깃들이니 신선의 인연이 중한 격이라. 사십후로 세상의 낙(樂)을 누리지 않고 한가히 성정을 수련하며 불도를 사모함이라. 오십일이세면 자손에 치하를 받으며 오십삼사세면 길인이 서방으로 이르며 오십오륙세면 신병이 있고 몸에 재앙이 미치며 오십칠팔세면 집을 멀리 이사하거나 몸이 타향에 객(客)이 되며 노복등의 일로 인하여 크게 놀라며 병이 되기 쉬우리라. 육십일이세면 이별수 누가 능히 막으리요. 육십이세 이후로 하늘의 복을 마치고 신선의 인연을 맺으리라. 인묘년은 재물이 오며 진사년은 자손 경사 있고 신유년은 남편궁에 일이 있거나 관재로 근심하리라. 사미년은 가정에 일이 생기며 식구가 줄어들리라. 육십팔세가 정명(定命)이오. 일자종신(一子終身)하리라.

澤風大過卦(택풍대과괘) 末年運

남자운

말년수는 깨진 거울이 다시 합하며 이지러진 달이 원만하며 맑은 연못에 장마비로 인하여 물이 가득차니 고기의 기운이 뜻하는 바와 같이 되어 뽐내는 격이라. 말년수가 오래 타향에 머무르다가 일조에 수레와 말을 갖추고 집에 돌아오니 처자간에 기쁜 것과 친척의 치하함에 화기가 흉융하도다. 사십 이후에 역마성을 띠여 사방에 돌아다니다가 오십운에 당하니 일시에 영화가 새롭도다. 오십일이세면 문전에 경사를 드리며 오십삼사세면 처궁에 액이 있고 재물에 패가 있으며 오십칠팔세면 신액이 범하며 오십구세는 자손의 일로 인사를 받으며 육십후는 복록이 무량하리라. 인오술년은 관재가 있고 해자년은 재수 있으며 사신년은 대길하리라. 삼십오세를 지나면 구십이 정명(定命)이라.

여자운

말년수는 남편궁에 이별수 있고 자손궁에 경사 있으며 재물이 넉넉하여 복을 무한히 지키며 별로 근심 될 일이 없으나 다만 신병으로 인하여 기상이 초췌하리라. 사십 이후로 고기가 물을 얻음이오. 용이 바다로 돌아감이라. 오십일이세면 사람의 말을 듣지 말고 허욕을 생각지 아니함이 대길하며 오십삼사세면 슬하에 탄식하며 오십육칠세면 비단 옷을 입고 만인의 인사를 받으며 육십이후는 부자 노인이 되리라. 해년은 눈물을 서산에 뿌리며 자축년은 집에 변이 생기리니 동방으로 이사하면 길하며 인신년은 구설이 오래 분분하며 진사년은 길인이 사방으로 모이며 술년은 신병이 위태하며 가정에 화재를 조심하며 악인을 물리치리라. 수한(壽限)은 팔십이세이며 후사를 부탁할 곳이 없으리라.

澤水困卦(택수곤괘)　末年運

남자운

말년수는 복덕성이 비춰니 매사가 성공하며 귀인이 사방에 있도다. 옥과 금이 집에 가득하며 자손이 많고 노복등이 풍족하리라. 고생이 다하고 복이 무궁하리라. 삼십후로 인간 고생이 눈쓸듯 없어지며 사십이후로 용이 여의주를 얻은 격이라. 사십구세에 귀인이 도와 만사가 대길하며 오십일이세면 처궁에 재앙이 있고 오십삼사세면 금옥을 쌓으며 오십오륙세면 처자궁에 경사가 무궁하며 횡재할 수며 오십칠팔세면 구설수 있고 육십 이후는 부자 노인이 되며 무량한 복을 누리며 자손이 만당하리라. 인묘년은 슬하에 근심이 있고 신유술년은 문전에 경사 있고 재물이 늘며 오미년은 처자궁이 불길하며 자축년은 만사 대길하리라. 수(壽)는 육십이고 삼자종신(三子終身)하리라.

여자운

말년수는 만고에 견디기 어려운 풍상을 지니고 달이 공중에 뚜렷이 밝으며 거북과 봉황이 상서를 드리며 문전에 재운이 찬란한 격이라. 복록이 무궁하며 경사가 많으리라. 사십후로 모든 액이 사라지며 은금이 사방으로 이르리라. 사십일이세면 귀인이 동남으로 오며 자손에 기쁜 경사 있고 사십삼사세면 반가운 사람이 스스로 오고 가정에 식구가 늘며 사십오륙세면 토지일로 횡재하며 사십칠팔세면 구설과 실물수 있으며 사십구세면 신병이 있고 오십이삼세면 멀리 여행하지 않으면 이별수 있으며 오십오륙세면 희기가 만당하며 오십팔구세면 화재를 조심하고 육십후면 만사가 여의대통하리라. 인묘년은 도적의 액화가 있으며 사오년은 슬하에 기쁜 일이 있고 진술년은 횡재수 있으며 축미년은 관액이 두려우며 그렇지 않으면 구설이 분분하고 해자년은 길인이 도와 큰 일을 성취하리라. 수한(壽限)은 사십세를 지나면 칠십삼세가 되리라.

澤山咸卦(택산함괘)

末年運

二七

남자운

말년수는 바람과 비가 천지간에 몽롱하니 일월이 무광(無光)하며 만물이 번성치 못하다가 하늘의 조화가 잠시 변하여 구름이 차차 흩어지는 격이라. 세상에 천만가지 일이 모두 사주팔자에 따른 격이니 마음을 억지로 하면 화를 보리라. 사십후면 성패가 많고 오십일이세면 친족간에 귀인이 있고 오십삼사세면 재물을 얻으며 가정에 좋은 일이 있고 오십오륙세면 큰 일을 경영치 말고 분수를 지키며 사람의 말을 듣지 않는 것이 좋으며 오십칠팔세면 자손의 경사 있고 횡재수 있으리라. 인묘년은 구설이 있고 진사년은 외방으로 가지 말며 허욕을 내지 말고 오미년은 관재를 조심하며 시비를 일으키지 말며 신유년은 복록이 넉넉하며 가정에 경사 있으리라. 수한(壽限)은 칠십이오. 이자종신(二子終身)하리라.

여자운

말년수는 인간 영욕을 다 지내고 성정을 수련하며 도학을 공부하고 이 세상을 사양하고 도량이 지극하니 신선의 인연이 중한 격이라. 명산승지에 청한함을 취함이라. 사십후로 풍상 고락을 많이 지내며 사십칠팔세면 뜻밖의 신병이 중하며 사십구세면 가내에 경사 있고 오십일세면 재물에 해가 있고 오십이삼세면 귀인이 도우며 소원을 성취하며 오십사오세면 이름을 명산에 드리며 무상한 큰 도리를 수련하며 오십육칠세면 동남으로 경영하는 일이 성공하며 오십팔구세면 실물수 있으리라. 육십후면 먹을 것은 적은데 할 일만 많으며 흉한 일이 변하여 길한 일이 되리라. 인묘년은 슬하에 경사 있고 해자년은 재록이 넉넉하며 사오년은 구설이 분분하며 진술년은 관액이 두려우리라. 미신년은 소원을 서남으로 이루리라. 수한(壽限)은 삼십오륙세를 지나면 오십팔세이며 삼자종신(三子終身)하리라.

澤地萃卦(택지취괘)

末年運

남자운

말년수는 오월에 서리가 치며 은인이 원수되며 재물이 흩어지고 환란이 종종 끊어지지 않으리라. 어려운 중에 친족간에 귀인이 도와 액을 물리치고 재앙이 사라지며 다시 일월이 밝으리라. 사십오륙세면 풍파 있으며 사십칠세면 처궁에 불길한 일이 있고 또 이별수를 당하며 오십세면 몸을 타향에 두고 길한 때를 기다리며 오십삼사세면 도중에 길인이 도와 바라는 일을 성공하며 오십육세면 횡재하고 여인을 만나 복록을 더하며 오십칠팔세면 관액을 조심하고 시비를 일으키지 말고 오십구세면 자손의 경사가 무궁하고 육십후면 귀인이 남으로 오며 만사가 대길하리라. 신유년은 이름이 사방에 울리며 자축년은 자손에 액이 있고 벼슬궁에 기쁜 소식이 있으며 인묘년은 큰 일을 성취하리라. 수한(壽限)은 육십오세이고 일자종신(一子終身)하리라.

여자운

말년수는 마음을 토지에 두고 농사에 힘을 쓰는 수며 자손을 가르치고 한가함을 취하는 격이라. 사십삼세면 형제간에 일희일비할 일이 있고 사십육칠세면 천금을 서북방으로 얻으며 사십팔구세면 자손에 경사있고 가정에 난처할 일이 있으며 오십일이세면 신병으로 오래 고생하며 오십삼사세면 기쁜 경사가 두 번 있고 실물수 있으며 오십오륙세면 원방에 사람이 도우며 근심을 덜어주니라. 오십칠팔세면 꿈이 산란하며 몸이 은근히 피곤하며 오십구세면 자손의 일로 재물이 생기며 육십이면 일은 작고 녹은 많으리라. 말년수가 반은 흉하고 반은 길하리라. 인묘년은 횡재하며 진사년은 눈물로 세월을 보내며 신유년은 실물수가 있고 가정에 도적이 생기며 술해년은 자손의 경사있고 반가운 사람을 만나리라. 수한(壽限)은 삼십세를 지나면 육십칠세이고 이자종신(二子終身)하리라.

火天大有卦(화천대유괘)   末年運

남자운

말년수는 천상(天上)에 학이 인간에게 내려오니 속세에 뜻이 없고 단지 성인의 덕행을 따름이라. 일조에 날개를 거두어 천상으로 돌아감이니 세상 만사에 경륜을 버리고 무상한 도학을 생각하는 격이라. 사십삼사세면 자손에 일희일비할 일이 있고 사십칠팔세면 외인의 구설을 상관치 말며 외방에 뜻을 두지 말것이오. 오십일이세면 횡재수 있고 귀인이 도와 소원을 성취하며 오십삼사세면 실물하며 가내에 변이 있고 형제간에 사이가 좋지 못하며 오십오륙세면 만사가 뜻대로 되며 육십이후면 먹을 것은 적은데 할 일만 많으리라. 진술년은 외방으로 가지 말며 인묘년은 만금을 얻으며 신유년은 자손에 액이 있고 오미년은 심중에 있는 소원이 성취되리라. 수한(壽限)은 육십구세요. 일자종신(一子終身)하리라.

여자운

말년수는 고기가 그물에 걸리며 행인이 길을 잃으니 진퇴양난이라. 방황하는 중에 현인의 구함을 입어 왕래가 무사한 격이라. 사십사오세면 화가 일면 슬픈 회포가 무궁하며 사십육칠세면 친족간에 귀인이 도우며 액을 물리치고 사십팔구세면 재물을 얻으며 가정에 경사 있고 오십일이세면 외인의 화를 받으며 실물수 있고 오십삼사세면 놀랄 일이 있고 외방을 행하기 쉬우며 오십오륙세면 슬하에 액이 있고 오십팔구세면 악인의 화를 막으며 귀인의 도움을 받을 수요. 육십이후면 자손이 만당하고 복록이 무궁하리라. 해년은 구설을 조심하며 진사년은 금옥이 만당하며 인묘년은 자손의 경사 있고 신유년은 횡재하며 오미년은 가정에 기쁜 일이 많으리라. 수한(壽限)은 오십칠세를 지나면 육십삼세이오. 이자종신(二子終身)하리라.

火澤暌卦(화택규괘)

末年運

남자운

말년수는 친족이 많으나 홀로 외로운 격이오 여러번 인간풍파를 지내며 사람의 도움이 적고 자기의 주선으로 모든 일을 살피며 동서로 다사(多事)하며 먹을 것은 적은데 할 일만 많으리라. 사십사오세면 역마성이 비춰여 외방에 일이 있고 사십오륙세면 가정에 액화가 있으며 사십팔구세면 재물을 북으로 얻으며 귀인을 만나고 오십일이세면 구설과 관액이 있고 오십삼사세면 세 사람과 경영하는 일이 반은 성취되고 반은 패를 보며 오십오륙세면 슬하에 경사 있고 오십칠팔세면 놀랄 일이 있으며 송사를 의논치 말고 오십구세면 신병이 있으며 육십일이세면 자손에 영화가 중하며 만사가 뜻대로 되리라. 사오년은 멀리 여행치 말며 인묘년은 재물이 오며 진술년은 귀인이 도와 대사를 성공하리라. 수한(壽限)은 칠십일이세고 종신(終身)할 자손이 없으리라.

여자운

말년수는 산을 파 금을 구함이니 몸을 부지런히 하여야 성공하리라. 사람의 방해 많으며 일에 낭패가 자주 있도다. 정성과 힘을 다하면 성사되며 복이 돌아오리라. 오십일이세면 실물수 있고 외인의 모함이 심하며 오십삼사세면 귀인이 도와 만금을 얻으며 오십오륙세면 복덕성이 가정에 비취니 재록이 무궁하며 오십칠팔세면 외방에 일이 있거나 친족간에 불길한 일이 있어 손재하며 또 구설이 분분하며 육십세면 자손의 경사 있고 재물을 한번 잃고 한번 얻으리라. 자축년은 눈물을 남산에 뿌리며 오랜 사람을 이별하고 인묘년은 자손 경사 있고 진사년은 도적을 조심하며 오미년은 타인의 말을 듣지 말며 신유년은 소원을 성취하며 술해년은 세 사람을 한가지로 다스리는 일에 성공하며 복록을 누리고 자손의 좋은 일이 많으리라. 수한(壽限)은 이십삼세를 지나면 육십팔세가 되며 일자종신(一子終身)하리라.

天澤復卦(천택복괘) 末年運

남자운

말년수는 광명이 사방에 비취니 날이 중천에 밝으리라. 평생에 영욕을 다하고 한가함을 취코져하나 여운이 다하지 못하매 소원을 원만히 성취하지 못함이라. 사십팔구세면 구설이 변하여 송사되기 쉬우며 오십일이세면 외방으로 경영하는 일을 삼사명의 사람과 동의하여야 대길하며 오십삼사세면 위태한 중에 편안하며 기쁜 중에 근심이 이르며 오십오륙세면 동방으로 길인이 도와 재수 재통하며 슬하에 좋은 일이 있고 오십칠팔세면 멀리 여행함이 길하며 멀리 여행치 않으면 신병으로 고생하며 오십구세면 사람을 조심하며 허황한 일을 의논치 말고 육십이후는 복록이 무량하리라. 인오술년은 재물에 패를 보며 송사에 들지 말고 멀리 여행치 말지니라. 해자년은 병이 아니면 가정에 변이 있고 신유년은 천금을 얻을 수라. 壽限은 삼십칠세를 지나면 육십칠세이오. 이자종신(二子終身)하리라.

여자운

말년수는 가정에 화재가 있고 관액으로 근심이 끊어지지 않으며 재물이 손해되리라. 친족이 많으나 비방하는 자가 많고 몰래 해코져 하나 귀인이 도와 액운을 물리치며 화를 멀리 하리라. 사십칠팔세면 몸이 외방에 머무르며 도중에 좋은 일을 보며 사십구,오십세면 천금을 서남으로 얻으며 오십일이세면 가정에 불길한 일이 있고 오십삼사세면 자손의 일로 몸이 피곤하고 손재하며 오십오륙세면 재물을 한번 잃고 한번 얻으며 오십칠팔세면 기쁜 중에 근심이 오며 물가를 조심할 수요. 육십세면 멀리 여행하지 말며 육십 이후는 길흉이 상반되며 평평 무사하리라. 진술년은 두 번 경사 있고 신유년은 가정에 변이 크며 외인의 구설이 은은하며 축미년은 大事를 다스리지 말고 재물을 의논함이 불길하며 자년은 황금을 얻으며 술해년은 눈물로 세월을 보내며 인묘년은 소원을 성취하리라. 壽限은 육십이세요. 일자종신(一子終身)하리라.

火雷噬嗑卦 (화뢰서합괘)

末年運

남자운

말년수는 바람이 산야에 부니 초목의 기운이 비로소 생기니 비단을 드린듯이 만물에 싹이 열리도다. 사십사오세면 이별수 있거나 신병이 있으며 사십육칠세면 횡재수 있고 사십팔구세면 구설과 우환이 끊이지 않는 격이며 오십일이세면 자손의 경사 있으며 서북으로 손재하고 오십삼사세면 관액이 없으면 사람의 방해많고 오십오륙세면 슬하에 일희일비하며 오십칠팔세면 멀리 여행함이 불길하며 육십후는 자손이 창성하며 복록이 무궁하리라. 해자년은 우환이 심하며 인묘년은 구설이 많고 진사년은 사람의 말을 조심하며 신유년은 슬하에 액이 있고 축미년은 횡재하며 귀인이 동북으로와 소원을 성취하며 오년은 집을 지키고 움직이지 아니함이 대길하리라. 수한(壽限)은 육십이오. 일자종신(一子終身)하리라.

여자운

말년수는 음양이 만물에 고르며 사시(四時)에 기운이 어김이 없으니 풍년들 징조라. 말년수가 대통하며 몸이 영귀하고 가정에 화기가 만발한 격이라. 사십칠팔세면 실물수와 구설이 분분하며 외인을 조심하고 오십세면 우환이 있으며 오십일이세면 자손의 경사 있고 재수 대통하며 토지를 넓히고 오십삼사세면 천리에 이별하였던 자손을 만나며 노복등의 충성으로 재물이 오며 오십오륙세면 한번 얻고 한번 잃을 수며 오십칠팔세면 이름이 사방에 진동하며 만인의 인사를 받을 수요. 오십구세면 구설이 요란하며 육십세면 신병으로 고생되며 육십일세면 가내에 경사 있으리라. 해자년은 자손간에 놀랄 일이 있고 신유년은 눈물을 뿌리며 사오년은 재수 대통하며 인묘년은 귀인이 남으로 오며 만사가 대길하고 진술년은 가정에 일희일비할 일이 있으리라. 수한(壽限)은 육십이세이고 이자종신(二子終身)하리라.

火風鼎卦 (화풍정괘)

末年運

三五

남자운

말년수는 인간 영욕을 구하지 아니하고 명산 대천에 뜻을 두고 무상한 도학을 수련코자 하며 청한한 경계를 좋아하는 격이라. 사십삼사세면 외방에 일이 많으며 한번 얻고 한번 패하고 사십오륙세면 관액과 구설을 조심하며 악인을 조심하라. 사십칠팔세면 가정에 경사 있고 슬하에 무궁한 좋은 일이 많으며 오십일이세면 도적이 가정에 있고 재물에 손해보며 오십칠팔세면 우환이 끊이지 않고 육십세면 먹을 것은 적은데 할 일만 많으리라. 육십이후 는 자손에 경사 많으리라. 해자년은 형제중에 액이 있고 인묘년은 손재하며 진사년은 동방 사람과 경영하는 일이 성취되며 신유년은 길인이 오며 소원 성취하리라. 수한(壽限)은 이 십삼세를 지나면 칠십세이고 일자종신(一子終身)하리라.

여자운

말년수는 땅을 파 물을 얻으며 귀인을 만나 만금을 쌓으며 태평가를 노래하는 격이라. 사 십칠팔세면 일이 많고 몸에 병이 침범하며 사십구세면 음인의 해를 조심하며 멀리 여행치 말고 집을 지키며 오십세면 자손의 경사 있고 외인의 구설이 많으며 남편궁에 근심이 중 하고 오십일이세면 집을 이사함이 길하고 오십삼사세면 가내에 흉한 사람을 물리치며 후 한을 방비하며 오십오륙세면 경사있고 재수 길하며 오십칠팔세면 놀라고 도적의 변이 있 거나 화재가 있으리라. 육십세면 신병이 두렵고 육십이세면 가정에 경사있고 신유년은 사 람의 모함을 당하며 인묘년은 슬하에 액이 있고 가내가 불평하며 해자년은 놀랄 일이 있 으며 사오년은 구설과 관액이 있으며 진술년은 재수 대길하리라. 수한(壽限)은 삼십이세를 지나면 육십구세이고 일자종신(一子終身)하리라.

火水未濟卦(화수미제괘)   末年運

남자운

말년수는 반은 길하고 반은 흉한 격이니 근심으로 세월을 보내며 자탄함으로 일을 삼으며 자손의 일과 친족의 일로 밤낮으로 근심이 많다가 귀인의 주선으로 일조에 액을 물리치고 화를 멀리함이라. 사십오륙세면 몸이 타향에 일이 많으며 사십팔구세면 신병이 있고 먹을 것은 적은데 할 일만 많으며 오십일이세면 기쁜 일이 많으며 자손 경사있고 오십삼사세면 기쁜 중에 근심이 오며 오십오륙세면 관액을 조심하며 재물에 패가 있고 오십칠팔세면 구설이 분분하며 가정에 변이 생기고 오십구세면 북으로 횡재하며 육십이세면 풍파가 다 물러가고 육십후면 피곤한 중에 편안하리라. 신유년은 외인을 조심하며 술해년은 멀리 여행하지 말며 오미년은 귀인이 인도하여 식록을 얻으며 인묘년은 슬하에 액이 있고 자축년은 소원을 남으로 성취하리라. 수한(壽限)은 육십일이세요. 이자종신(二子終身)하리라.

여자운

말년수는 인간 고생이 다하고 하늘에서 복덕성이 비춰어 재앙이 사라지고 경사 있으며 악인이 변하여 선인이 되며 흙이 변하여 황금이 됨이라. 사십삼사세면 친족중에 방해코져 하는 사람이 있어 재물을 손해보고 시비가 요란하며 사십오륙세면 가정에 경사있고 자손에 기쁜 일이 생기며 사십칠팔세면 실물수 있고 사십구세면 몸에 병이 침범하며 오십일이세면 관액이나 구설이 침범하며 오십삼사세면 문전에 인사를 받으며 오십오륙세면 귀인이 스스로 와 재물을 얻으며 오십칠팔세면 가정에 우환이 있고 식구를 덜며 오십구세면 자손의 경사있고 육십후면 흉한 일이 적고 길한 일이 많으리라. 신유년은 외인의 시비가 많고 술해년은 재수 길하며 자축년은 가내에 기쁜 일이 있고 인묘년은 허욕을 내지 말며 진사년은 만사에 뜻을 두지 말며 오미년은 횡재수 있으리라. 수한(壽限)은 육십삼세이고 일자종신(一子終身)하리라.

火山旅卦(화산려괘) 末年運

남자운

말년수는 평생에 바라던 아름다운 여자를 만나 인간 행락이 무궁하고 가정에 길한 경사 많도다. 사십오륙세면 슬하에 경사 있고 사십칠팔세면 손재수 있으며 외인의 해를 당하고 사십구세면 서남방으로 시비되어 송사키 쉽고 오십일이세면 눈물을 뿌리며 이별수 있고 오십삼사세면 만금을 얻으며 오십오륙세면 귀인이 오고 만사가 뜻대로 되며 오십칠팔세면 가내에 변이 있고 멀리 여행할 수 있으며 육십세면 경사 있고 육십일세면 봉황이 상서를 드리는 수니라. 인묘년은 자손에 액이 크고 해자년은 신병이 있고 신유년은 원방에 기쁜 일이 많고 자축년은 손재수 있고 진사년은 은인이 원수되며 구설이 요란하며 오년은 친족간에 근심이 있고 가정에 일득일실(一得一失)하고 일이 있으리라. 수한(壽限)은 육십칠세이고 이자종신(二子終身)하리라.

여자운

말년수는 가정에 영화로운 일이 많고 자손에 경사있으며 친족이 화목하니 만사가 대길하리라. 사십오륙세면 드러내지 못할 근심이 있고 사십칠팔세면 외인의 시비를 막으며 사람을 원통하게 말며 사십구세면 슬하에 액이 있고 흉한 중 길한 일이 생기며 오십세면 신수 태평하고 오십일이세면 문전에 경사있고 만인의 인사를 받으며 오십삼사세면 이름이 원근에 진동하고 오십오륙세면 신병이 있고 도적의 걱정이 있으며 오십칠팔세면 재수 길하고 가정에 기쁜 사람이 들어오며 오십구세면 구설을 조심하고 허욕을 내지 말며 육십세면 몸에 병이 두렵고 육십이후로는 먹을 것은 적은데 할 일만 많으며 횡재수 있으리라. 자축년은 눈물을 뿌리며 이별수 있고 인묘년은 가정에 좋은 일이 생기며 진사년은 놀랄 수 있고 오미년은 횡재하며 신유년은 용이 물을 얻음이오. 술해년은 이름을 사방에 떨치리라. 수한(壽限)은 칠십삼세이고 삼자종신(三子終身)하리라.

火地晋卦(화지진괘)   末年運

남자운

말년수는 돌아가는 기러기 짝을 잃으며 타향에 외로운 객(客)이 집을 생각하고 달 밝은 꽃나무 아래 사향곡을 노래함이라. 사십오륙세면 재수 길하며 자손에 좋은 일이 있고 사십칠팔세면 오랜 사람과 큰 일을 다스리여 반은 성공하며 사십구세면 구설이 많고 오십일이세면 근심이 흉중에 가득하고 자탄함이 많고 오십삼사세면 멀리 여행할 수 있고 오십오륙세면 만인의 인사를 받으며 가정에 일이 있고 오십칠팔세면 귀인이 도중에 있고 횡재수 있으며 오십구세면 놀랄 일이 있고 육십일이세면 소원을 성취하리라. 자축년은 문서상에 기쁜 일이 있고 인묘년은 외인의 모함을 막으며 진사년은 손재수 있고 오미년은 멀리 여행치 말고 신유년은 이름이 진동하고 술해년은 일희일비(一喜一悲)하리라. 수한(壽限)은 육십삼세이라.

여자운

말년수는 풍파가 많고 액이 심하며 외로운 회포를 금치 못하는 중에 귀한 친족이 스스로 도와 만사가 대길하리라. 몸을 부지런히 하여 적은 것을 쌓아 큰 것을 이루고 재물을 쌓으리라. 사십오륙세면 인사를 받을 수며 가정에 일이 많고 사십칠팔세면 기쁜 일이 일조에 생기며 원방으로 재수 있고 사십구세면 구설이 요란하고 오십일이세면 실물수 있고 오십삼사세면 놀라며 시비가 변하여 관재를 일으키기 쉬우니 조심하며 오십오륙세면 병이 두려우며 재수 대길하고 귀인을 만나며 오십칠팔세면 허욕을 내지 말고 분수를 지키며 오십구세면 가정에 일이 있고 육십세면 천록성이 가내에 비취니 재물을 얻으리라. 자축년은 눈물을 뿌리며 인묘년은 관재와 구설이 분분하며 진사년은 실물수 있고 오미년은 기쁜 중에 근심이 오며 신유년은 만사에 경륜치 말며 술해년은 경사있고 녹을 더하리라. 수한(壽限)은 삼십을 지내면 육십팔세이니라.

雷天大壯卦(뇌천대장괘) 末年運

남자운

말년수는 일이 많고 가정이 산란하며 마음을 진정하기 어렵고 재물에 성패가 있으며 위태한 중에 귀한 사람이 와 구하리라. 사십오륙세면 허욕을 생각지 말고 제 분수를 지키는 것이 길하며 사십칠팔세면 근심되던 일이 성사되며 사십구세면 실물수 있고 오십일이세면 신병이 두렵고 오십삼사세면 가정에 기쁜 일이 생기며 오십오륙세면 원방에서 귀인이 오고 재수 대길하며 오십칠팔세면 사람의 구원을 받아 소원이 이루어지고 오십구세면 슬하에 액이 있고 육십일이세면 가내에 경사있으리라. 진사년은 손재수 있고 오미년은 구설과 멀리 여행할 수가 있고 인묘년은 좋은 일이 생기며 자축년은 천금을 얻고 술해년은 실물수와 신병이 있고 집안에 악인이 침범하여 불의의 변이 있으며 자손궁에 일희일비하고 일이 생기리라. 수한(壽限)은 육십구세이고 일자종신(一子終身)하리라.

여자운

말년수는 세상에 일이 많고 영욕에 고락이 심하리라. 적은 것으로 인하여 큰 것을 얻으며 흉한 일이 변하여 좋은 일을 성사함이라. 사십사오세면 외로운 새가 약한 가지에 깃들인 격이오. 사십칠팔세면 기쁜 소식을 듣고 가내에 좋은 일이 있으며 사십구세면 실물수 있으며 오십일이세면 멀리 여행할 수가 있거나 이별수 있으며 오십삼사세면 동남쪽에 횡재수 있고 오십오륙세면 근심이 중하며 육십 이후로는 길함이 많고 흉함은 적으리라. 자축년은 구설이 요란하며 인묘년은 재수 길하고 진사년은 반가운 사람을 만나며 오미년은 슬픈 회포를 금치 못하며 신유년은 신병으로 고생하며 술해년은 서북으로 재물이 오리라. 수한(壽限)은 오십칠세를 지나면 육십이고 일자종신(一子終身)하리라.

雷澤歸妹卦 (뇌택귀매괘)   末年運

남자운

말년에는 살격이 있어 되는 일이 적고 근심이 많으며 몸이 곤하며 마음이 상쾌하지 않다가 동남으로 길인이 와 화액이 사라지리라. 사십삼사세면 여인으로 인하여 횡재하며 사십오륙세면 외방에 일이 많고 사십칠팔세면 악인의 일로 손재하며 구설이 분분하며 사십구세면 멀리 여행하기 쉽고 오십세면 자손간의 일로 좋은 일이 성사되며 오십일이세면 귀인이 오며 오십삼사세면 놀라고 오십오륙세면 재수 길하고 오십칠팔세면 가정에 변이 있고 육십세면 신병이 생기며 육십후는 평평하리라. 자축년은 실물수 있고 인묘년은 가정에 변이 있고 진사년은 재수 길하며 미년은 멀리 여행하며 신유년은 이별수 있고 술해년은 친족간 귀인이 있어 횡재하리라. 수한(壽限)은 이십일세를 지나면 팔십이 되리라.

여자운

말년수는 낚시대를 지고 물가로 가 백구를 벗을 삼고 세상의 영욕을 버리고 때를 기다리고 매일 죽을 먹고 낚시질함이로다. 사십오륙세면 신병이 많고 손재키 쉬우며 사십칠팔세면 몸에 길성을 띠어 귀인이 스스로 와 천금을 얻으며 사십구세면 집에 우환이 있고 오십일이세면 놀랄 일이 있고 오십삼사세면 재수 길하며 오십오륙세면 멀리 여행할 수 있고 희소식을 들으며 오십칠팔세면 횡재수 있고 구설이 요란하며 오십구세면 몸이 괴롭고 일이 많으며 육십세면 놀랄 일이 있고 육십일이세면 귀인이 동으로 와 재물을 쌓고 희소식을 전하리라. 해자년은 가내에 경사 있고 신유년은 사방에 일이 많고 인묘년은 악인이 모함하며 사오년은 신병이 있고 손재수 있으며 진술년은 구설이 분분하며 축미년은 횡재수 있으리라. 수한(壽限)은 오십삼세를 지나면 육십구세가 되리라.

雷火豊卦(뇌화풍괘)   末年運   四三

남자운

말년수는 돌 속에 묻힌 옥이 어진 장인(匠人)을 기다리며, 천리마가 영웅을 기다리는 격이라. 말년운은 곤궁함을 참으며 길한 때를 바라는 수라. 사십일이세면 형제간에 일희일비하며 사십삼사세면 처궁에 액이 있고 사십오륙세면 집안에 풍파있으며 사십칠팔세면 귀인과 대사를 경영하여 성취되며 오십일이세면 천금을 횡재하며 오십삼사세면 외방에서 희소식을 들으며 오십오륙세면 실물수 있고 오십칠팔세면 구설이 요란하며 오십구세면 길운이 돌아오리라. 자축년은 눈물을 뿌리며 인묘년은 놀랄 일이 있고 진사년은 신병과 가정에 변이 있고 오미년은 자손 경사 있고 신유년은 슬하에 액이 있으며 술해년은 세 사람과 한가지 일을 성사하리라. 수한(壽限)은 오십팔구세이고 이자종신(二子終身)하리라.

여자운

말년수는 소슬한 바람결에 회포를 노래하며 마음에 품은 한을 풀 곳이 없다가 서북으로 길인을 만나 소원을 성취하리라. 사십삼사세면 슬하에 액이 있고 사십오륙세면 귀한 사람이 스스로 오며 사십칠팔세면 가내에 불의의 변이 생기며 사십구세면 신병과 관액이 두려우며 오십일이세면 자손 경사 있고 재수 길하며 오십삼사세면 횡재하며 오십오륙세면 가정에 우환이 있고 식구를 덜며 오십칠팔세면 놀랄 일이 있으며 오십구세면 기쁜 소식을 들으며 육십세면 물가에 가지 말며 멀리 여행함이 불길하고 육십 이후로 자손이 창성하고 복록이 무량하리라. 신유년은 가내에 변이 있고 인묘년은 재수 길하며 사오년은 구설이 요란하며 해자년은 자손에 근심이 있고 진술년은 불을 조심하며 축미년은 횡재하리라. 수한(壽限)은 육십삼세이고 삼자종신(三子終身)하리라.

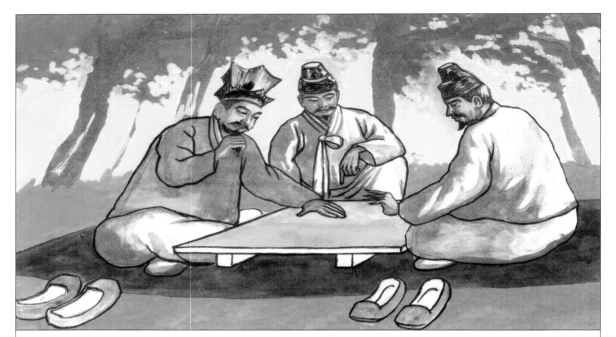

重 震 卦 (중진괘)

末年運

남자운

말년수는 기러기가 순풍을 만나며 초목에 봄이 돌아옴이라. 말년운이 대통하니 무궁한 복록이 진진하리라. 사십오륙세면 구설이 심하며 손재수 있고 사십칠팔세면 귀인이 동으로 오며 원방에 일이 잘되며 오십일이세면 횡재수 있고 자손에 좋은 일이 생기며 오십삼사세면 관액이 두렵고 송사를 일으키지 말며 오십오륙세면 재수 길하고 오십칠팔세면 도적의 근심이 있고 놀라며 오십구세면 멀리 여행치 말고 육십세면 가정에 좋은 소식이 있고 육십후로는 복록이 무량하며 자손이 창성하리라. 축미년은 역마성이 움직이고 진술년은 천금을 횡재하며 해자년은 실물수 있고 신병이 있으며 인묘년은 관재와 구설이 있고 사오년은 자손에 액이 있고 신유년은 눈물을 뿌리며 동으로 반가운 사람을 만나리라. 수한(壽限)은 육십육세이고 이자종신(二子終身)하리라.

여자운

말년수는 고기가 변하여 용이 되며 돌이 변하여 옥이 됨이라. 인간 영화가 무궁하니 하늘 록이 창성함이라. 사십오륙세면 기다리던 사람을 만나며 사십칠팔세면 사람을 의심치 말고 큰 일을 성사하며 사십구세면 구설이 분요하며 오십세면 손재수 있고 오십일이세면 자손의 경사 있고 오십삼사세면 놀라며 횡액이 있고 오십오륙세면 만금을 횡재하며 오십칠팔세면 가내에 이상한 일로 손재하고 사람을 이별하며 육십세면 문전에 경사가 많으며 만인의 치하를 받으리라. 육십 후면 자손의 번성함과 복록의 무량함을 노래하리라. 자축년은 놀랄 일이 있고 인묘년은 가내에 외방 사람을 두지 말며 진사년은 이름이 사방에 진동하며 오미년은 타인의 말을 듣지 말며 신유년은 천금을 횡재하며 술해년은 신병으로 고생이 심하리라. 수(壽)는 육십구세가 정명(定命)이고 일자종신(一子終身)하리라.

雷風恒卦(뇌풍항괘)

末年運

남자운

말년수는 사시(四時)가 항상 고르며 일월이 항상 밝으며 만물이 번창한 격이라. 사십삼사세면 가정에 좋은 일이 있고 사십오륙세면 눈물을 뿌리며 사십칠팔세면 신병이 있고 멀리 여행하며 사십구세면 구설이 요란하며 오십세면 자손간에 일이 있고 근심이 중하며 오십일세면 이름이 사방에 진동하며 오십삼사세면 자손 경사 있고 오십오륙세면 재수 대통하며 오십칠팔세면 실물수가 있고 슬하에 액이 있으며 오십구세면 경사 있고 육십세면 가내에 좋은 일이 있으며 육십후는 복록이 무량하리라. 인묘년은 눈물로 세월을 보내며 오년은 횡재하며 신유년은 금옥이 만당하며 해자년은 구설수가 있고 진술년은 송사되기 쉽고 축미년은 소원을 성취하리라. 수한(壽限)은 육십삼세이고 이자종신(二子終身)하리라.

여자운

말년수는 봉이 구슬을 물고 가정에 들어오며 날이 중천에 뜨니 사방이 밝음이라. 운수 대통하리로다. 사십삼사세면 가내에 악인을 물리치며 후환을 막으라. 사십오륙세면 자손 경사 있고 금옥이 만당하며 부모궁에 근심이 되며 사십칠팔세면 슬하에 액이 침범하며 손재수 있고 사십구세면 구설이 요란하며 오십세면 가정에 불길한 일이 생기며 오십일세면 횡재수가 있고 오십삼사세면 귀인이 스스로 오며 오십육세면 근심이 있는 중에 기쁜 소식을 들으며 오십칠팔세면 신병이 있고 손재하며 오십구세면 슬하에 근심이 있고 육십세면 몸이 한가하고 육십후는 자손이 번성하고 복이 무량하리라. 인묘년은 부모궁에 액이 있고 해자년은 관재수가 있고 사오년은 실물수가 있고 신유년은 가정에 경사있으며 기쁜 사람이 원방으로 오며 진술년은 재물이 만당하며 축미년은 만사 대통할 수니라. 수한(壽限)은 사십을 지나면 육십팔세이고 이자종신(二子終身)하리라.

雷水解卦(뇌수해괘) 　　末年運

남자운

말년수는 춘하추동(春夏秋冬)에 비와 바람이 때를 어기지 아니하니 사방이 무사하며 태평가를 노래함이라. 사십삼사세면 친족간에 귀인이 오며 사십오륙세면 구슬을 손안에 희롱하며 사십칠팔세면 슬하에 액을 면하기 어려우며 재물을 손해보고 사십구세면 외방에 역마성이 움직이며 오십세면 가내가 불안하며 슬픈 일이 있고 오십일이세면 기쁜 일이 많으며 오십삼사세면 큰 일을 경륜치 말며 오십오륙세면 처궁에 이별수가 있고 수선이 산란하며 오십칠팔세면 재수있고 오십구세면 가정에 경사 있으며 육십세면 횡재하거나 가내에 일이 있으리라. 인묘년은 송사가 일며 진사년은 신병이 있고 오미년은 부모궁에 근심이 있고 신유년은 재수 길하며 술해년은 멀리 여행하면 불길하고 자축년은 실물하리라. 수한(壽限)은 십구세를 지나면 육십이고 삼자종신(三子終身)하리라.

여자운

말년수는 오육월 장마 중에 우레가 천지를 진동하니 초목에 해로운 벌레가 다 놀라 떨어지는 격이라. 사십삼사세면 액운이 흩어지고 길운이 열리며 사십오륙세면 재수 길하며 사십칠팔세면 영화를 받을 수요. 슬하에 근심이 중하며 사십구세면 가내에 불의의 일이 있고 오십세면 실물하며 오십일이세면 친족간에 해코져 하는 자가 있어 해를 보며 오십삼사세면 경사있고 또 신병이 두려우며 오십오륙세면 귀인이 오며 오십칠팔세면 눈물로 자탄하며 만사에 뜻이 없고 오십구세면 재수가 동남으로 있고 육십후는 길흉이 상반되리라. 해자년은 놀랄 일이 있고 신유년은 이름이 사방에 들리며 인묘년은 이별수 있고 사오년은 가정이 요란하며 횡액이 두렵고 진사년은 음인을 조심하며 축미년은 횡재수 있으리라. 수한(壽限)은 육십칠세이고 일자종신(一子終身)하리라.

雷山小過卦(뇌산소과괘) 末年運

남자운

말년수는 봄이 돌아오니 소가 쟁기를 메고 밭을 갈며 농사에 공력을 다하여 풍년을 바라는 격이라. 사십삼사세면 처궁에 불길한 일이 있고 사십오륙세면 사방에 일이 많으며 사십칠팔세면 귀인이 도와 천금을 쌓으며 사십구, 오십세면 가내에 경사있고 오십일이세면 친족간에 구설이 많고 손재되며 오십삼사세면 눈물로 세월을 보내며 오십오륙세면 멀리 여행할 수 있고 실물하리라. 오십칠팔세면 악인의 흉모를 조심하고 허욕을 내지 말며 오십구세면 이름이 진동하며 육십세면 먹을 것은 적은데 할 일만 많으며 길인이 도우리라. 축인년은 관재있고 유술년은 신병이 두렵고 진사년은 외방에 가지 말며 오미년은 가정에 큰 근심이 있고 해자년은 시비가 요란하며 묘년은 놀라며 신년은 손재하고 신액이 있으리라. 수한(壽限)은 팔십이니라.

여자운

말년수는 동정호에 달은 밝은데 슬피우는 기러기 벗을 부르며 방황하는 격이라. 말년운이 적은 것을 쌓아 큰 것을 이루며 부지런함으로 공을 이루리라. 사십삼사세면 녹이 오며 천금을 얻고 사십오륙세면 집안에 근심이 있고 사십칠팔세면 기다리는 사람이 오며 좋은 소식을 들으며 오십세면 손재하며 오십일이세면 놀랄 일이 있고 구설이 요란하며 오십삼사세면 귀인이 동으로 오며 소원을 성취하고 오십오륙세면 가정에 좋은 경사있고 오십칠팔세면 신병이 있고 오십구세면 천금을 횡재하고 육십세면 실물하며 가정에 우환이 있고 육십일이세면 횡재수 있으리라. 해자년은 경사있고 이름이 원근에 들리며 인묘년은 귀인이 도와 화액을 멀리하고 진사년은 동남으로 재수 대길하며 오미년은 구설이 있고 신유년은 횡재하며 술해년은 근심이 있는 중에 희소식을 들으리라. 수한(壽限)은 사십일세를 지나면 육십삼세이니라.

雷地豫卦(뇌지예괘) 末年運

남자운

말년수는 산에 올라 사방을 바라보니 마음이 상쾌하며 산수의 풍경이 눈 아래 환하게 보임이라. 학을 타고 신선이 사는 곳으로 향하고자 하는 뜻이로다. 사십삼사세면 가내에 영화로운 일이 있고 사십오륙세면 자손에 일희일비(一喜一悲)하며 사십칠팔세면 처궁이 산란하며 손재하고 오십세면 구설이 가정에 분분하며 오십일이세면 원방에 일이 많고 오십삼사세면 횡재하며 오십오륙세면 횡액이 있고 오십칠팔세면 슬하에 근심이 있고 오십구세면 만금이 생기고 육십세면 만사에 뜻을 이루며 육십후는 복록이 무량하리라. 신유년은 동방에 큰 일을 성공하며 인묘년은 처액이 있고 해자년은 슬하에 눈물을 뿌리며 사오년은 만금을 횡재하며 진술년은 귀인을 만나 말년에 낙(樂)을 다하며 축미년은 손재하리라. 수한(壽限)은 사십을 지나면 칠십일세이고 삼자종신(三子終身)하리라.

여자운

말년수는 청풍명월에 배를 띄우고 산천풍경을 구경하며 비상한 뜻을 이루고자 하는 격이라. 사십삼사세면 두 사람과 언약하며 외방의 일을 다스리며 사십오륙세면 문전에 채운(彩雲)이 가득하며 남편궁에 일이 있고 사십칠팔세면 뜻밖에 횡재하며 사십구세면 구설수 있고 슬하에 액이 있으며 오십세면 가내에 불길한 일이 있고 오십일이세면 이별수 있고 신병이 침범하며 오십삼사세면 만인의 인사를 받으며 오십오륙세면 놀랄 일이 있고 손재수 있으며 오십칠팔세면 악인이 가정에 있어 변이 생기며 오십구세면 천금을 얻으며 육십세면 슬픈 회포를 금치 못하리라. 육십후는 복록이 무궁하리라. 해자년은 외인의 시비를 조심하며 인묘년은 손재하며 진사년은 신병이 있고 신유년은 우환이 있고 오미년은 슬픈 일이 있고 축술년은 만금을 쌓으리라. 수한(壽限)은 육십이세이고 삼자종신(三子終身)하리라.

風天小畜卦(풍천소축괘) 末年運

남자운

말년수는 몸이 바쁘며 식록이 많고 이름이 원근에 우레같이 진동하며 만인의 인사를 받을 수니라. 사십삼사세면 관록을 더하거나 횡재할 수요. 사십오륙세면 가내에 경사 있고 또 이별수 있으며 사십칠팔세면 귀인이 친족간에 있고 슬하에 근심이 되며 사십구세면 신병이 있고 오십세면 놀랄 일이 있고 손재하며 오십일이세면 구설이 가정에 요란하며 오십삼사세면 자손간에 일회일비할 일이 있고 오십오륙세면 타인의 해를 당하며 횡액이 있고 오십칠팔세면 신병이 있고 오십구세면 가내에 기쁜 일이 있으며 육십세면 재수 대길하고 육십후는 복록이 많으리라. 인묘년은 자손 경사있고 신유년은 큰 일이 성사되며 술해년은 가내가 산란하며 자축년은 횡재하며 진사년은 손액이 있고 오미년은 멀리 여행하리라.

여자운

말년수는 적은 것을 쌓아 큰 것을 이루며 귀인을 만나 모든 재앙이 사라지며 재물을 얻고 소원을 성취하리라. 사십삼사세면 자손의 좋은 일을 보며 사십오륙세면 놀랄 일이 있고 사십칠팔세면 공연히 왕래하며 사십구세면 슬하에 액이 있고 오십세면 원방으로 반가운 사람이 와서 도우며 오십일이세면 이름이 원근에 진동하며 오십삼사세면 가내에 흉한 변이 있고 오십오륙세면 놀랄 일이 있고 오십칠팔세면 재물이 들어왔다가 다시 나가며 오십구세면 눈물을 흘리며 육십세면 신병이 침범하고 재물이 흩어지며 육십일이세면 자손 경사 있으리라. 해자년은 악인이 가정에 있어 화를 일으키며 인묘년은 남편궁에 일이 있고 진사년은 손재하며 오미년은 놀랄 일이 있고 신유년은 외인의 화를 입으며 술해년은 동남으로 횡재하리라. 수한(壽限)은 육십팔세이고 삼자종신(三子終身)하리라.

風澤中孚卦(풍택중부괘) 末年運

남자운

말년수는 흑운이 흩어지고 일월이 밝으며 온화한 바람이 서쪽에서 불어오니 만사에 상쾌함이라. 사십삼사세면 동북으로 길인이 도와 재물이 수중에 들어오며 사십오륙세면 가내에 좋은 일이 있고 천금을 횡재하며 사십칠팔세면 신병이 있고 사십구세면 처궁에 액이 있고 오십세면 경륜하던 일을 성공하며 오십일이세면 이름이 원근에 진동하며 오십삼사세면 눈물을 뿌리며 오십오륙세면 외방에 길한 일이 있고 오십칠팔세면 경사가 많으리라. 오십구세면 구설이 요란하며 육십세면 금옥이 만당하며 육십후면 대길하리라. 해자년은 타인의 말을 듣지 말며 신유년은 손재하며 사오년은 천금을 얻으며 인묘년은 가정에 경사 있고 진술년은 귀인을 만나며 축미년은 소원을 성취하며 희소식을 들으리라. 팔십이세까지 살며 일자종신(一子終身)하리라.

여자운

말년수는 구름과 안개가 몽롱하며 천지가 어둡다가 일조에 바람이 일며 운무가 흩어지고 만리 창공에 일월이 밝게 비치리라. 사십오륙세면 자손 경사있고 사십칠팔세면 사람의 흉한 모함을 당하며 사십구세면 구설과 신병이 있고 오십세면 재수 대길하며 오십일이세면 슬하에 근심이 있고 오십삼사세면 가정에 기쁜 일이 있고 오십오륙세면 신병이 있고 오십칠팔세면 가정에 우환이 심하고 손재수 있으며 오십구세에 동남으로 길인이 와 소원이 성취되며 육십세면 횡재수 있으며 육십후는 먹을것은 적은데 할 일만 많으리라. 인묘년은 사람을 삼가고 악인을 멀리하며 진사년은 손재하며 오미년은 구설이 있고 신유년은 신병과 자손의 액이 있고 술해년은 귀인이 오며 자축년은 천금을 얻으리라. 육십팔세까지 살며 이자종신(二子終身)하리라.

風火家人卦(풍화가인괘)　末年運

남자운

말년수는 조상의 음덕으로 자손이 창성하며 복록이 무량하고 이름이 한 세상에 진동하리라. 사십삼사세면 슬하에 경사있고 부모궁에 일이 있으며 사십오륙세면 처궁에 근심이 중하며 손재수 있고 사십칠팔세면 길인이 와 큰 일을 의논하면 대길하며 사십구세면 신병이 있고 오십세면 외방에 일이 손재하며 오십일이세면 가정에 눈물을 뿌리며 오십삼사세면 놀랄 일이 있으며 오십오륙세면 좋은 일이 남으로 오며 오십칠팔세면 횡재하며 오십구세면 가내에 근심이 있고 육십세면 천금을 얻으리라. 자축년은 희소식이 들리며 인묘년은 슬하에 근심이 있고 진사년은 관재있고 오미년은 분주하고 일이 많으며 구설이 요란하며 신유년은 가정에 우환이 있고 술해년은 횡재하리라. 수한(壽限)은 칠십이세이고 일자종신(一子終身)하리라.

여자운

말년수는 인간풍파를 많이 지내고 길한 운수를 만나 가도가 왕성하며 자손이 창성하고 무궁한 복을 받을 수라. 사십삼사세면 가정에 기쁜 일이 있고 사십오륙세면 동남으로 재수 길하고 사십칠팔세면 신병이 두려우며 가정에 근심이 생기고 사십구세면 놀랄 일이 많으며 오십세면 도적을 조심하며 오십일이세면 경사있고 횡재하며 오십삼사세면 슬픈 일이 있고 오십오륙세면 가정이 불안하며 오십칠팔세면 친족간에 구설이 왕래하며 오십구세면 희소식이 들리며 육십세면 자손간에 좋은 일이 생기며 육십후면 복록이 무궁하리라. 자축년은 남편궁에 근심이 있고 인묘년은 손재수 있고 진사년은 자손 경사있고 오미년은 횡재하며 신유년은 기쁜 일과 슬픈 일이 있고 술해년은 길인이 서북으로 오며 반가운 소식을 들으리라. 수한(壽限)은 삼십을 지나면 육십일세이고 이자종신(二子終身)하리라.

風雷益卦 (풍뢰익괘)

末年運

남자운

말년수는 구름이 걷히며 맑은 하늘이 청양하니 백화가 다투어 피며 가지가지 푸른잎이 나오는 격이라. 사십삼사세면 신병과 가정에 우환이 있고 사십오륙세면 타향에 일을 경륜하며 사십칠팔세면 자손에 근심이 중하고 사십구세면 실물수 있고 오십세면 희소식을 들으며 오십일이세면 재수 대통하며 만금을 쌓으리라. 오십삼사세면 관재와 구설이 있고 오십오륙세면 귀인이 남으로 오며 가정에 좋은 일이 있고 오십칠팔세면 자손 경사있고 재물이 오며 오십구세면 구설수 있고 놀랄 일이 있으며 육십세면 횡재수 있고 복이 무궁하리라. 자축년은 집안에 경사있고 인묘년은 몸에 병살이 지며 진사년은 구설이 있고 오미년은 재수 길하고 신유년은 자손에 근심이 되며 술해년은 만금을 희롱하며 일이 사방에 많으리라. 수한(壽限)은 이십삼세를 지나면 육십세이고 이자종신(二子終身)하리라.

여자운

말년수는 자손에 좋은 일이 있고 가정에 경사가 무궁하며 재록이 만당하며 몸이 바쁘리라. 사십삼사세면 신병이 침범하며 사십오륙세면 가내에 근심이 많고 사십칠팔세면 재수 대길하며 좋은 일이 많고 사십구세면 놀랄 일이 있고 실물수 있으며 오십세면 가정에 근심이 중하며 관재를 조심하고 오십일이세면 눈물을 서산에 뿌리며 슬픈 회포가 많으며 오십삼사세면 이별수 있고 오십오륙세면 귀인이 도와 재수 대길하며 오십칠팔세면 뜻밖에 좋은 일이 많으며 자손에 기쁜 소식이 있고 횡재하며 오십구세면 신병이 있고 가정에 우환이 있으며 육십세면 슬하에 경사있고 재록이 늘며 육십후는 자손이 창성하리라. 자축년은 재수있고 인묘년은 멀리 여행하며 진사년은 구설이 있고 오미년은 슬하에 근심이 있고 신유년은 놀랄 일이 있으며 술해년은 가내가 대길하고 복록이 오리라. 수한(壽限)은 육십구세이고 삼자종신(三子終身)하리라.

重 巽 卦 (중손괘)

末年運

五五

남자운

말년수는 인간 만사를 다 지내고 영화로움을 원하지 않고 집을 지키며 자손을 양육하며 부부 사이의 화락을 취하는 격이라. 사십삼사세면 악인의 해가 돌아오며 사십오륙세면 자손의 일로 이름이 진동하며 사십칠팔세면 가정에 경사 있고 사십구세면 손재하며 관액이 있고 오십세면 외방에 인연이 중하며 오십일세면 천리에 기쁜 일이 있고 오십삼사세면 신병이 중하며 오십오륙세면 풍파를 지내며 오십칠팔세면 사람들이 비방하고 구설이 있으며 오십구세면 재수 대길하며 육십세면 가정에 경사 있으리라. 자축년은 멀리 여행하며 인묘년은 만인의 인사를 받으며 진사년은 만금을 얻으며 오미년은 관재가 두렵고 신유년은 친족간에 길인이 스스로 도와 자손간에 기쁜 일이 있고 술해년은 만사가 대길하리라. 수한(壽限)은 사십이세를 지나면 육십삼세이고 이자종신(二子終身)하리라.

여자운

말년수는 초목이 봄을 만나며 봉접이 꽃을 봄이라. 말년운이 태평한 중에 경사 많은 격이라. 사십삼사세면 타인과 시비를 일으키지 말며 송사를 조심하며 사십오륙세면 슬하에 좋은 일이 있고 사십칠팔세면 재수 길하고 사십구세면 귀인이 남으로 오며 오십세면 눈물을 뿌리며 오십일세면 가정에 이상한 일이 있고 오십칠팔세면 구설과 실물수 있으며 오십구세면 놀랄 일이 있으며 자손에 액이 있으며 육십세면 화기가 가정에 만발하며 재록이 무궁하리라. 자축년은 외방에 일이 많고 인묘년은 실물하며 진사년은 자손에 좋은 일이 있고 오미년은 구설수 있고 신유년은 횡재하며 술해년은 경사있으며 재물이 흩어지고 사람을 이별하리라. 수한(壽限)은 칠십세이고 삼자종신(三子終身)하리라.

風水渙卦(풍수환괘)

末年運

남자운

말년수는 명산의 아래에 있으니 청한한 경제를 취하며 인간 영욕을 사양하며 속세에 뜻이 적은 격이라. 사십삼사세면 사방에 일이 많고 분주하고 바쁘며 사십오륙세면 가내에 불의의 화를 당하며 사십칠팔세면 신액이 있고 동북으로 길인이 도우며 사십구세면 재수 길하며 가정에 기쁜 일이 있고 오십세면 자손에 경사 있고 오십일이세면 외방에 역마성이 움직이며 오십삼사세면 천금을 얻으며 오십오륙세면 가내에 경사 있고 재물이 생기며 오십칠팔세면 근심이 많고 오십구세면 횡재하며 육십세면 자손의 일로 가정에 좋은 경사 있으리라. 자축년은 재수있고 인묘년은 실물하며 진사년은 구설이 있고 오미년은 근심있고 신유년은 풍파있고 술해년은 대길하리라. 수한(壽限)은 육십팔세이고 일자종신(一子終身)하리라.

여자운

말년수는 금이 진흙에 묻히며 달이 구름속에 감춘격이라. 몸을 닦고 예를 기다리고 함부로 행동치 아니함이라. 사십삼사세면 가내에 풍파가 있고 사십오륙세면 흉한 일이 변하여 길하며 사십칠팔세면 자손에 근심이 중하며 남편궁에 액이 있고 사십구세면 신병이 있고 오십세면 재수 길하며 오십일세면 가정에 놀랄 일이 있고 오십삼사세면 귀인이 도와 근심이 없어지며 오십오륙세면 자손에 좋은 일이 있고 오십칠팔세면 손재하고 또 횡재하며 오십구세면 관재나 구설을 막으며 육십세면 희소식이 들리며 육십후는 대길하리라. 자축년은 신병이 있고 인묘년은 자손 경사있고 진사년은 손재하며 시비가 요란하며 오미년은 멀리 여행하면 대흉하고 신유년은 슬하에 액이 있고 술해년은 오래 기다리던 사람을 만나 소원을 성취하며 가정에 좋은 소식이 있으리라. 수한(壽限)은 육십팔세이고 일자종신(一子終身)하리라.

風山漸卦(풍산점괘)

末年運

남자운

말년수는 분수를 지키고 허욕을 내어 함부로 행동치 않으며 음양이치와 춘하추동 사계절을 따라 순응하며 하늘 명령을 기다리는 격이라. 사십삼사세면 가정에 액이 있고 사십오륙세면 슬하에 경사있으며 사십칠팔세면 재수 대길하며 사십구세면 처에게 근심이 있고 오십세면 신병으로 고생하며 오십일이세면 귀인이 오며 자손에 경사있고 오십삼사세면 실물수 있으며 오십오륙세면 금옥이 만당하며 오십칠팔세면 외방에 큰 일을 성사하며 가정에 근심이 있고 오십구세면 놀랄 일이 있으며 실물하고 육십세면 구설이 변하여 좋은 경사되리라. 자축년은 자손에 액이 있고 인묘년은 구설있고 진사년은 멀리 여행하며 오미년은 신병이 있고 신유년은 횡재하며 술해년은 가내에 근심이 있으리라. 수한(壽限)은 이십구세를 지나면 육십삼세이고 일자종신(一子終身)하리라.

여자운

말년수는 세상 영화를 누리든지 영화를 사양하고 전토(田土)에 돌아가 산수를 취하고 스스로 즐기며 세월을 보내는 격이라. 사십사세면 몸이 한가하고 가정이 태평하며 사십오륙세면 자손에 기쁜 일이 있고 사십칠팔세면 재수 대길하며 사십구세면 구설이 있고 오십세면 신액이 중하며 오십일이세면 가내에 길한 사람이 들어오며 오십삼사세면 영화로운 일이 있고 오십오륙세면 천금을 얻으며 오십칠팔세면 가내에 우환이 있고 실물수 있으리라. 오십구세면 슬픈 일이 있고 육십세면 복록이 이르며 가정이 무사하리라. 자축년은 신병이 있고 인묘년은 실물수 있고 자손 경사있으며 진사년은 식구가 늘며 경사있고 오미년은 옥과 금이 만당하며 신유년은 놀랄 일이 있으며 가정에 풍파 일고 시비가 요란하며 손재하리라. 술해년은 이별수 있고 귀인을 만나 소원이 성취되리라. 수한(壽限)은 육십칠세이고 이자종신(二子終身)하리라.

風地觀卦 (풍지관괘)

末年運

남자운

말년수는 구름이 걷히고 밝은 달이 명랑하며 춘풍이 화창한데 백화가 만발함이라. 사십삼 사세면 슬하에 근심이 중하며 사십오륙세면 인사를 받으며 사십칠팔세면 외방에 역마성이 움직이며 좋은 일을 멀리 경륜하며 사십구세면 재물을 쌓으며 오십세면 오래 기다리던 사람을 만나며 오십일이세면 문전에 경사있고 오십삼사세면 기쁜 일이 뜻밖에 생기고 친족간에 귀인이 오며 오십오륙세면 눈물을 흘리며 오십칠팔세면 만금을 얻으며 오십구세면 도적의 근심이 있고 육십세면 집안에 불길한 일이 있으리라. 축미년은 슬픈 회포를 금치못하며 해자년은 손재하며 인묘년은 구설이 있고 사오년은 처액이 있고 신유년은 관재있고 진술년은 놀랄 일이 있으며 가정에 변이 생기리라. 수한(壽限)은 칠십세이니라.

여자운

말년수는 작은 것을 쌓아 큰 것을 이루며 산을 파 금을 구함이니 심력을 다한 후에 공을 이루는 격이라. 사십삼사세면 불을 조심하며 사십오륙세면 횡재수 있고 사십칠팔세면 가내에 근심이 많고 사십구세면 음인의 해를 조심하며 오십세면 만인의 치하를 받으며 오십일이세면 재수 길하며 오십삼사세면 귀인이 원방으로 오며 오십오륙세면 친족간에 해코자하는 자가 있어 손재하고 구설이 왕래하며 오십칠팔세면 일이 많고 가내에 경사있고 오십구세면 관재와 시비를 막으며 육십세면 몸이 한가하리라. 자축년은 눈물을 뿌리며 인묘년은 놀랄 일이 있고 신액이 있으며 진사년은 멀리 여행할 수가 있고 오미년은 동남으로 반가운 사람이 오며 신유년은 횡재하며 술해년은 가내에 외방 사람을 두지 말지니라. 수한(壽限)은 십구세를 지나면 육십오세이니라.

水天需卦(수천수괘)

末年運

남자운

말년수는 고기가 용문에 놀며 백천이 흘러 바다로 돌아가는 격이라. 사십삼사세면 가정에
영화있고 사십오륙세면 이름이 원근에 진동하며 사십칠팔세면 자손궁에 좋은 경사있고 또
근심이 되며 사십구세면 신병이나 처궁에 액이 있으며 오십세면 천금을 횡재하며 오십일
이세면 가내에 풍파일며 손재하고 오십삼사세면 슬하에 경사 있으며 오십오륙세면 신병이
있고 오십칠팔세면 횡재하며 오십구세면 구설이 있고 육십세면 좋은 일이 많으리라. 자축
년은 자손에 근심이 중하며 인묘년은 처에게 근심이 있고 진사년은 멀리 여행할 수 있고
오미년은 손재하며 신유년은 자손의 일로 이름이 진동하며 술해년은 가정이 편안하리라.
수한(壽限)은 삼십사세를 지나면 육십팔세이고 이자종신(二子終身)하리라.

여자운

말년수는 용이 변화의 재주를 거두어 바다로 돌아가니 날이 청명하고 청풍이 서쪽으로 불
어옴이라. 사십삼사세면 가정에 풍파가 일며 식구가 줄어들고 사십오륙세면 신병이 침범하
며 사십칠팔세면 근심이 많으며 사십구세면 귀인이 도와 액이 흩어지며 오십세면 천금을
횡재하며 오십일이세면 슬하에 일희일비(一喜一悲)하며 오십삼사세면 원방에 기쁜 소식이
들리며 오십오륙세면 구설이 분분하고 오십칠팔세면 가정에 좋은 경사있고 오십구세면 신
병이 있으며 육십세면 자손에 기쁜 일이 있고 재물이 만당하리라. 술해년은 우환이 가정에
있으며 신유년은 처궁에 좋은 일이 있으며 오미년은 친족간에 근심이 있어 손재하며 시비
를 들으며 자축년은 멀리 여행할 수 있고 인묘년은 사람의 화를 당하며 진사년은 길한 사
람이 오며 가정에 경사 있으리라. 수한(壽限)은 칠십삼세이고 이자종신(二子終身)하리라.

水澤節卦 (수택절괘)

末年運

남자운

말년수는 엄동설한중에 외로이 남은 송백이 절개를 지키며 청청한 기운을 머금고 서 있으니 만인이 사랑하는 바라. 사십삼사세면 신병이 있으며 사십오륙세면 송사를 일으키지 말며 사십칠팔세면 처환이 심하며 재물 재앙이 있고 사십구세면 악인의 화를 조심하며 오십세면 반가운 소식을 들으며 오십일이세면 눈물을 뿌리며 오십삼사세면 몸이 분주하며 오십오륙세면 가정에 화란이 생기며 오십칠팔세면 횡재하며 오십구세면 횡액이 침범하며 육십세면 가정에 근심이 있으며 외방에서 희소식을 들으리라. 인묘년은 놀랄 일이 있으며 진사년은 신액을 조심하며 자축년은 구설이 있고 오미년은 자손 경사 있으며 신유년은 눈물로 탄식하며 술해년은 벼슬에 좋은 일이 없으면 관재가 있으리라. 수한(壽限)은 칠십삼세이고 일자종신(一子終身)하리라.

여자운

말년수는 외로운 기러기가 소상 야월 밝은 달에 슬피 울며 짝을 부르는 격이라. 사십삼사세면 심중에 품은 회포를 금치 못하며 사십육세면 가내에 기쁜 일이 있으며 사십칠팔세면 자손의 일로 이름이 진동하며 사십구세면 병살이 사라지며 오십세면 손재하고 몸이 피로우며 오십일이세면 슬픈 일이 있으며 오십삼사세면 놀랄 일이 생기며 오십오륙세면 반가운 소식을 들으며 오십칠팔세면 만금을 쌓으며 좋은 일이 많고 오십구세면 식구를 더하며 육십세면 가정에 영화 있고 슬하에 경사있으리라. 인묘년은 구설이 요란하며 자축년은 멀리 여행할 수가 있으며 친족간에 근심이 있으며 오미년은 불의의 변이 있으며 신유년은 관재와 구설이 요란하며 술해년은 귀인이 도와 만사가 대길하리라. 수한(壽限)은 육십칠세이고 일자종신(一子終身)하리라.

水火旣濟卦(수화기제괘) 末年運

남자운

말년수는 배를 가지고 물가로 가 사방에 있는 사람들을 건네주며 은혜를 만인에게 베푸는 격이라. 사십삼사세면 두 사람과 서북방으로 경영하던 일을 성사하며 사십오륙세면 친한 사람에게서 해를 보며 사십칠팔세면 실물수 있으며 사십구세면 신병이 있고 오십세면 처궁에 근심이 중하며 오십일이세면 자손에 액이 있고 오십삼사세면 횡재하며 오십오륙세면 놀랄 일이 있으며 오십칠팔세면 가내가 불안하고 오십구세면 귀인이 도와 재물을 얻으며 육십세면 기쁜 소식이 들리며 복록이 무량하리라. 자축년은 자손 경사 있고 인묘년은 역마가 움직이며 진사년은 구설이 가정에 요란하며 오미년은 만금을 쌓으며 신유년은 눈물을 뿌리며 술해년은 귀인이 스스로 와 소원을 성취하리라. 칠십이 정명(定命)이고 삼자종신(三子終身)하리라.

여자운

말년수는 바다에서 구슬을 구하며 배를 타고 순풍을 만나 돌아오는 격이라. 말년운이 대길함이라. 사십삼사세면 슬하에 경사 있으며 사십오륙세면 가내에 영화 무궁하며 사십칠팔세면 남편의 일로 횡재수 있으며 사십구세면 실물하며 오십세면 기쁜 일이 있으며 오십오륙세면 관재를 조심하고 송사를 일으키지 말며 오십칠팔세면 신액을 조심하며 오십구세면 천금을 얻으며 육십세면 반가운 사람을 만나며 육십후는 복록이 무량하리라. 오미년은 이별수 있으며 신유년은 자손에 액이 있고 술해년은 가정에 불의의 화를 당하며 자축년은 오래 기다리던 사람을 만나 큰 일을 성사하며 심중에 품은 한을 다 풀고 만금을 얻으며 가내에 좋은 일을 보리라. 인묘년은 자손에 액을 조심하며 진사년은 경사 있으리라.

水雷屯卦(수뢰둔괘)

末年運

남자운

말년수는 물 위에 나무가 뜨서 물의 성질에 따라 사방으로 움직이니 걸림이 없어 길한 격이라. 사십삼사세면 처궁에 근심이 있고 사십오륙세면 가내에 근심이 중하며 사십칠팔세면 구설 중에 재물을 얻으며 사십구세면 실물수 있으며 오십세면 귀인이 도와 횡재하며 오십일이세면 자손 경사 있고 오십삼사세면 외방에 인연이 있으며 오십오륙세면 반가운 일을 보며 오십칠팔세면 가정에 기쁜 일이 있으며 오십구세면 신병이 있고 육십세면 만사 대통이라. 자축년은 눈물을 흘리며 인묘년은 슬하에 액이 있으며 진사년은 구설이 있고 오미년은 횡재하며 신유년은 귀인이 오며 술해년은 악인의 화를 조심하라. 수한(壽限)은 육십사세이고 일자종신(一子終身)하리라.

여자운

말년수는 늙은 농부가 자손을 훈계하며 농가에 앉아 어린 손자를 희롱하는 격이라. 사십삼사세면 금옥이 만당하며 사십오륙세면 허욕으로 동방(東方)사람과 재물을 의논치 말며 사십칠팔세면 도적을 조심하며 사십구세면 슬하에 액을 조심하며 오십세면 구설이 요란하며 오십일이세면 가정에 불길함이 있고 오십삼사세면 이름이 원근에 진동하며 오십오륙세면 몸이 분주하며 자손 경사 있고 오십칠팔세면 신병이 있고 오십구세면 몸이 태평하며 육십세면 뜻밖에 재수 있으리라. 자축년은 눈물을 흘리며 인묘년은 손재하며 진사년은 가정에 좋은 일이 있으며 오미년은 신액이 있으며 신유년은 재수 대길하며 술해년은 귀인이 오며 소원을 성취하리라. 수한(壽限)은 육십팔세이고 이자종신(二子終身)하리라.

水風井卦(수풍정괘) 末年運

남자운

말년수는 늙은 장수가 전장에서 큰 공을 세우고 집에 돌아와 세상 영화를 원치 아니하고 자손을 양육하며 부부 사이의 화락을 취하는 격이라. 사십삼사세면 일이 많으며 사십오륙세면 외방에 역마성이 움직이며 사십칠팔세면 음인의 모함을 받으며 사십구세면 도적의 근심이 있고 가내에 불길한 일이 있으며 오십세면 처궁에 변이 있고 오십일이세면 슬픈 눈물을 뿌리며 오십삼사세면 횡재하며 오십오륙세면 실물수 있으며 오십칠팔세면 가정에 경사 있으며 오십구세면 신병이 있고 육십세면 기쁜 사람이 오리라. 자축년은 몸에 귀한 이름을 띄며 인묘년은 처액이 있고 진사년은 신병이 있으며 오미년은 재수 대길하며 신유년은 큰 일을 성사하며 술해년은 이름이 사방에 진동하며 만금을 쌓으리라. 수한(壽限)은 칠십이세이니라.

여자운

말년수는 추칠월 밝은 달 아래 배를 타고 상천 하천을 바라보며 거문고로 무진한 경개를 노래하는 격이라. 사십사세면 희소식을 들으며 사십오륙세면 가정에 경사 있고 사십칠팔세면 귀인이 서북쪽으로부터 오며 재수 대길하고 사십구세면 시비가 일고 오십세면 관재와 구설이 있으며 실물수 있고 오십일이세면 몸에 병이 들고 오십삼사세면 이별수 있으며 식구가 줄어들고 오십오륙세면 가정에 변이 있고 사람의 비웃음을 받으며 오십칠팔세면 도적을 조심하고 멀리 여행치 말며 오십구세면 놀랄 일이 있으며 육십세면 재수 대길하리라. 자축년은 구설이 요란하며 인묘년은 귀인이 도와 재수 길하며 진사년은 경사 있고 오미년은 가정에 풍파일며 눈물을 뿌리고 신유년은 악인의 해를 입으며 술해년은 외방으로 귀인이 스스로 와 재수 대길하리라. 수한(壽限)은 육십오세이니라.

重 坎 卦(중감괘)

末年運

남자운

말년수는 천리에 나그네로 머물던 운이 물러가니 일조에 수레와 말을 갖추고 집으로 돌아오니 가정에 경사로 즐거워하는 격이라. 사십삼사세면 슬하에 좋은 경사있고 사십오륙세면 만인의 인사를 받으며 사십칠팔세면 귀인이 남으로 오며 재수 길하고 사십구세면 놀랄 일이 있고 가내에 우환이 있으며 오십세면 실물하며 오십일이세면 구설이 있으며 오십삼사세면 신병이 있고 오십오륙세면 관재를 조심하며 오십칠팔세면 슬하에 경사있고 오십구세면 악인의 해를 보며 육십세면 천금을 얻으며 육십후면 복록이 무궁하리라. 자축년은 횡액이 있고 인묘년은 귀인이 도우며 진사년은 동남쪽으로 멀리 여행하며 오미년은 처궁에 근심이 많고 신유년은 구설이 요란하며 술해년은 가정에 좋은 일이 있으며 자손 경사있으리라. 수한(壽限)은 오십을 지나면 육십칠세이고 일자종신(一子終身)하리라.

여자운

말년수는 그믐 밤에 밝은 명주를 얻으며 봉이 문전에 춤을 추니 가정이 고요하지 않은 격이라. 사십삼사세면 사방에 일이 많고 사십오륙세면 남편궁에 근심이 있고 사십칠팔세면 이별수 있으며 실물하고 사십구세면 신액이 있어 오래 고생하며 오십세면 사람의 모함을 받으며 손재있고 오십일이세면 자손의 일로 가정이 분요하며 오십삼사세면 천금을 횡재하며 오십오륙세면 가정이 요란하며 식구가 줄어들고 오십칠팔세면 놀랄 일이 있고 희소식을 들으며 오십구세면 신병이 침범하며 육십세면 자손 경사있으며 재물을 쌓으리라. 육십후는 복록이 많으리라. 진사년은 남편의 일로 구설이 많고 자축년은 경사있으며 인묘년은 이별수 있고 오미년은 손재하며 신액을 조심하고 신유년은 횡재하며 술해년은 가내에 좋은 일이 생기리라. 수한(壽限)은 칠십삼세이고 이자종신(二子終身)하리라.

水山蹇卦(수산건괘)

末年運

남자운

말년수는 인간 고락을 많이 지내고 세상에 뜻이 적으며 명산대천에 청한한 경치를 원하는 격이라. 사십삼사세면 자손 경사있으며 사십오륙세면 재물에 재앙이 미치며 사십칠팔세면 슬하에 좋은 일이 있고 처궁에 근심이 되며 오십세면 몸에 불의의 화가 있으며 오십일이세면 재수 길하며 오십삼사세면 귀인이 오며 액이 사라지고 오십오륙세면 가정에 기쁜 일이 있으며 오십칠팔세면 관액이 변하여 천금을 횡재하며 자손의 일로 이름이 진동하리라. 오십구세면 손재하며 육십세면 가정에 좋은 일이 생기리라. 축미년은 슬하에 액이 있고 진술년은 가내에 풍파 있으며 인묘년은 구설이 요란하며 사오년은 이별수 있으며 신유년은 재물을 얻고 또 손해보며 해자년은 가정에 경사 있으리라. 수한(壽限)은 오십을 지나면 칠십일세이고 이자종신(二子終身)하리라.

여자운

말년수는 이름을 사면에 날리며 만인의 치하를 받으니 공명이 지극한 격이라. 사십삼사세면 이름이 한동네에 진동하며 사십오륙세면 자손의 일로 근심이 오며 사십칠팔세면 남편궁에 좋은 일이 생기며 재수 길하고 사십구세면 신액이 중하며 오십세면 구설이 변하여 송사되기 쉬우며 오십일세면 놀랄 일이 있고 오십삼사세면 가내에 일희일비하며 오십오륙세면 신병이 심하며 오래 고생하고 오십칠팔세면 외방으로 반가운 사람이 오며 오십구세면 재수 있고 육십세면 서남쪽으로부터 천금을 얻으며 귀인이 가정에 들어오리라. 인묘년은 이별수 있고 자축년은 풍파를 지내며 진사년은 사람의 음해를 당하며 오미년은 자손 경사 있고 신유년은 구설이 분분하며 술해년은 천금이 오리라. 수한(壽限)은 이십을 지나면 육십사세이고 일자종신(一子終身)하리라.

水地比卦(수지비괘)

남자운

말년수는 세상 영욕 억만 가지 일을 모두 마음 밖에 두고 고향에 돌아가 문을 닫고 자손을 양육하며 가정의 화락을 자랑하는 격이라. 사십삼사세면 음흉한 사람의 일로 천금을 손해보며 사십오륙세면 자손 경사있고 사십칠팔세면 구설수 있으며 사십구세면 가정에 좋은 일을 보며 오십세면 신병이 있고 오십일이세면 슬하에 액이 있고 오십삼사세면 재수 대길하며 오십오륙세면 관액을 조심하며 오십칠팔세면 놀랄 일이 있고 오십구세면 처궁에 근심이 있으며 육십세면 자손에 좋은 일이 많으리라. 자축년은 귀인이 오며 인묘년은 횡재하며 진사년은 가내에 변이 있고 오미년은 슬하에 액이 있으며 신유년은 멀리 여행하면 길하고 술해년은 눈물로 세월을 보내리라. 수한(壽限)은 사십삼세를 지나면 팔십일세이고 삼자종신(三子終身)하리라.

여자운

말년수는 높은 산에 올라 사방 풍경을 감상하며 몸이 한가히 세월을 보내는 격이라. 사십삼사세면 귀인이 친족간에 있어 가사를 정돈하며 화액을 멀리하고 사십오륙세면 슬하에 화란이 있으며 사십칠팔세면 남편궁에 액이 있고 사십구세면 손재키 쉬우며 오십세면 가내에 기쁜 일이 있고 오십일이세면 이름이 진동하며 오십삼사세면 자손에 좋은 일이 생기며 천금을 얻고 오십오륙세면 가내에 우환이 끊어지지 않으며 오십칠팔세면 놀랄 일이 있으며 슬하에 액이 침범하며 오십구세면 이별수 있고 외방에 희소식이 들리며 육십세면 길한 귀인이 자손간에 있어 영화 무궁하리라. 자축년은 사람의 화를 당하며 인묘년은 가내에 불길한 일이 있으며 진사년은 손재하며 오미년은 눈물을 뿌리며 신유년은 도적을 조심하며 술해년은 동으로 재물을 얻으리라. 수한(壽限)은 팔십세이고 이자종신(二子終身)하리라.

山天大畜卦(산천대축괘) 末年運

남자운

말년수는 벼슬에 머물러 대공을 세우고 충성을 바치니 물망이 진동하며 기상이 늠름한 격이라. 사십삼사세면 남방을 가까이 말며 사십오륙세면 멀리 여행하며 사십칠팔세면 귀인이 서북으로 오며 만금을 횡재하고 사십구세면 가정에 좋은 일이 있고 오십세면 신병이 두려우며 오십일이세면 재물에 재앙이 있고 오십삼사세면 가내에 기쁜 일이 있으며 오십오륙세면 놀라며 오십칠팔세면 자손 경사 있으며 문전에 좋은 일이 있고 오십구세면 귀인이 도와 재수 대길하며 육십세면 큰 경사 있으며 복록이 무량하리라. 자축년은 멀리 여행하며 인묘년은 관록을 돋우며 진사년은 문전에 좋은 일이 있고 오미년은 처궁에 근심이 있으며 신유년은 손재하며 술해년은 귀한 문전에 큰 경사 있으리라. 수한(壽限)은 칠십팔세이고 이자종신(二子終身)하리라.

여자운

말년수는 돌을 쪼아 옥을 만들며 땅을 파 금을 구하니 힘은 드나 큰 공을 이루는 격이라. 사십삼사세면 자손에 액이 있고 사십오륙세면 재물을 손해보며 사십칠팔세면 만인의 인사를 받으며 사십구세면 기쁜 일이 사방에 있으며 오십세면 천금을 얻으며 오십일이세면 외방에 희소식을 들으며 오십삼사세면 슬하에 근심이 중하며 오십오륙세면 사람의 음해를 당하며 오십칠팔세면 가정에 식구를 늘리며 좋은 소식이 들리고 오십구세면 놀라고 구설이 변하여 송사되기 쉬우며 육십세면 친족간에 길인이 도와 재물을 가정에 더하며 화를 물리치리라. 자축년은 신병이 있고 인묘년은 가정에 경사있으며 진사년은 횡재하며 오미년은 슬하에 근심이 있으며 신유년은 타인의 일로 구설을 들으며 손재하고 술해년은 가정에 좋은 일이 생기리라. 수한(壽限)은 육십구세이고 일자종신(一子終身)하리라.

山澤損卦(산택손괘)

末年運

남자운

말년수는 풍우가 그치며 일륜 명월이 중천에 밝으며 천지가 명랑한 격이라. 사십삼사세면 서북으로 귀인이 스스로 와 인도하며 사십오륙세면 가정에 좋은 일이 있고 사십칠팔세면 재물을 쌓으며 사십구세면 만사가 뜻대로 되며 오십세면 신액이 있고 오십일이세면 사람의 해를 당하며 오십삼사세면 자손 경사 있고 오십오륙세면 이름이 진동하며 오십칠팔세면 놀랄 일이 있고 오십구세면 구설을 조심하며 육십세면 자손에 좋은 일이 있고 재물이 점점 늘어나니라. 자축년은 일희일비하며 진사년은 가내에 슬픈 일을 보며 인묘년은 재수 대길하며 오미년은 처궁에 액이 있으며 신유년은 횡재하며 술해년은 가정에 기쁜 소식이 들리리라. 수한(壽限)은 사십일세를 지나면 육십삼세이고 일자종신(一子終身)하리라.

여자운

말년수는 사방에 흐르는 물이 바다로 돌아가며 고기가 용문에 노는 격이라. 사십삼사세면 친족중에 길인이 도와 재수 길하며 사십오륙세면 몸에 병이 침범하며 사십칠팔세면 외방으로 반가운 사람을 만나며 사십구세면 귀인이 도와 소원이 성사되며 오십세면 일이 많고 몸이 분주하며 오십일이세면 손재하며 오십삼사세면 관재와 구설을 조심하며 오십오륙세면 자손 경사 있고 오십칠팔세면 가정에 좋은 일이 생기며 오십구세면 슬픈 회포를 억제치 못하며 육십세면 재물을 쌓으며 슬하에 경사 무궁하고 이름이 진동하리라. 인묘년은 손재하고 근심이 많으며 자축년은 가내에 기쁜 일이 있으며 진사년은 놀라며 가정이 요란하고 오미년은 횡사하며 신유년은 자손 경사 있고 술해년은 만금을 얻으리라. 수한(壽限)은 오십사세를 지나면 칠십세이고 일자종신(一子終身)하리라.

山火賁卦(산화비괘)

末年運

七
三

남자운

말년수는 가을 바람 팔구월에 풍년을 점치는 농부들이 농가에서 태평성세를 노래하는 격
이라. 사십삼사세면 처궁에 변이 있고 사십오륙세면 자손에 좋은 일이 있으며 사십칠팔세
면 재물에 패가 있고 구설이 요란하며 사십구세면 형제간에 근심이 있으며 오십세면 귀인
이 도와 재수 길하며 오십일이세면 횡재하며 오십삼사세면 신병이 있고 오십오륙세면 가
내에 경사 있으며 오십칠팔세면 구설이 있고 오십구세면 놀라며 육십세면 근심이 변하여
길한 일이 되며 재록이 만당하리라. 인묘년은 관재있고 자축년은 원방에 인연이 있으며 진
사년은 눈물을 뿌리며 오미년은 가정에 액화가 있고 신유년은 재수 길하며 술해년은 도적
을 조심할지니라. 수한(壽限)은 육십구세이고 일자종신(一子終身)하리라.

여자운

말년수는 사방으로 장사하던 사람이 만금을 벌고 고향으로 돌아오는 격이라. 사십삼사세면
슬하에 경사있으며 사십오륙세면 귀인이 친족간에 있어 큰 일을 이루며 사십칠팔세면 남
편궁에 일이 있고 사십구세면 손재하고 오십세면 구설이 나돌며 오십일이세면 가정에 기
쁜 경사있고 오십삼사세면 신액이 있으며 오십오륙세면 희소식을 들으며 오십칠팔세면 만
금을 쌓으며 오십구세면 눈물로 세월을 보내며 신병이 중하고 육십세면 자손의 일로 이름
이 진동하리라. 술해년은 횡재수 있으며 자축년은 친족간에 구설이 요란하며 인묘년은 자
손에 화를 당하며 진사년은 놀랄 일이 있고 오미년은 악인의 음해로 가내가 불안하며 신
유년은 재록이 무궁하리라. 수한(壽限)은 육십일세이니라.

山雷頤卦 (산뢰이괘)

末年運

남자운

말년수는 날이 중천에 있으니 차차 석양이 되며 달이 둥그러지는 격이라. 사십삼사세면 처궁에 불길한 일이 있고 사십오륙세면 슬하에 액이 크며 사십칠팔세면 귀한 자손에 경사 있고 사십구세면 재물에 화를 보며 오십세면 횡재하고 오십일이세면 가정에 풍파가 일며 오십삼사세면 놀랄 일이 있고 손해를 보며 오십오륙세면 멀리 여행할 수가 있으며 오십칠팔세면 악인의 해를 당하며 오십구세면 실물하며 육십세면 일희일비하며 자손에 화액이 침범하리라. 인묘년은 슬픈 회포를 금치 못하며 진사년은 손재하며 자축년은 가정에 경사 있고 오미년은 신병이 있으며 신유년은 귀인이 도우며 술해년은 재수 대길하리라. 육십칠세가 정명(定命)이니라.

여자운

말년수는 인간 영화에 마음이 없고 적막한 명산에 뜻을 두며 무상한 도학(道學)을 생각하는 격이라. 사십삼사세면 악인의 해를 입고 사십오륙세면 멀리 여행할 수가 있으며 사십칠팔세면 귀인이 도와 화액을 물리치며 사십구세면 구설이 분요하며 오십세면 가정에 원방 사람을 두지 말며 오십일이세면 놀랄 일이 있고 오십삼사세면 신병이 위태하며 오십오륙세면 손재하며 가내가 불안하고 오십칠팔세면 몸이 피곤하며 일이 많고 오십구세면 친족의 해를 입고 욕을 당하며 육십세면 반가운 소문이 들리며 기쁜 일이 많고 가내가 무사하리라. 오미년은 가정이 요란하며 신유년은 놀라며 술해년은 실물하며 자축년은 식구를 더하며 인묘년은 풍파가 일며 진사년은 악인의 일로 큰 변을 당하리라. 칠십일세가 정명(定命)이라.

山風蠱卦 (산풍고괘) 末年運

七五

남자운

말년수는 사방에 경륜하던 일을 다 그치고 집에 돌아와 성현의 글을 읽으며 성품을 기르는 격이라. 사십삼사세면 슬하에 액이 있고 사십오륙세면 재물에 낭패를 보며 사십칠팔세면 처궁에 화변이 있으며 사십구세면 신병으로 고생하며 오십세면 구설이 분요하며 오십일이세면 가내에 좋은 일이 있으며 오십삼사세면 재수 있고 오십오륙세면 눈물을 뿌리며 오십칠팔세면 도적을 조심하며 오십구세면 손재수 있고 육십세면 근심이 변하며 경사스러운 일이 되며 가정에 좋은 일이 있으리라. 오미년은 타인의 말을 듣지 말고 신유년은 가내에 우환이 있고 술해년은 처궁에 근심이 있으며 자축년은 만금을 얻으며 인묘년은 희소식이 들리며 진사년은 멀리 여행하리라. 수한(壽限)은 오십일세를 지나면 육십팔세이니라.

여자운

말년수는 가을 바람에 홀로 선 나무가 서리와 눈을 두려워하는 격이라. 사십삼사세면 재물에 재앙이 들며 사십오륙세면 신액이 위태하며 사십칠팔세면 가정에 악인이 있어 변을 일으키며 사십구세면 슬하에 일희일비하며 오십세면 재수 대길하며 오십일이세면 귀인이 도와 화를 물리치며 오십삼사세면 놀랄 일이 있으며 오십오륙세면 우환이 있고 오십칠팔세면 허욕으로 인하여 송사되며 오십구세면 도적을 조심하고 악인을 물리치며 육십세면 가정에 좋은 일이 있으며 귀인이 도와 횡재하리라. 자축년은 구설이 분요하며 인묘년은 손재하며 횡액이 있고 진사년은 멀리 여행치 말며 오미년은 슬하에 근심이 중하며 신유년은 슬픈 회포 있으며 술해년은 천금을 얻으리라. 수한(壽限)은 칠십삼세이니라.

山水蒙卦 (산수몽괘)　　　末年運

七
六

남자운

말년수는 논과 밭에서 농업에 힘쓰며 세상 영욕을 원치 아니하고 자손을 기르는 격이라. 사십삼사세면 외방에 경륜하던 일이 낭패되며 사십오륙세면 슬하에 액이 있고 사십칠팔세면 가정에 기쁜 일이 있고 사십구세면 재수 길하며 오십세면 구설이 분요하며 오십일이세면 처궁에 풍파가 일며 오십삼사세면 귀인이 남으로 오며 오십오륙세면 자손에 좋은 일이 많고 오십칠팔세면 관재를 조심하고 송사에 참여치 말며 오십구세면 가내에 우환이 있고 육십세면 서쪽에서 기쁜 일이 오며 가정에 경사 있으리라. 자축년은 눈물로 세월을 보내며 인묘년은 사람의 모함을 당하며 진사년은 외로이 자탄하며 오미년은 슬하에 일이 있고 신유년은 천금을 횡재하며 술해년은 시비가 요란하여 손재하리라. 수한(壽限)은 사십칠세를 지나면 육십일세이고 이자종신(二子終身)하리라.

여자운

말년수는 산을 파 금을 구하며 흙을 모아 산을 이루니 힘만 들고 공이 없는 격이라. 사십삼사세면 식구가 줄어들며 가내에 우환이 끊어지지 않고 사십오륙세면 자손에 경사있고 사십칠팔세면 귀인이 남으로 오며 사십구세면 신병이 심하며 오십세면 사람들이 억울함을 많이 하소연하고 구설이 분요하며 오십일이세면 가내에 일희일비하며 오십삼사세면 동으로 반가운 사람을 만나며 오십오륙세면 자손의 변괴가 있고 실물수 있으며 오십칠팔세면 이름이 사방에 진동하며 오십구세면 손재수 있고 육십세면 송사가 일어나 큰 시비가 생기며 몸에 불길한 일이 생기리라. 자축년은 외로운 회포를 금치 못하여 눈물로 세월을 보내며 인묘년은 슬하에 좋은 일을 보며 진사년은 손재되며 오미년은 신액이 있으며 신유년은 구설이 분요하며 술해년은 가정에 놀랄 일이 있고 자손에 근심이 많으리라. 수한(壽限)은 칠십세이고 삼자종신(三子終身)하리라.

重 艮 卦(중간괘)   末年運

남자운

말년수는 꽃이 봄 산에 만발하니 봉접이 날아들며 꽃 향기가 진동하여 사람의 심회를 새롭게 하는 격이라. 사십삼사세면 처궁에 좋은 일을 보며 사십오륙세면 재물을 동남으로 얻으며 사십칠팔세면 슬하에 액이 있고 사십구세면 손재하며 오십세면 외방에 좋은 일이 있으며 오십일이세면 귀인이 서쪽에서 오며 오십삼사세면 구설이 왕래하며 오십오륙세면 신병이 침범하며 오십칠팔세면 경사 있고 오십구세면 눈물을 흘리며 육십세면 자손의 일로 가내에 기쁜 경사 있고 금옥이 만당하리라. 자축년은 집안에 슬픈 일이 있고 인묘년은 자손에 근심이 있으며 진사년은 몸에 병이 침범하며 오미년은 시비가 요란하며 신유년은 이별수 있으며 술해년은 천금을 쌓으리라. 수한(壽限)은 육십이세이고 이자종신(二子終身)하리라.

여자운

말년수는 금옥이 만당하며 기린과 봉황이 상서(祥瑞)를 드리는 격이라. 사십삼사세면 남편에 좋은 소식을 들으며 사십오륙세면 한번 얻고 한번 잃으며 사십칠팔세면 만금을 쌓으며 이름이 사방에 진동하고 사십구세면 금옥이 만당하며 슬하에 경사 있고 오십세면 손재하며 오십일이세면 슬픈 일이 있으며 오십삼사세면 귀인이 오며 오십오륙세면 구설이 변하여 좋은 일이 되며 오십칠팔세면 가내에 흉한 일을 보며 오십구세면 신병이 있고 육십세면 자손에 경사 있으며 동남으로 재물을 얻으며 집에 좋은 일을 보리라. 오미년은 형제간에 액이 있으며 자축년은 놀라며 인묘년은 도적을 조심하며 진사년은 이별수 있으며 신병이 한번 일면 위태하며 신유년은 재수 있고 술해년은 가내에 무사하리라. 수한(壽限)은 칠십오세이고 삼자종신(三子終身)하리라.

山地剝卦 (산지박괘)

남자운

말년수는 바람이 불매 티끌이 온 하늘에 가득하여 일월을 가리여 혼몽한 천지를 이룬 격이라. 사십삼사세면 형제간에 액이 있으며 사십오륙세면 자손으로 놀라며 사십칠팔세면 재물을 한번 얻고 한번 잃으며 사십구세면 슬하에 근심이 있으며 오십세면 실물하며 오십일이세면 가정에 풍파가 일며 오십삼사세면 먹을 것은 적은데 할 일만 많으며 오십오륙세면 타인의 말을 듣지 말며 오십칠팔세면 귀인이 북으로 와 오래 경륜하던 일을 성사하며 오십구세면 가내에 변이 있고 육십세면 횡재하거나 자손 경사있으리라. 자축년은 슬픈 회포 있고 인묘년은 손재하며 진사년은 횡액이 침범하며 관재있고 오미년은 역마성이 움직이며 신유년은 재수 대통하며 술해년은 귀인이 도우리라. 수한(壽限)은 오십팔세를 지나면 육십오세이고 이자종신(二子終身)하리라.

여자운

말년수는 몸은 외로우나 자손이 만당하며 가정이 태평하여 영화로운 세월을 보내며 자손을 양육하는 격이라. 사십삼사세면 동으로 천금을 얻으며 사십오륙세면 몸에 병이 생겨 고생이 심하며 사십칠팔세면 자손간에 좋은 영화있으며 사십구세면 실물하며 가정에 우환이 있고 오십세면 눈물로 탄식을 억제치 못하며 오십일이세면 희소식이 들리며 반가운 사람을 만나고 오십삼사세면 노복등의 일로 구설이 요란하며 오십오륙세면 가정에 경사 있으며 오십칠팔세면 송사되기 쉬우며 손재하리라. 오십구세면 신액이 있고 슬하에 변이 생기며 육십세면 만금을 쌓으며 복록이 무량하고 가내에 기쁜 일이 있으리라. 인묘년은 관액이 두려우며 외인의 시비가 많고 자축년은 슬하에 근심이 있으며 진사년은 악한 사람의 해를 받으며 오미년은 재수있고 신유년은 귀인이 오며 술해년은 슬픈 일이 가정에 생기리라. 수한(壽限)은 이십일세를 지나면 팔르십세이고 이자종신(二子終身)하리라.

地天泰卦(지천태괘) 末年運

남자운

말년수는 봉구황한 곡조에 맞추어 봉황이 춤을 추니 군자의 행락이며 소인이 못할 격이니라. 사십삼사세면 동방 사람과 큰 일을 경륜하여 성사되며 금옥이 만당하며 사십칠팔세면 반가운 사람이 집에 들어오며 사십구세면 가정에 경사 있으며 오십세면 타향에 역마가 있어 멀리 여행하며 오십일이세면 귀인이 서쪽에서 오며 기쁜 일을 보고 오십삼사세면 손재하며 오십오륙세면 신병이 있고 오십칠팔세면 가내에 일이 많으며 오십구세면 슬하에 변이 있고 육십세면 자손 경사 많으며 천금을 얻으리라. 자축년은 슬픈 일이 있고 인묘년은 근심이 중하고 진사년은 경사 있으며 오미년은 놀랄 일이 있고 신유년은 큰 화변을 당하며 술해년은 재록이 가내에 풍부하리라. 수한(壽限)은 육십구세이고 이자종신(二子終身)하리라.

여자운

말년수는 어진 신하가 밝은 인군을 만나 재수를 다하여 만민을 다스리며 충성으로 나라를 돕는 격이라. 사십사오세면 집에 경사있으며 사십육칠세면 천금을 얻으며 자손에 기쁜 일을 보며 사십팔구세면 이별수 있고 눈물을 뿌리며 오십세면 타인의 말을 듣지 말며 시비를 일으키지 말고 오십일세면 관재를 조심하며 오십삼사세면 이름이 사방에 진동하며 오십오륙세면 가정에 희소식을 들으며 귀인이 원방에서 오고 오십칠팔세면 자손의 일로 속재하고 오십구세면 동북으로 횡재하며 몸에 병이 생겨 위태하리라. 육십세면 자손간에 한번 잃고 한번 얻으며 이별수 있고 재물이 줄어드니라. 자축년은 슬픈 일이 있으며 인묘년은 자손의 일로 놀라며 진사년은 신병이 있고 오미년은 친족간에 음인이 있어 모함을 당하며 신유년은 손재하고 술해년은 좋은 일이 많으리라. 수한(壽限)은 칠십삼세이고 일자종신(一子終身)하리라.

地澤臨卦 (지택임괘)

末年運

남자운

말년수는 흑운이 흩어지며 일륜 명월이 중천에 빛나며 만물이 새로운 격이라. 사십삼사세면 처궁에 풍파일며 사십오륙세면 자손에 경사 있으며 사십칠팔세면 만금을 쌓으며 귀인이 도와 만사 대길하고 사십구세면 슬하에 액이 있으며 오십세면 외방에 경륜하던 일을 성사하며 오십일이세면 가내에 근심이 중하고 오십삼사세면 자손의 일로 이름이 진동하며 오십오륙세면 손재하며 오십칠팔세면 신병이 있고 오십구세면 구설이 분분하며 육십세면 재물을 얻고 집안에 좋은 일이 많으리라. 자축년은 눈물을 뿌리며 이별수 있고 인묘년은 실물하며 진사년은 횡재하고 오미년은 슬하에 경사있고 신유년은 구설이 있고 술해년은 가정이 불안하리라. 수한(壽限)은 육십구세이고 이자종신(二子終身)하리라.

여자운

말년수는 천년을 수도(修道)하던 용이 여의주를 얻어 무궁한 조화를 부리니 만사가 대길한 격이라. 사십삼사세면 남편에 경사있으며 사십오륙세면 귀인이 남으로 오며 사십칠팔세면 이름이 사방에 진동하며 사십구세면 슬하에 경사 무궁하며 오십세면 슬픈 일이 있고 오십일이세면 일희일비하며 오십삼사세면 가내에 흉한 사람이 있어 해를 입히며 오십오륙세면 신병이 있으며 집안에 우환이 있고 오십칠팔세면 만금을 쌓으며 금옥이 만당하고 오십구세면 원방에서 희소식이 들리며 반가운 사람이 와 큰 일을 성사시키며 육십세면 복록이 무량하리라. 자축년은 식구가 줄어들며 인묘년은 가내에 좋은 일이 발생하며 진사년은 천금을 얻으며 구설이 분분하고 오미년은 손재하며 신유년은 액이 있으며 술해년은 멀리 여행하지 않으면 집을 이사하리라. 수한(壽限)은 칠십일세이고 일자종신(一子終身)하리라.

地火明夷卦(지화명이괘) 末年運

남자운

말년수는 세상 만사에 풍파를 지내고 부귀 영욕을 원치 않고 대지팡이와 짚신으로 강산의 풍경을 탐하는 격이라. 사십삼사세면 역마가 있으니 멀리 여행할 수요. 사십오륙세면 몸에 병이 들며 외로운 회포를 억제치 못하며 사십칠팔세면 희소식이 들리며 길인이 도와 천금을 얻으며 사십구세면 풍파를 여러번 지내고 액이 차차 사라지며 오십세면 슬하에 좋은 일을 보며 오십일이세면 재수 대길하고 오십삼사세면 귀인이 도우며 오십오륙세면 가정에 기쁜 일이 생기며 오십칠팔세면 반가운 일이 있고 오십구세면 손재하며 육십세면 자손 경사있고 재물을 쌓으며 좋은 일이 많으리라. 인묘년은 슬픈 일이 있고 자축년은 가내에 경사있고 진사년은 몸이 외방에 일이 많으며 오미년은 신액이 있으며 손재하며 신유년은 가정에 좋은 일이 생기며 술해년은 서쪽에서 귀인이 오리라. 수한(壽限)은 사십오세를 지나면 육십구세이고 이자종신(二子終身)하리라.

여자운

말년수는 타향에 외로운 객이 봄을 당하여 집을 생각하고 거문고로 사향곡(思鄕曲)을 노래하는 격이라. 사십삼사세면 놀랄 일이 있으며 사십오륙세면 자손에 경사있으며 사십칠팔세면 귀인이 도와 횡재하며 사십구세면 신병이 있고 가정에 변이 생기며 오십세면 만금을 쌓으며 오십일이세면 가정에 놀랄 일이 있으며 오십삼사세면 슬하에 큰 근심이 있고 오십오륙세면 동남으로 악한 사람의 모함으로 재물이 흩어지며 오십칠팔세면 눈물로 세월을 보내며 가정에 불길한 일이 있으리라. 오십구세면 손재하며 구설이 분분하고 육십세면 천금을 얻으며 친족간에 귀인이 있어 도우니 액이 사라지리라. 인묘년은 반가운 소식이 있으며 오미년은 자손 경사있고 신유년은 신액이 있고 술해년은 동으로 재물을 얻으리라. 수한(水旱)은 육십삼세이고 이자종신(二子終身)하리라.

地雷復卦 (지뢰복괘)

末年運

八四

남자운

말년수는 추운 겨울이 물러가고 봄이 돌아오니 만물이 번창하며 백화가 만발한 격이라. 사십삼사세면 서북으로 반가운 사람을 만나며 사십오륙세면 가정에 좋은 일이 많으며 사십칠팔세면 이름이 사방에 진동하며 귀인이 손을 이끌고 사십구세면 만금을 쌓으며 오십세면 구설이 요란하며 오십일이세면 횡재하며 오십삼사세면 슬하에 액이 있고 오십오륙세면 처궁에 좋은 소식이 있고 오십칠팔세면 신병이 있고 오십구세면 가정에 우환이 있으며 육십세면 복록이 무량하며 자손에 좋은 일이 많으리라. 자축년은 귀인을 만나며 인묘년은 처궁에 기쁜 경사있고 진사년은 일이 사방에 있으며 오미년은 자손 경사있으며 신유년은 구설이 분분하며 술해년은 재수 대길하리라. 수한(壽限)은 육십칠세이고 이자종신(二子終身)하리라.

여자운

말년수는 인간 고생을 다 지내고 마음 덕으로 하늘이 복을 내리시니 무궁한 경사를 누리는 격이라. 사십삼사세면 자손의 일로 이름이 원근에 진동하며 사십오륙세면 만금을 쌓으며 사십칠팔세면 가정에 경사있고 사십구세면 슬하에 변이 있으며 오십세면 신병이 있고 오십일이세면 귀인이 도와 자손이 영귀하며 오십삼사세면 눈물을 뿌리며 오십오륙세면 근심이 변하여 좋은 일이 되며 오십칠팔세면 가족 중에 음인이 있어 가내가 평안하지 못하며 오십구세면 외방으로 희소식이 들리며 육십세면 금옥이 만당하며 자손이 창성하리라. 인묘년은 슬하에 영화 있으며 자축년은 놀랄 일이 있고 진사년은 형제간에 변이 있어 우환이 있고 신유년은 손재하며 술해년은 희소식이 들리고 횡재하리라. 수한(壽限)은 육십팔세이고 이자종신(二子終身)하리라.

地風昇卦 (지풍승괘)

末年運

남자운

말년수는 많은 사람이 덕망을 찬양하니 덕이 많은 군자요. 복록이 무궁한 격이라. 사십삼 사세면 문전에 좋은 소식이 있으며 사십오륙세면 자손에 영화있고 사십칠팔세면 가정에 큰 변이 생기며 구설이 요란하고 사십구세면 신액이 있고 놀라며 오십세면 슬하에 근심이 있고 처액이 있으며 오십일이세면 재물이 흩어지며 오십삼사세면 자손에 좋은 일을 보며 오십오륙세면 가내에 근심이 있고 오십칠팔세면 슬픈 일을 당하며 이별수 있고 오십구세 면 동으로 재물을 얻으며 육십세면 가내에 경사있으며 복록이 날로 오리라. 자축년은 처액 을 조심하며 인묘년은 슬하에 경사있고 진사년은 우환이 있으며 오미년은 가내에 근심이 많고 신유년은 횡재하며 술해년은 일희일비하며 몸이 괴로우리라. 수한(壽限)은 삼십세를 지나면 육십삼세이고 일자종신(一子終身)하리라.

여자운

말년수는 부귀 복록을 마음대로 누리고 명산대천 좋은 풍경에 청한한 운치를 원하고 속세 를 떠나고자 하는 격이라. 사십삼사세면 눈물을 뿌리며 사십오륙세면 형제간에 기쁜 소식 이 들리며 사십칠팔세면 남편궁에 근심이 있고 사십구세면 자손에 액이 있고 오십세면 재 물을 손해보며 오십일이세면 영화를 누리고 오십삼사세면 악인의 해를 입으며 오십오륙세 면 이름이 진동하며 오십칠팔세면 남편의 일로 만금을 횡재하며 가정에 좋은 일이 있고 또 이별수 있으며 오십구세면 신병이 두려우며 집안에 재앙이 생기고 육십세면 풍파가 일 며 슬픈 일을 보리라. 인묘년은 남편궁에 근심이 중하며 자축년은 가정이 요란하며 진사년 은 영화를 보며 오미년은 기쁜 일이 많으며 신유년은 손재수 있고 술해년은 천금을 횡재 하리라. 수한(壽限)은 칠십삼세이고 일자종신(一子終身)하리라.

地水師卦 (지수사괘)   末年運

남자운

말년수는 대장부가 세상에 큰 공을 이루고 이름을 날리며 벼슬을 하직하고 자연속에서 즐거움을 취하는 격이라. 사십삼사세면 문전에 희소식이 있고 사십오륙세면 가내에 무궁한 영화가 있고 사십칠팔세면 슬픈 회포있고 슬하에 일희일비하며 사십구세면 신액이 있고 오십세면 근심이 끊어지지 않으며 오십일이세면 뜻을 고치며 오십삼사세면 실물하며 오십오륙세면 몸이 분주하고 가내에 근심이 많으며 오십칠팔세면 옛 일을 버리고 새 일을 경륜하며 오십구세면 자손에 좋은 일을 보며 육십세면 금옥이 만당하며 가정이 태평하리라. 인묘년은 처궁에 변이 있고 자축년은 몸에 병이 들면 위태하며 진사년은 실물하며 오미년은 자손에 좋은 일을 보며 신유년은 이별수 있고 술해년은 이름이 진동하며 영화가 무궁하리라. 수한(壽限)은 육십구세이고 이자종신(二子終身)하리라.

여자운

말년수는 봄 바람에 만발한 꽃이 일조에 떨어지며 열매를 맺으니 오색으로 무르익은 격이라. 사십삼사세면 친족간에 희소식이 들리며 가내에 기쁜 일이 많고 사십오륙세면 남편에 근심이 되며 사십칠팔세면 도적을 조심하며 사십구세면 가정이 요란하며 오십세면 자손의 일로 이름이 진동하며 오십일이세면 신병이 위태하며 오십삼사세면 타인의 말을 듣지 말며 오십오륙세면 원방으로 반가운 소식을 들으며 자손에 영화를 보고 재물이 생기며 오십칠팔세면 슬하에 일희일비하며 가정에 악인이 있어 집안이 떠들썩하고 어수선하며 구설이 왕래하고 오십구세면 횡재하며 신병이 있고 육십세면 이름이 사방에 진동할 일이 생기리라. 자축년은 가정에 놀랄 일이 있고 인묘년은 우환으로 근심하며 진사년은 천금을 횡재하며 오미년은 부모에 근심이 중하고 신유년은 눈물을 흘리며 술해년은 가정에 기쁜 경사있으리라. 수한(壽限)은 오십일세를 지나면 육십삼세이고 이자종신(二子終身)하리라.

地山謙卦 (지산겸괘)

末年運

남자운

말년수는 풍파를 지내고 외로운 회포로 속세에 뜻이 적고 명승지대에서 좋은 도학을 연구코자 하는 격이라. 사십삼사세면 귀인이 중도에서 낭패하니 바라던 생각이 일조에 허사가 되며 사십오륙세면 신병이 있고 사십칠팔세면 슬하에 근심이 중하고 사십구세면 구설이 분분하며 오십세면 처궁에 눈물을 흘리며 오십일이세면 천금을 얻으며 오십삼사세면 집안에 좋은 경사있고 오십오륙세면 손재하며 오십칠팔세면 멀리 여행함이 길하고 오십구세면 관재를 조심하며 육십세면 귀인이 인도하여 소원을 성취하리라. 인묘년은 귀인이 도와 재수있고 자축년은 외방에서 일이 많고 진사년은 슬픈 일이 있으며 오미년은 가정에 기쁜 일이 생기며 신유년은 관재를 조심하며 술해년은 천금을 얻으리라. 수한(壽限)은 삼십이세를 지나면 육십팔세이니라.

여자운

말년수는 운무를 헤치며 일륜 명월이 반공에 뚜렷이 밝으며 만물이 다 새로운 격이라. 사십삼사세면 천금을 얻으며 사십오륙세면 자손에 영화 있고 사십칠팔세면 동방에서 귀인이 오며 화액이 사라지고 사십구세면 가내에 좋은 일이 있고 오십세면 친족간에 공연한 구설이 왕래하며 오십일이세면 가내에 우환이 끊어지지 않으며 오십삼사세면 금옥이 만당하고 오십오륙세면 슬픈 눈물을 슬하에 뿌리며 오십칠팔세면 기쁜 소식을 들으며 재수 대길하고 오십구세면 자손의 일로 이름이 사방에 진동하며 놀랄 일이 있고 인묘년은 재수 길하며 진사년은 경사있고 오미년은 사람의 해를 당하며 신유년은 횡재하고 술해년은 슬하에 변이 있으리라. 수한(壽限)은 육십사세이고 일자종신(一子終身)하리라.

重 坤 卦 (중곤괘)

末年運

八
八

남자운

말년수는 봉접이 화원에서 춤을 추며 향기를 희롱하며 춘흥을 돋우는 격이라. 사십삼사세면 역마가 있으며 사십오륙세면 재수 대길하며 귀인이 자리하고 사십칠팔세면 부모궁에 변을 당하며 가정이 요란하고 사십구세면 신병으로 고생하며 오십세면 슬하에 영화있고 오십일이세면 천금을 얻으며 오십삼사세면 처궁에 근심이 중하며 손재하고 오십오륙세면 가정에 영화가 무궁하며 오십칠팔세면 두 사람과 동남으로 경영하던 일을 성사하며 오십구세면 구설이 있고 육십세면 황금이 만당하리라. 자축년은 자손 경사있고 인묘년은 처궁에 화액이 침범하며 진사년은 재수 대통하며 오미년은 멀리 여행하고 신유년은 슬하에 액이 있고 술해년은 가정에 좋은 일이 많으리라. 수한(壽限)은 육십구세이고 이자종신(二子終身)하리라.

여자운

말년수는 석달 동안의 봄이 산야에 꽉 차 있으니 복숭아 꽃은 홍색을 머금어 만발하고 버드나무는 가지가지 푸른 격이라. 사십삼사세면 이름이 사방에 진동하며 사비오륙세면 금옥을 쌓으며 사십칠팔세면 슬하에 근심이 있고 사십구세면 가정에 일이 있고 손재하며 오십세면 자손에 영화가 무궁하며 오십일이세면 놀랄 일이 있으며 오십삼사세면 구설이 분분하며 오십오륙세면 가정에 기쁜 일이 있으며 오십칠팔세면 슬하에 일희일비할 일이 있고 형제중에 경사로운 일이 생기며 오십구세면 천금을 횡재하며 육십세면 희소식을 들으며 가내에 구설이 변하여 좋은 일이 되리라. 자축년은 외방으로 반가운 사람이 오며 인묘년은 재수 대길하며 진사년은 눈물을 뿌리며 오미년은 슬하에 액이 있고 신유년은 신병이 있으며 술해년은 천금을 쌓으리라. 수한(壽限)은 육십구세이고 삼자종신(三子終身)하리라.

230 -

부 록

1. 육 갑 법(六甲法)

육갑법이란 천간(天干)은 무엇이고 지지(地支)는 무엇이며 육십갑자는 무엇을 말하고, 또는 천간과 지지는 서로 만나면 어떤 작용(作用)을 하는가 등에 대한 술학(術學)의 기본적 상식이다.

① 천간(天干)과 지지(地支)

천간은 그냥 간(干)이라고도 하고 지지(地支)를 그냥 지(支)라고도 하며 천간과 지지를 합칭간지(干支)라 한다. 그리고 천간은 열개로 되어 있다하여 십간(十干)이라고도 하고, 지지는 열두개가 있다해서 십이지(十二支)라고도 한다.

천간의 명칭과 순서는 아래와 같다.

天干＝甲·乙·丙·丁·戊·己·庚·辛·壬·癸
　　 천 간 갑 을 병 정 무 기 경 신 임 계

십이지의 명칭과 순서는 아래와 같다.

地支＝子·丑·寅·卯·辰·巳·午·未·申·酉·戌·亥
　　 지 지 자 축 인 묘 진 사 오 미 신 유 술 해

② 간지(干支)의 음양(陰陽)

천간과 지지는 각각 음양이 있는데 이래와 같다.

천간의 甲 丙 戊 庚 壬은 양에 속하고 乙 丁 己 辛 癸는 음에 속한다.

지지의 子 寅 辰 午 申 戌은 양에 속하고 丑 卯 巳 未 酉 亥는 음에 속한다.

이를 다음과 같이 표로 작성해 본다.

天干 천간	甲 양	乙 음	丙 양	丁 음	戊 양	己 음	庚 양	辛 음	壬 양	癸 음		
地支 지지	子 양	丑 음	寅 양	卯 음	辰 양	巳 음	午 양	未 음	申 양	酉 음	戌 양	亥 음

③ 간지(干支)의 작용(作用)

천간(干干)은 서로 충(沖)하는 것과 합(合)하는 관계가 있고, 지지(地支)는 합하고 충하고 형(刑)하고 파(破)하고 해(害)하고 싫어하는 (怨嗔)것이 있으니 다음과 같다.

　　　○ 간　　합(干合)

천간끼리 서로 합이 되는 것인데 천간합(天干合)또는 그냥 간합(干合)이라 한다. 다음과 같다.

甲己合　乙庚合　丙辛合　丁壬合　戊癸合
갑기합　　을경합　　병신합　　정임합　　무계합

甲이 己를 만나거나 己가 甲을 만나면 서로 합(合)을 이룬다. 乙庚 丙辛 丁壬 戊癸의 합도 마찬가지다.

　　　○ 간　　충(干沖)

충(沖)이란 서로 충돌한다는 뜻이다. 이를 천간충(天干沖)또는 그냥 간충(干沖)이라고도 하는데 아래와 같다.

甲庚沖　乙辛沖　丙壬沖　丁癸沖　戊己沖
갑경충　　을신충　　병임충　　정계충　　무기충

가령 甲이 庚을 만나거나 庚이 甲을 만나면 서로 충돌하는 성질이 있다. 乙辛沖 丙壬沖 丁癸沖 戊己沖도 甲庚沖과 같은 예다.

　　　○ 지　　합(支合)

지합(支合)이란 지지(地支)끼리 서로 합(合)을 이루는 것인바 지합에는 삼합(三合)과 육합(六合)이 있다. 아래와 같다.

三合＝申子辰合　巳酉丑合　寅午戌合　亥卯未合

가령 申子辰이 三合인데 申이 子를 만나거나 辰을 만나도 합이오 子가 申이나 辰을 만나거나 辰이 子나 申을 만나도 합이니 申子辰 혹은 申辰, 子辰, 申子 이렇게 만나도 합이라 한다. 그외 巳酉丑 巳酉 酉丑 巳丑도 합이오 寅午戌 寅午, 午戌 寅戌이 만나도 합이며, 亥卯未 亥未 亥卯 卯未, 이렇게 만나도 합이다. 원칙적으로 三合되는 지(支)끼리 셋이 모두 만나면 三合이오 둘씩 만나면 반합(半合)또는 반회(半會)라 한다.

六合＝子丑合　寅亥合　卯戌合　辰酉合　巳申合　午未合

가령 子가 丑을 만나거나 丑이 子를 만나면 지합(支合)또는 육합(六合)이라 한다. 寅亥合 卯戌合, 辰酉合, 巳申合, 午未合도 마찬가지다.

○ 지　충(支沖)

지충(支沖)이란 지지끼리 서로 만나면 충돌하는 관계를 말하는데 이를 육충(六沖)또는 지지상충(地支相沖)이라고도 한다.

子午沖　丑未沖　寅申沖　卯戌沖　辰戌沖　巳亥沖

子와 午가 상충(相沖)이오 丑과 未가 상충이오 寅과 申이 상충이오, 卯와 酉가 상충이오, 辰과 戌이 상충이오. 巳와 亥가 상충이다.

○ 지　형(支刑)

지형(支刑)이란 지지끼리 서로 형(刑)한다는 뜻으로 충(沖)과 마찬가지의 작용을 한다. 그리고 이 지형을 삼형(三刑)이라고도 한다.

寅巳申三刑　丑戌未三刑　（子卯相刑　辰午酉自刑）
　　삼형　　　　　　　　　상형　　　　자형

寅巳申三刑이란 寅은 巳를 형하고, 巳는 申을 형하고, 申은 寅을 형한다 함이오, 丑戌未三刑이란 丑은 戌을 형하고 戌은 未를 刑하고 未는 丑을 형한다 함이요, 子卯상형(相刑) 이란 子와 卯가 서로 형한다 함이오, 辰午酉亥자형(自刑)이란 辰은 辰을 午는 午를 酉는 酉를 亥는 亥를 같은 지(支)끼리 만나면 형한다는 뜻이다.

○ 지　파(支破)

지파(支破)를 육파(六破)라고도 하는데 파(破)란 서로 파괴한다는 뜻이다.

子酉破　丑辰破　寅亥破　巳申破　卯午破　戌未破
　　파　　　파　　　파　　　파　　　파　　　파

子는 酉를 파괴하고 酉는 子를 파괴하니 子酉가 만나면 서로 파괴한다는 뜻이다. 이하 丑－辰 寅－亥 巳－申 卯－午 戌－未의 파도 마찬가지다.

○ 지　해(支害)

지해(支害)는 육해(六害)라고도 하는데 서로 해치는 관계를 말한다.

子未害　丑午害　寅巳害　卯辰害　申亥害　酉戌害
　해　　　해　　　해　　　해　　　해　　　해

　가령 子未가 해(害)이니 子는 未를 해하고 未는 子를 해하므로 子未가 만나면 서로 해진다는 뜻으로 이하 丑午 寅巳 卯辰 申亥 酉戌의 해도 마찬가지다.

　○ 원　　진(怨嗔)

　원진이란 서로 미워하는 관계를 말한다.

子－未　丑－午　寅－酉　卯－申　辰－亥　巳－戌

　子는 쥐, 丑은 소, 寅은 범, 卯는 토끼, 辰은 용, 巳는 뱀, 午는 말, 未는 양(羊), 申은 원숭이(잔나비), 酉는 닭, 戌은 개, 亥는 돼지라 한다. 즉 쥐(子)는 양(未)의 뿔을 싫어하고, 소(丑)는 말(午)이 갈지않고 노는 것을 미워하고, 범(寅)은 닭(酉)의 부리가 짧은 것을 미워하고, 토끼(卯)는 원숭이(申)의 허리가 굽은 것을 원망하고, 용(辰)은 돼지(亥)의 얼굴이 검은 것을 미워하고, 뱀(巳)은 개(戌)짖는 소리를 싫어한다.

　(鼠忌羊頭角　牛憎馬不耕,　虎憎鶏嘴短,　兎怨猴不平　龍嫌猪面黑　蛇驚犬吠聲)

④ 육십갑자(六十甲子)

　육십갑자(六十甲子)의 기본은 십간(十干)과 십이지(十二支)다. 이 십간 십이지가 순서대로 서로 사귀어 배합(配合)하면 아래와 같은 육십개의 간지(干支)로 구성되므로 육십갑자라 한다.

甲子	乙丑	丙寅	丁卯	戊辰	己巳	庚午	辛未	壬申	癸酉
甲戌	乙亥	丙子	丁丑	戊寅	己卯	庚辰	辛巳	壬午	癸未
甲申	乙酉	丙戌	丁亥	戊子	己丑	庚寅	辛卯	壬辰	癸巳
甲午	乙未	丙申	丁酉	戊戌	己亥	庚子	辛丑	壬寅	癸卯
甲辰	乙巳	丙午	丁未	戊申	己酉	庚戌	辛亥	壬子	癸丑
甲寅	乙卯	丙辰	丁巳	戊午	己未	庚申	辛酉	壬戌	癸亥

⑤ 월 건 법(月建法)

　월건법(月建法)이란 육갑법(六甲法)으로 일년 십이월은 각각 무엇에 해당하는가를 알아보는 법으로 다음과 같다.

正月 寅, 二月 卯, 三月 辰, 四月 巳, 五月 午, 六月 未, 七月 申, 八月 酉, 九月 戌, 十月 亥, 十一月 子, 十二月 丑

어느 해를 막론하고 正月은 寅月이오 二月은 卯月, 三月은 辰月, 四月은 巳月, 五月은 午月, 六月은 未月, 七月은 申月, 八月은 酉月, 九月은 戌月, 十月은 亥月, 十一月은 子月, 十二月은 丑月이라 한다.

그런데 가령 正月은 寅月인데 위에 천간(天干)을 붙여 丙寅月 戊寅月 庚寅月 壬寅月 甲寅月 등으로 六十甲子가 月마다 속해 있는 것이니 이를 쉽게 따지는 요령은 아래와 같다.

甲己年─丙寅頭, 乙庚年─戊寅頭, 丙辛年─庚寅頭,
丁壬年─壬寅頭, 戊癸年─甲寅頭

이를 아래아 같이 일림표로 작성해 본다.

生月＼月別	正(寅)	二(卯)	三(辰)	四(巳)	五(午)	六(未)	七(申)	八(酉)	九(戌)	十(亥)	十一(子)	十二(丑)
甲 己 年	丙寅	丁卯	戊辰	己巳	庚午	辛未	壬申	癸酉	甲戌	乙亥	丙子	丁丑
乙 庚 年	戊寅	己卯	庚辰	辛巳	壬午	癸未	甲申	乙酉	丙戌	丁亥	戊子	己丑
丙 申 年	庚寅	辛卯	壬辰	癸巳	甲午	乙未	丙申	丁酉	戊戌	己亥	庚子	辛丑
丁 壬 年	壬寅	癸卯	甲辰	乙巳	丙午	丁未	戊申	己酉	庚戌	辛亥	壬子	癸丑
戊 癸 年	甲寅	乙卯	丙辰	丁巳	戊午	己未	庚申	辛酉	壬戌	癸亥	甲子	乙丑

가령 甲年 즉 甲子 甲戌 甲申 甲午 甲辰 甲寅 등 테세(太歲)의 천간(天干)이 甲으로 되었거나 己巳 己卯 己丑 己亥 己酉 己未 등 태세의 천가이 己로 된 해는 반드시 正月을 丙寅부터 시작하여 二月은 丁卯, 三月은 戊辰, 四月은 己巳, 五月은 庚午, 六月은 辛未, 七月은 壬申, 八月은 癸酉, 九月은 甲戌, 十月은 乙亥, 十二月은 丙子, 十二月은 丁丑이 된다는 뜻이다.

위 일람표의 예로 가령 戊辰年 八月이면 辛酉月이오, 庚午年 五月이면 壬午月이니 모두 이와 같은 예로 일람표를 참고하느 것이다.

⑥ 시 간 법(時間法)

하루는 二十四時요. 六甲法으로 따지면 두 시간에 一支時씩 십이지시(十二支時)가 된다. 따지는 요령은 오후 十一時 零分부터 子時가 시작되어 두시 간에 一支時씩 丑寅卯辰巳午未申酉戌亥로 十二支 순서를 따져 나간다.

子時 : 오후 11시 ~ 명일0시말   午時 : 오전 11시 ~ 오후1시말
丑時 : 오전 1시 ~ 2시말   未時 : 오후 1시 ~ 2시말
寅時 : 오전 3시 ~ 4시말   申時 : 오후 3시 ~ 4시말
卯時 : 오전 5시 ~ 6시말   酉時 : 오후 5시 ~ 6시말
辰時 : 오전 7시 ~ 8시말   戌時 : 오후 7시 ~ 8시말
巳時 : 오전 9시 ~ 10시말   亥時 : 오후 9시 ~ 10시말

時 旰	子 時 (0시)	丑 〃	寅 〃	卯 〃	辰 〃	巳 〃	午 〃	未 〃	申 〃	酉 〃	戌 〃	亥 〃	(子) (밤) 11시
甲己日	甲子	乙丑	丙寅	丁卯	戊辰	己巳	庚午	辛未	壬申	癸酉	甲戌	乙亥	(丙子)
乙庚日	丙子	丁丑	戊寅	己卯	庚辰	辛巳	壬午	癸未	甲申	乙酉	丙戌	丁亥	(戊子)
丙辛日	戊子	己丑	庚寅	辛卯	壬辰	癸巳	甲午	乙未	丙申	丁酉	戊戌	己亥	(庚子)
丁壬日	庚子	辛丑	壬寅	癸卯	甲辰	乙巳	丙午	丁未	戊申	己酉	庚戌	辛亥	(壬子)
戊癸日	壬子	癸丑	甲寅	乙卯	丙辰	丁巳	戊午	己未	庚申	辛酉	壬戌	癸亥	(甲子)

가령 甲午日 卯時라면 丁卯時요, 己丑日 午時라면 庚午時다. 또 乙未日 寅時면 戊寅時요 壬子日 巳時면 乙巳時가 된다.

⑦ 간 지(干支)의 수(數)

천간과 지지는 또 각각 그에 속한 수(數)가 있는데 선천수(先天數)와 후천수(後天數)와 중천수(中天數)가 있다.

○ 선천수(先天數)

甲己子午九, 乙庚丑八, 丙辛寅申七, 丁壬卯酉六 戊癸辰戌五 巳亥屬之四

○ 후천수(後天數)

壬子一, 丁巳二, 甲寅三, 辛酉四 戊辰戌五, 癸亥六 丙午七 乙卯八 庚辛九 己百(혹은 十)丑未十

○ 중천수(中天數)

甲己辰戌丑未十一, 乙庚申酉十, 丙辛亥子九, 丁壬寅卯八, 戊癸巳午七

※ 토정비결작쾌법(土亭祕訣作卦法)

이상의 선후천수(先後天數)및 중천수(中天數)로 다음과 같이 토정비결의 쾌(卦)를 짓는다.

상괘(上卦)＝당년 태세를 중천수에 의해 간지(干支)수를 합한 숫자에다 주인공의 당년 연령수를 합한다음 八로 제(除)하여 나머지수로 상괘(上卦)를 정한다. (나머지가 없이 0으로 떨어지면 그냥 八을 된다.)

중괘(中卦)＝주인공의 생월(生月)로 당년 출생월에 해당하는 월건(月建)으로 선천수의 간지수를 합하고, 그 달이 크면 30, 작으면 29를 또 합해서 六으로 제(除)하여 나머지 수로 중괘를 정한다.(나머지자 없이 0이면 六을 취용한다.)

하괘(下卦)＝주인공의 생일로 당년 생일의 일진을 취용하는바 日干은 선천수를, 日支는 중천수를 취하여 干支합한 다음 또 생일 날수를 총합해서 三으로 제하고 남는 수로 하괘를 정한다(나머지가 없으면 다시 三으로 한다)

2. 음 양(陰陽)

천지만물 가운데 음양(陰陽)으로 분류되지 않은 것은 하나도 없다. 음양이란 상대성원리(相對性原理)와 거의 부합되는 것으로 높고 낮고, 크고 작고, 길고 짧고, 넓고 좁고, 두텁고, 얇고, 밝고 어둡고, 따뜻하고, 차고, 뽀족하고 오목하고, 희고 검고 한 거등이 모두 상대적이며 따라서 음양으로 구분된다.

즉 하늘은 양이오. 땅은 음이니. 높은 것은 양이오. 낮은 것은 음이다. 밝은 것은 양이오. 어두운 것은 음이니 해는 양이오 달은 음이며, 낮은 양이오 밤은 음이다. 수컷은 양이오 암컷은 음이니 남자는 양이고 여자는 음이다. 더운 것은 양이고 추운 것은 음이니 불은 양이오 물은 음이며, 봄, 여름은 양에 속하고 가을 겨울은 음에 속한다. 굳센 것은 양이오 약한 것은 음이며, 또 강한 것은 양이고 부드러운 것은 음이다. 급한 것은 양이고 느린 것은 음이며, 긴 것은 양이고 짧은 것은 음이다.

천간(天干)의 甲丙戊庚壬은 양이오. 乙丁己辛癸는 음이며, 자지(地支)의 子寅辰午申戌은 양이오. 丑卯巳未酉亥는 음이다.

숫자로는 一三五七九의 홀수(奇數)는 모두 양에 속하고 二四六八十의 짝수(偶數)는 모두 음에 속한다.

3. 오　　행(五行)

① 오행의 명칭

木　火　土　金　水

② 오행(五行)의 생극(生剋)

木火土金水 오행은 서로 만나면 반드시 생극비화(生剋比和)관계가 이루어진다. 즉 상생(相生)관계나 상극(相剋)관계 아니면 서로 비화(比和)된다.

　상생(相生)＝木生火　火生土　土生金　金生水　水生木

목은 火를 생하고, 火는 土를 생하고, 土는 金을 생하고, 金은 水를 생하고, 水는 木을 생한다. 그러므로 木火가 상생관계요, 火土가 상생관계요, 土金이 상생관계요. 金水가 상생관계요, 水木이 상생관계다.

　상극(相剋)＝木剋土　土剋水　水剋火　火剋金　金剋木

　木은 土를 극하고, 土는 水를 극하고, 水는 火를 극하고 火는 金을 극하고 金은 木을 극한다. 그러므로 金木이 상극관계요. 木土가 상극관계요. 土水가 상극관계요. 水火가 상극관계요, 火金이 상극관계다.

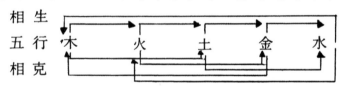

③ 오행소속

○ 간지오행(干支五行)

　甲乙寅卯木　丙丁巳午火　戊己辰戌丑未土　庚辛申酉金　壬癸亥子水

　천간 甲乙과 지지 寅卯는 木이오, 천간 丙丁과 지지 巳午는 火요, 천간 戊己와 지지 辰戌丑未는 土요, 천간 庚辛과 지지 申酉는 金이오, 천간 壬癸와 지지 亥子는 水다.

　　○ 수(數)의 오행

　一六水　二七火　三八木　四九金　五十土

　一과 六은 水요, 二와 七은 火요 三과 八은 木이요 四와 九는 金이오. 五와 十은 土다.

　　○ 오행방위(五行方位)

東方木　南方火　中央土　西方金　北方水 또는

甲乙東方木　丙丁南方火　戊己中央土　庚辛西方金　壬癸北方水

　　○ 오행색(五行色)

青色木　赤色火　黃色土　白色金　黑色水
청색목　적색화　황색토　백색금　흑색수

이를 다음과 같이 총칭하여 외운다.

甲乙東方青色木　丙丁南方赤色火　戊己中央黃色土　庚辛西方白色金　壬癸
北方黑色水

　가령 甲과 乙은 동방에 속하고, 甲乙木의 빛은 청색이다. 丙과 丁은 남방이
오. 丙丁火의 빛은 적색이다. 戊와 己는 중앙이오 戊己土의 빛은 황색이다.
庚과 辛은 서방이오, 庚辛金의 빛은 백색이다. 壬과 癸는 북방이요. 壬癸水의
빛은 흑색이다.

　　○ 간합오행(干合五行)

　천간이 합을 만나면 다음과 같은 오행이 작용된다.

　甲己合土　乙庚合金　丙辛合水　丁壬合木　戊癸合火

　甲己가 합하면 土로 화하고, 乙庚이 합하면 金으로 화하고, 丙辛이 합하면
水로 화하고, 丁壬이 합하면 木으로 화하고, 戊癸가 합하면 火로 화한다.

　　○ 삼합오행(三合五行)

申子辰合水　巳酉丑合金　寅午戌合火　亥卯未合木

　申子辰 또는 申辰 子辰 申子가 합하여 水로 화하고, 巳酉丑 또는 巳酉 酉
丑 巳丑이 합하면 金으로 화하고, 寅午戌, 또는 寅午 寅戌 午戌이 합하면 火
로 합하고, 亥卯未, 또는 亥未 卯未 亥卯가 합하면 木으로 화한다.

　　○ 육합오행(六合五行)

子丑合土　寅亥合木 辰酉合金 巳申合水 午未合(단 五行不變)

　子丑이 합하면 土로 화하고, 寅亥가 합하면 木으로 화하고, 卯戌이 합하면
火요 辰酉가 합하면 金으로 화하고, 巳申이 합하면 水로 화하고 단 午未가
합하면 오행은 변치 않고 午는 火 未는 土 그대로이다.

4. 이십사절(二十四節)

① 절기(節氣)의 명칭

일년 가운데 다음과 같은 이십사절(二十四節)이 있다.

입춘(立春), 우수(雨水), 경칩(驚蟄), 춘분(春分), 청명(清明), 곡우(穀雨),

입하(立夏), 소만(小滿), 망종(芒種), 하지(夏至), 소서(小暑), 대서(大暑),

입추(立秋), 처서(處暑), 백로(白露), 추분(秋分), 한로(寒露), 상강(霜降),

입동(立冬), 소설(小雪), 대설(大雪), 동지(冬至), 소한(小寒), 대한(大寒)

① 이십사절 소속

입춘(立春)＝正月節이 날은 구세(舊歲)에서 신년(新年)으로 바뀌는 기준이다. 그러므로 가령 十二月에 입춘이 들었더라도 입춘일 입춘시간부터는 다음해(新年) 태세(太歲)로 바뀌는 것이며 따라서 월건도 十二月이 아닌 다음해 正月의 월건으로 작용(作用)한다.

또는 입춘이 아무리 신년 正月中에 들었다, 할지라도 입춘일 입춘시간이 되기 전 까지는 전년도 태세로 작용하며 따라서 월건도 전년 十二月의 월건으로 작용해야 한다.

우수(雨水)＝正月의 중기(中氣),

경칩(驚蟄)＝二月節,이날(시간 포함)부터 비로소 二月의 월건을 적용한다. 그러므로 正月中에 있어도 경칩부터는 二月의 월건을 쓰고 二月中이라도 경칩 전이면 正月의 월건을 적용한다.

춘분(春分)＝二月의 중기(中氣),

청명(清明)＝三月節, 청명이 드는 일시부터 三月의 월건을 적용한다. 그러므로 청명이 二月중에 있어도 청명부터는 三月의 월건을 쓰고, 三月에 들어도 청명 전이면 二月의 월건을 쓴다.

곡우(穀雨)＝四月의 중기(中氣),

입하(立夏)＝五月節, 입하가 三月에 있어도 입하가 드는 일시부터는 四月의 월건을 쓰고, 입하가 四月에 들어도 입하가 되기 전이면 三月의 월건을 쓴다.

소만(小滿)＝四月의 중기(中氣),

망종(芒種)＝五月節, 망종이 四月中에 있어도 망종이 드는 日時부터는 五月의 월건을 쓰고, 五月中에 들어도 망종 전이면 四月의 월건을 쓴다.

하지(夏至)＝五月의 중기(中氣),

소서(小暑)＝六月節, 소서가 五月中에 있어도 소서가 드는 日時부터는 六月의 월건을 쓰고, 六月中에 들어도 아직 소서 전이면 五月의 월건을 쓴다.

대서(大暑)＝六月의 중기(中氣),

입추(立秋)＝七月節, 입추가 六月中에 있어도 입추가 드는 日時부터는 七月의 월건을 쓰고, 七月中에 들어도 아직 입추 전이면 六月의 월건을 쓴다.

처서(處暑)＝七月의 중기(中氣),

백로(白露)＝八月節, 백로가 七月中에 들어도 백로가 드는 日時부터는 八月의 월건을 쓰고, 八月中에 들어도 아직 소서 전이면 七月의 월건을 쓴다.

추분(秋分)＝八月의 중기(中氣),

한로(寒露)＝九月節, 한로가 八月中에 있어도 한로가 드는 日時부터는 九月의 월건을 쓰고, 九月中에 들어도 아직 한로 전이면 八月의 월건을 쓴다.

상강(霜降)＝九月의 중기(中氣),

입동(立冬)＝十月節, 입동이 九月中에 있어도 입동이 드는 日時부터는 十月의 월건을 쓰고, 十月中에 들어도 아직 입동 전이면 九月의 월건을 쓴다.

소설(小雪)＝十月의 중기(中氣),

대설(大雪)＝十一月節, 대설이 十月中에 있어도 대설이 드는 日時부터는 十一月의 월건을 쓰고, 十一月에 들어도 대설 전이면 十月의 월건을 쓴다.

동지(冬至)＝十一月의 중기(中氣),

소한(小寒)＝十二月節, 소한이 十一月中에 들었어도 소한일 소한시간 이후부터는 十二月의 월건을 쓰고, 소한이 十二月에 들었어도 아직 소한 일시 전이면 十二月의 월건을 쓴다.

대한(大寒)＝十二月의 중기(中氣),

［참고］절기(節氣)란 월건(月建)이 바뀌는 기준점이고 중기(中氣)란 월건이 시작되는 처음에서 끝의 중간점이다.

　　正月＝입춘(正月節)·우수(正月中氣)

　　二月＝경칩(二月節)·춘분(二月中氣)

三月＝청명(三月節)·곡우(三月中氣)

四月＝입하(四月節)·소만(四月中氣)

五月＝망종(五月節)·하지(五月中氣)

六月＝소서(六月節)·대서(六月中氣)

七月＝입추(七月節)·처서(七月中氣)

八月＝백로(八月節)·추분(八月中氣)

九月＝한로(九月節)·상강(九月中氣)

十月＝입동(十日節)·소설(十月中氣)

十一月＝대설(十一月節)·동지(十一月節)

十二月＝소한(十二月節)·대한(十二月中氣)

입　춘(立春) { 前이면 十二月의 月建
              後부터 경칩 전까지 正月의 月建

경　칩(驚蟄) { 前이면 正月의 月建
              後부터 청명 전까지 二月의 月建

청　명(淸明) { 前이면 二月의 月建
              後부터 입하 전까지 三月의 月建

입　하(立夏) { 前이면 三月의 月建
              後부터 망종 전까지 四月의 月建

망　종(芒種) { 前이면 四月의 月建
              後부터 소서 전까지 五月의 月建

소　서(小暑) { 前이면 五月의 月建
              後부터 입추 전까지 六月의 月建

입　추(立秋) { 前이면 六月의 月建
              後부터 백로 전까지 七月의 月建

백　로(白露) { 前이면 七月의 月建
              後부터 한로 전까지 八月의 月建

한　로(寒露) { 前이면 八月의 月建
              後부터 입동 전까지 九月의 月建

입　동(立冬) { 前이면 九月의 月建
              後부터 대설 전까지 十月의 月建

대　설(大雪) { 前이면 十一月의 月建
              後부터 소한 전까지 十一月의 月建

소　한(小寒) { 前이면 十二月의 月建
　　　　　　　 後부터 입춘 전까지 十二月의 月建

　이상은 生年月日時에 의한 四柱 구성 뿐 아니라 모든 신살(神殺)에도 이 원칙을 적용해야 한다. 왜냐하면 술학(術學)은 거의가 오행의 생극비화(生 剋比和)에 의한 성쇠(盛衰)로 논하는 것이므로 음력 初一日을 기준하여 月 建이 바뀌면 四時 기온의 도수(度數)에 맞지 않고, 절기(節氣)를 기준해야 한란조습(寒暖燥濕)의 도수에 맞기 때문이다. 그러므로 四柱를 구성할때 입 춘(立春)에 태세(太歲)가 바뀐다는 것과 매월 월건은 그 달의 절일(節日)을 기준하여 바뀐다는 점을 이해하면 틀림이 없다.

5. 四柱 정하는 법

　萬歲曆을 활용하는 목적은 두가지가 있다. 陽曆과 陰曆관계, 즉 陽曆日字 로 陰曆을 알아보고 陰曆日字로 陽曆을 알아보며, 陽曆·陰曆日字에 따르는 曜日, 그리고 그날 그날의 日辰이 무엇인가 하는 것이며, 또는 24節氣가 陽曆· 陰曆으로 몇일에 들고, 節氣時間은 언제인가 하는 것, 또는 어느 달이 크고 작은가 등을 알아보려는데 있다. 둘째는 命學을 推理하려면 주인공의 生年月 日時가 기본인데 무조건 生年月日時로 보는게 아니라 반드시 그 生年月日時 에 의한 年月日時柱를 干支로 정해야 하므로 萬歲曆을 참고하지 않고서는 절대 불가능하다. 첫번째 목적은 누구나 本 萬歲曆을 펼쳐(해당되는 年度를 찾아)보면 알수가 있으나 年月日時의 干支(四柱)를 정하는데는 좀 복잡하다. 그래서 아래에 四柱정하는 요령을 상세히 설명한다.

① 年柱 정하는 법

　年柱란 그 해의 太歲요, 生年月日時로 따진다면 出生한 年度의 干支다. 혼 히 甲子生이니 乙丑生이니 하여 生을 干支로 말하는 예가 있는바 甲子生이 면 甲子가 年柱이고, 乙丑生이면 乙丑이 年柱다. 이 干支를 모를 경우에는 그 해의 西紀나 檀紀年度를 찾으면 왼편 윗편에 甲子 乙丑 등 六十甲子에 해당 되는 干支가 쓰야 있다. 年柱는 그대로 쓰면되는데 다만 음력 12月生이나 正 月生은 立春이 언제 든는가를 살펴보아야 한다. 四柱 정하는 법칙은 날짜로 正月 初一日에 新年으로 바뀌는게 아니라 반드시 立春日時가 되어야 해가 바뀌도록 되었다. 그래서 비록 이미 해가 바뀐 이후의 出生人이라도 入春前

이면 前年太歲를 써야 하고, 아직 해가 바뀌지 않은 12月生이라도 立春이 지났으면 다음해 太歲로 年柱를 정해야 한다. 예를 들어 서기 1960년은 太歲가 庚子인데 음력 正月 初9日 午前 4時 24分 이루부터라야 庚子年 太歲가 되고, 그 이전은 前年太歲인 己亥年이므로 이 경우의 年柱는 庚子가 아니라 전년 (1959) 태세인 己亥로 年柱를 정하는게 원칙임. (따라서 月建도 前年 12月의 月建인 丁丑月이 되는 것이다)또한 한 예로 庚子年 음 12月 24日生은 날짜 상으로는 아직 해가 바뀌지 않았으나 立春이 이미 12月 19일 午前 10時 23分 에 들었으므로 예는 立春이 지난 뒤라 新年 太歲인 辛丑으로 年柱를 정해야 한다.(따라서 月建도 다음해 正月 丙寅으로 한다) 立春日과 生日이 같으면 立春이 드는 時, 分까지 따져 前인가, 뒤인가로 年柱(太歲)을 定해야 한다.

② 月柱 定하는 법.

生月의 月建(그 달의 干支)을 月柱라 한다. 月柱는 出生한 年度를 찾아 生日欄을 보면 月마다 月의 干支가 기록되어 그대로 쓰면 되지만 이 月柱도 무조건 날짜에 해당되는 月의 干支를 쓰는게 아니라 반드시 節氣日時를 기준해야 한다. 즉 生日 날짜를 不問하고, 節氣 前이면 前月의 月建, 節氣뒤면 다음달의 月建을 써야 한다. 먼저 그달 그달에 해당하는 節氣가 무엇인지 알아본 다음에 예로서 설명한다.

　立春 : 正月節, 立春日時 뒤라야 正月의 月建, 前이면 前年 十二月의 月建.
　驚蟄 : 二月節, 驚蟄日時 뒤라야 二月의 月建, 前이면 正月의 月建.
　清明 : 三月節, 清明日時 뒤라야 三月의 月建, 前이면 二月의 月建.
　立夏 : 四月節, 立夏日時 뒤라야 四月의 月建, 前이면 三月의 月建.
　芒種 : 五月節, 芒種日時 뒤라야 五月의 月建, 前이면 四月의 月建.
　小暑 : 六月節, 小暑日時 뒤라야 六月의 月建, 前이면 五月의 月建.
　立秋 : 七月節, 立秋日時 뒤라야 七月의 月建, 前이면 六月의 月建.
　白露 : 八月節, 白露日時 뒤라야 八月의 月建, 前이면 七月의 月建.
　寒露 : 九月節, 寒露日時 뒤라야 九月의 月建, 前이면 八月의 月建.
　立冬 : 十月節, 立冬日時 뒤라야 十月의 月建, 前이면 九月의 月建.
　大雪 : 十一月節, 大雪日時 뒤라야 十一月의 月建, 前이면 十月의 月建.
　小寒 : 十二月節, 小寒日時 뒤라야 十二月의 月建, 前이면 十一月의 月建.

가령 1960년 6월 12일生이라면 6월 月建 癸未를 쓰는게 아니라 5월의 月建 壬午로 쓴다. 왜냐 함면 6월이 되려면 小暑가 生日 뒤인 6월 14일 11시 13분

에 들었으므로 이날 이시간 뒤라야 6월의 月建을 쓰게 되는 까닭이다. 또 당년(1960) 9월 23일생이면 날짜상으로는 아직 9월중에 있으나 10월 節氣인 立冬이 이미 9월 19일 오후 7시 3분에 들어 이날 이시간부터는 10월의 월건인 丁亥로 써야 한다.

[참고] ① 年柱와 12월 正月의 月建은 立春日時를 보아 立春이 正月中에 있어도 立春日時 前이면 前年太歲로 年柱, 前年 12월 月建으로 月柱를 삼고, 立春이 12月中에 있어도 立春日時 뒤면 다음해 太歲로 年柱, 다음해 正月의 月建으로 月柱를 삼아야 한다.

② 正月과 12月生이 아닌 경우는 모두 그 달에 소속된 節氣드는 日時를 위주하여 節氣日時 前이면 前節氣에 속한 月建을 쓰고, 節氣日時 뒤면 날짜상 前月이라도 다음달 月建(節氣에 해당하는)을 써야 한다.

아래 표를 참조하면 月建 정하기가 편리할 것이다.

年 月	甲己年	乙庚年	丙辛年	丁壬年	戊癸年	해당 節氣
正月建	丙 寅	戊 寅	庚 寅	壬 寅	甲 寅	立 春
二月建	丁 卯	己 卯	辛 卯	癸 卯	乙 卯	驚 蟄
三月建	戊 辰	庚 辰	壬 辰	甲 辰	丙 辰	清 明
四月建	己 巳	辛 巳	癸 巳	乙 巳	丁 巳	立 夏
五月建	庚 午	壬 午	甲 午	丙 午	戊 午	芒 種
六月建	辛 未	癸 未	乙 未	丁 未	乙 未	小 暑
七月建	壬 申	甲 申甲	丙 甲	戊 甲	庚 申	立 秋
八月建	癸 酉	乙 酉	丁 酉	己 酉	辛 酉	白 露
九月建	甲 戌	丙 戌	戊 戌	寅 戌	壬 戌	寒 露
十月建	乙 亥	丁 亥	己 亥	辛 亥	癸 亥	立 冬
十一月建	丙 子	戊 子	庚 子	壬 子	甲 子	大 雪
十二月建	丁 丑	己 丑	辛 丑	癸 丑	乙 丑	小 寒

③ 日柱 정하는 법.

日柱는 出生日(혹은 그날)에 해당하는 干支(日辰)로써 음양력을 막론하고 出生日에 해당하는 干支 그대로 기록하면 된다. 단 萬歲曆에 의하지 않고는 불가능 하다. 고로 서기년도를 찾아 生月, 生日欄을 찾으면 甲子니 乙丑 등이

기록되어 있는바 그대로 쓰면 된다. 가령 서기 1960年 양 7月 25日生(음 윤 6월2일)이라면 甲寅으로 日柱를 정하게 된다.

④ 時柱 정하는 법

時柱를 정하려면 현대시간으로 十二支 時法을 알아야 하고, 또는 무조건 子時니 丑時 하는게 아니라 干支를 다 붙여 甲子時니 乙丑時 등의 예로 정해야 한다. 우선 아래와 같은 것을 알아두어야 한다.

子時 : 1밤 11시 0분부터 다음날 1시전(11시~12시)
丑時 : 새벽 1시부터 3시전(1시~2시)
寅時 : 새벽 3시부터 5시전(3시~4시)
卯時 : 아침 5시부터 7시전(5시~6시)
辰時 : 아침 7시부터 9시전(7시~8시)
巳時 : 낮 9시부터 11시전(9시~10시)
午時 : 낮 11시부터 오후 1시전(11시~12시)
未時 : 오후 1시부터 3시전(1시~2시)
申時 : 오후 3시부터 5시전(3시~4시)
酉時 : 저녁 5시부터 7시전(5시~6시)
戌時 : 저녁 7시부터 9시전(7시~8시)
亥時 : 밤 9시부터 11시전(9~10시)

[참고] 서기 1961년 8월 10일부터 낮 12시를 12시 30분으로 30분 앞당겨 현재까지 사용해오고 있다. 十二支時의 정확한 度數는 태양이 正南(南中)에 위치할 때 正午(낮12시 0분)라야 한다. 30분 앞당겼으므로 12시 30분에야 태양이 正南(서울지방 기준)에 위치한다. 고로 1961년 8월 10일 이후부터는 30분 늦추어 밤 11시 30분에 子初(子時)가 시작되어야 하고, 이에 따라 日辰은 밤 0시 30분이 되어야 다음날로 바뀐다는 점을 알아두어야 한다. 그리고, 서머타임 기간중 1시간 혹은 30분 앞당겨 사용한 것도 참작해서 계산해야 한다. 서머타임이 실시된 연도와 날짜 기간은 해당되는 연도 아래에 표시해 놓았으니 참고하면 된다. 한가지 예로 서기 1987년 5월 10일부터 10월 11일까지 서머타임제를 둔바 이 기간중에는 가령 낮 12시 30분 출생일 경우 오전 11시 30분 출생으로 보아야 한다. 여기에서 30분을 또 빼면(1961년 8월부터 30분

앞당긴 것) 사실상(十二支 원칙상)의 시간은 11시 0분이라야 한다.

이상의 요령으로 十二支時 가운데 어느 時에 해당하는가를 알았으면, 다음에는 그날의 日干(日辰의 天干… 日辰 위글자)으로 時의 干支를 알아 時柱를 정해야 한다. 아래 표를 참고하라.

時 \ 日	子時 (0시)	丑	寅	卯	辰	巳	午	未	申	酉	戌	亥	(子) (밤) 11시
甲己日	甲子	乙丑	丙寅	丁卯	戊辰	己巳	庚午	辛未	壬申	癸酉	甲戌	乙亥	(丙子)
乙庚日	丙子	丁丑	戊寅	己卯	庚辰	辛巳	壬午	癸未	甲申	乙酉	丙戌	丁亥	(戊子)
丙辛日	戊子	己丑	庚寅	辛卯	壬辰	癸巳	甲午	乙未	丙申	丁酉	戊戌	己亥	(庚子)
丁壬日	庚子	辛丑	壬寅	癸卯	甲辰	乙巳	丙午	丁未	戊申	己酉	庚戌	辛亥	(壬子)
戊癸日	壬子	癸丑	甲寅	乙卯	丙辰	丁巳	戊午	己未	庚申	辛酉	壬戌	癸亥	(甲子)

※ 甲己日이란 甲子 甲戌 甲申 甲午 甲辰 甲寅日과 己巳 己卯 己丑 己亥 己酉 己未日의 예로 日의 天干이 甲과 己로 구성된 것임.

그러므로 가령 甲午日 卯時는 丁卯가 時柱요, 乙巳日 申時는 甲申이 時柱요, 壬子日 酉時는 己酉로 時柱를 정한다.

6. 신 살(神殺)

신살(神殺)이란 길신(吉神)과 흉살(凶殺)을 말한다. 사람마다 사주 가운데 길신 또는 흉살이 있기 마련인데 어떤 길신이 있으며 어떤 흉살이 있는가를 살피고 또 그 길신 또는 흉신은 어떠한 작용을 하는가에 대해 간단히 기록한다.

① 길 신(吉神)

○ 천을귀인(天乙貴人)

아래와 같은 천을귀인이 있으면 인덕이 많아 주위 환경에서 도와주는이가 많아 어려움을 당해도 무난히 해결된다. 또는 총명하고 착한데 흉한 일을 만나도 그것이 계기가 되어 도리어 좋아진다는 길성이다. 천을 귀인은 다음과 같다.

甲戊庚日에 丑未, 乙己日에 子申, 丙丁日에 亥酉,

辛日에 寅午, 壬癸日에 巳卯.

일　　干	甲	乙	丙	丁	戊	己	庚	辛	壬	癸
천 을 귀 인	未丑	申子	酉亥	酉亥	未丑	申子	未丑	午寅	卯巳	卯巳

가령 甲이나 戊나 庚日生이 年月日時支 가운데 丑이나 未가 있으면 곧 천을귀인이다.

　　○ 천월덕귀인(天月德貴人)

이 천덕귀인이나 월덕귀인이 있는 사람은 천을귀인과 마찬가지로 귀인의 도움이 많고 일생 나쁜 액을 당하지 아니한다. 천월덕귀인은 아래와 같다.

천덕귀인＝正月丁 二月申 三月壬 四月辛 五月亥 六月甲

　　　　　七月癸 八月寅 九月丙 十月乙 十一月巳 十二月庚

월덕귀인＝正五九月 丙　　二六十月 甲

　　　　　三七十一月 壬　　四八十二月 庚

월　　별	正	二	三	四	五	六	七	八	九	十	十一	十二
천덕귀인	丁	申	壬	辛	亥	甲	癸	寅	丙	乙	巳	庚
월덕귀인	丙	甲	壬	庚	丙	甲	壬	庚	丙	甲	壬	庚

가령 正月生人이 사주 가운데 丁이 있으면 천덕귀인이오 丙이 있으면 월덕귀인이다.

　　○ 건　록(建祿)

이 건록을 정록(正祿) 또는 천록(天祿) 혹은 그냥 녹(祿)이라고도 한다. 이 건록이 있는 사람은 몸이 건강하고 생활의 기반이 튼튼하며 일생 의식 걱정을 아니한다. 건록은 다음과 같다.

甲日寅　乙日卯　丙戊日巳　丁己日午

庚日申　辛日酉　壬日亥　　癸日子

日　　干	甲	乙	丙	丁	戊	己	庚	辛	壬	癸
건　　록	寅	卯	巳	午	巳	午	申	酉	亥	子

가령 甲日生이 月日時支 가운데 寅이 있으면 건록이다.

　　○ 암　록(暗祿)

암록은 건록의 육합(六合)되는 곳으로 이 암록이 있는 사람은 숨은 인덕이 있어 남모르는 도움을 받게 되고 귀인의 도움이 많다. 암록은 아래와 같다.

甲日亥　乙日戌　丙戊日申　丁己日未

庚日巳　辛日辰　壬日寅　　癸日丑

日　干	甲	乙	丙	丁	戊	己	庚	辛	壬	癸
암　록	亥	戌	申	未	申	未	巳	辰	寅	丑

가령 甲日生이 月日時支 가운데 亥가 있으면 암록이다.

○ 금　여(金輿)

아래와 같은 금여가 있는 사람은 용모가 단정하고 온화하며 재주가 있어 사람들의 존경을 받게 된다. 그리고 금여가 있으면 좋은 배우자를 만나고, 시지(時支)에 있으면 일가친척의 도움이 많고 자손도 훌륭히 둔다.

甲日辰　乙日巳　丙日未　丁日申　戊日未

己日申　庚日戌　辛日亥　壬日丑　癸日寅

日　干	甲	乙	丙	丁	戊	巳	庚	辛	壬	癸
금　여	辰	巳	未	申	未	申	戌	亥	丑	寅

가령 甲日生이 月日時支 가운데 辰이 있으면 금여라 한다.

○ 장　성(將星)

이 장성이 있는 사람은 성격이 강하고 자존심이 강해서 굽히기를 싫어한다. 장성이 다른 길신과 만나면 문무겸전하여 크게 출세한다. 여자는 팔자가 세다.

申子辰年日-子, 巳酉丑年日-酉, 寅午戌年日-午, 亥卯未年日-卯

年日支	子	丑	寅	卯	辰	巳	午	未	申	酉	戌	亥
장　성	子	酉	午	卯	子	酉	午	卯	子	酉	午	卯

가령 申子辰年生이 月日時에 子를 만나거나 申子辰日生이 年月時에 子를 만나면 장성이다.

○ 문　창(文昌)

이 문창성이 있으면 총명하여 학문에 뛰어나고 풍류를 좋아한다. 문창성은 아래와 같다.

甲日巳 乙日午 丙戊日申 丁己日酉 庚日亥 辛日子 壬日寅 癸日卯

日　干	甲	乙	丙	丁	戊	巳	庚	辛	壬	癸
문　창	巳	午	申	酉	申	酉	亥	子	寅	卯

가령 甲日生이 年月日時支 가운데 巳가 있으면 문창성이다.

○ 역　마(驛馬)

이 역마가 있고 다른 길신을 만나면 외지(外地)에서 이름을 떨치거나 상업무역 운수업으로 성공하고 또는 해외출입이 순조로우나 사주 격국이 나쁘거나 흉신이 임하면 일생 객지 풍상이 심하여 편할 날이 없다고 한다.

申子辰年日-寅 巳酉丑年日-亥, 寅午戌年日-申, 亥卯未年日-巳

年 日 支	子	丑	寅	卯	辰	巳	午	未	申	酉	戌	亥
역　마	寅	亥	申	巳	寅	亥	申	巳	寅	亥	申	巳

가령 申子辰年生이 月日時에 寅이 있거나 申子辰日生이 年月時 가운데 寅이 있으면 역마다.

○ 화　개(華盖)

이 화개가 있으면 총명하고 문장의 실력이 뛰어나며 예술에도 조예가 깊은데 낭만성이 농후하여 돈이 헤프다. 여자는 화개가 많으면 고독하거나 화류계가 되기 쉽다.

申子辰年日-辰, 巳酉丑年日-丑, 寅午戌年日-戌, 亥卯未年日-未

年 日 支	子	丑	寅	卯	辰	巳	午	未	申	酉	戌	亥
화　개	辰	丑	戌	未	辰	丑	戌	未	辰	丑	戌	未

가령 申子辰年生이 月日時支 가운데 辰이 있으면 화개요, 申子辰日生이 年月時支 가운데 辰이 있으면 화개다.

○ 홍란성(紅鸞星)

이 홍란성이 사주 가운데 있으면 용모가 단정하고 아름다우며 마음씨가 곱고 온화하다.

子生-卯	丑生-寅	寅生-丑	卯生-子	辰生-亥	巳生-戌
午生-酉	未生-申	申生-未	酉生-午	戌生-巳	亥生-辰

年日支	子	丑	寅	卯	辰	巳	午	未	申	酉	戌	亥
홍란성	卯	寅	丑	子	亥	戌	酉	申	未	午	巳	辰

가령 子年生이 月日時支 가운데 卯가 있으면 홍란성이다.

○ 삼 기(三奇)

아래와 같은 삼기를 갖춘 사람은 영웅수재(英雄秀才)가 될 가능성이 높다한다. 고로 일찍 출세하여 이름을 떨친다.

甲戊庚全＝이를 천상삼기(天上三奇)라 한다.

乙丙丁全＝이를 지하삼기(地下三奇)라 한다.

壬癸辛全＝이를 인중삼기(人中三奇)라 한다.

가령 四柱의 天干에 甲戊庚 三字가 모두 있어야만 이에 해당한다. 乙丙丁 壬癸辛도 마찬가지다.

○ 육 수(六秀)

아래 일진에 태어난 사람은 재치 있고 재주가 총명하다. 단 너무 약고 이기적(利己的)인 경향이 있다.

戊子日   己丑日   戊午日   己未日   丙午日

○ 복덕수기(福德秀氣)

아래에 해당되는 복덕수기를 갖춘 사람은 총명하고 복록이 따른다.

乙乙乙全   巳酉丑全

사주에 乙字 셋이 있거나 지지에 巳酉丑 金局을 온전히 놓으면 이에 해당한다.

○ 천 혁(天赫)

아래와 같은 천혁이 있으면 나쁜 액을 만나도 우연히 전화위복 한다.

春三月-戊寅日   夏三月-甲午日,   秋三月-戊申日,   冬三月-甲子日

가령 正月 二月 三月 중에 출행하여 戊寅日生이면 이에 해당한다. 하(夏)는 四五六月, 추(秋)는 七八九月, 동(冬)은 十十一, 十二月生이다.

○ 괴 강(魁罡)

이 괴강성은 길신의 작용도 하고, 흉신의 작용도 한다. 길흉간에 극단으로 몰고 가는 성신이므로 대부(大富) 대귀(大貴)가 아니면, 극히 빈천해진다. 사주에 이 괴강이 많으면 크게 부귀하는데 단 여자는 팔자가 세어 고독하다.

庚辰　庚戌　壬辰　壬戌　戊戌

[참고]

이 이상의 길신(吉神)이 공망(空亡)및 형충파해(刑冲破害)또는 사절묘(死絶墓)에 들지 않아야 길신으로서의 효력을 발휘한다. 만일 길신이 있더라도 공망을 만난거나 형충파해 되거나 십이 운성으로 사절묘에 들면 길신으로서의 아무런 효력이 없다.

② 흉　신(凶神)

○ 공　망(空亡)

즉 순중공망(旬中空亡)이다. 공망은 모든 성신(星辰─凶神을 막론하고)의 작용력을 무력화(無力化)시킨다. 그러므로 길신이 공망이면 흉하고, 흉살이 공망된 경우는 도리어 좋다.

생년이 공망이면 부모 조상의 덕이 없고, 생월이 공망이면 형제무덕 하거나 유산이 없어 자수성가 해야 하고, 일지(日支)가 공망이면 처덕이 없고, 시지(時支)가 공망이면 자손덕이 없거나 자손을 실패한다.

공망은 아래와 같다.

甲子旬中(甲子에서　癸酉日까지)─戌亥空
甲戌旬中(甲戌에서　癸未日까지)─申酉空
甲申旬中(甲申에서　癸巳日까지)─午未空
甲午旬中(甲午에서　癸卯日까지)─辰巳空
甲辰旬中(甲辰에서　癸丑日까지)─寅卯空
甲寅旬中(甲寅에서　癸亥日까지)─子丑空

가령 生日이 庚午日이라면 甲子旬中에 해당하니 사주 가운데 戌이나 亥가 있으면 이를 공망이라 한다.

○ 양　인(羊刃)

양인은 살성(殺星)으로 성격이 급하고 사납고 독하고 자인하며 부상(負傷) 손재 질병 등을 초래한다. 단 사주 격국이 길하면 무관(武官)이나 형관(刑官)으로 출세한다.

甲日卯　　乙日辰　　丙戊日午　　丁己日未　　庚日酉　　辛日戌

壬日子　　癸日丑

日　간	甲	乙	丙	丁	戊	己	庚	辛	壬	癸
양　인	卯	辰	午	未	午	未	酉	戌	子	丑

가령 甲日生이 年月日時支 가운데 卯가 있으면 양인살이다.

○ 고과살(孤寡殺)

고과(孤寡)란 고신(孤辰), 과숙(寡宿)인데 남자는 고실살이 있으면 홀아비가 되는 살이오 여자는 과숙살이 있으면 과부가 되는 살이라 한다. 사주가 길격으로 되어 있는 중에 이 살이 있으면 한 때 공방수에 불과하나 사주가 흉격인데다 이 살이 있으면 부부간에 생이사별을 면치못한다고 한다.

亥子丑年日-寅戌(寅이　고신　戌이　과숙)

寅卯辰年日-巳丑(巳가　고신　丑이　과숙)

巳午未年日-申辰(申이　고신　辰이　과숙)

申酉戌年日-亥未(亥가　고신　未가　과숙)

年日支	子	丑	寅	卯	辰	巳	午	未	申	酉	戌	亥
고신(남)	寅	寅	巳	巳	巳	申	申	申	亥	亥	亥	寅
과숙(여)	戌	戌	丑	丑	丑	辰	辰	辰	未	未	未	戌

가령 男子 子年生이 月日時에 寅이 있거나 子日生이 年月時에 寅이 있으면 고신살이오, 여자 子年生이 月日時에 戌이 있거나 子日生이 年月時에 戌이 있으면 과숙살이다.

○ 도　화(桃花)

도화를 함지살(咸池殺) 또는 목욕살(沐浴殺) 또는 패신(敗神)이라고도 한다. 이 도화살이 있으면 남녀를 막론하고 색정(色情)에 방탕하기 쉽고 사치와 허영을 좋아한다. 또는 이성을 유혹하는 매력이 있다 한다.

도화살은 아래와 같다.

年　　支	子	丑	寅	卯	辰	巳	午	未	申	酉	戌	亥
도　화　살	酉	午	卯	子	酉	午	卯	子	酉	午	卯	子

申子辰年日—酉, 巳酉丑年日—午, 寅午 戌年日—卯 亥卯未年日—子

　가령 申子辰年生이 月日時支에 酉가 있거나 申子辰日生이 年月時支에 酉가 있으면 도화살이다.

　　○ 기타 흉신

年　日　支	子	丑	寅	卯	辰	巳	午	未	申	酉	戌	亥	備　　　考
혈인(血刃)	丑	未	寅	申	卯	酉	辰	戌	巳	亥	午	子	年支기준
관재(官災)	卯	辰	巳	午	未	申	酉	戌	亥	子	丑	寅	年으로月支
재혼(再婚)	五	六	七	八	九	十	十一	十二	正	二	三	四	年으로月支
중혼(重婚)	四	五	六	七	八	九	十	十一	十二	正	二	三	年으로月支
오귀(五鬼)	辰	巳	午	未	申	酉	戌	亥	子	丑	寅	卯	日支기준
상문(喪門)	寅	卯	辰	巳	午	未	申	酉	戌	亥	子	丑	年支기준
조객(吊客)	戌	亥	子	丑	寅	卯	辰	巳	午	未	申	酉	年支기준

　　③ 십이살(十二殺)

　이 십이살 가운데 장성, 반안, 역마, 화개는 살이 아니다.

구분 年度	겁살	재살	천살	지살	연살	월산	망신	장성	반안	역마	육해	해개
申子辰生	巳	午	未	申	酉	戌	亥	子	丑	寅	卯	辰
巳酉丑生	寅	卯	辰	巳	午	未	申	酉	戌	亥	子	丑
寅午戌生	亥	子	丑	寅	卯	辰	巳	午	未	申	酉	戌
亥卯未生	申	酉	戌	亥	子	丑	寅	卯	辰	巳	午	未

　　④ 십이운성(十二運星)

　십이운성법(十二運星法)에는 두 가지가 있다. 하나는 年이나 日支를 기준하여 정해지는 정국인데, 이를 포태법(胞胎法)이라 하고, 하나는 日干을 기준한 정국인데 이를 장생십이신(長生十二神)이라고도 한다.

　　○ 포태십이신(胞胎十二神)

　金 絶 於 寅＝巳酉丑　金은 포(胞)를 寅에 붙이고

木 絶 於 申 = 亥卯未　木은 포를 申에 붙이고,

水土絶於巳 = 申子辰　水土는 포를 巳에 붙이고,

火 絶 於 亥 = 寅午戌　火局은 胞를 亥에 붙인다.

이와 같은 원칙으로 포(胞-즉 絶)를 일으켜 태(胎), 양(養), 생(生), 욕(浴), 대(帶), 관(官), 왕(旺), 쇠(衰), 병(病), 사(死), 장(葬)으로 순행(順行)하면 아래와 같다.

年度 구분	胞	胎	養	生	浴	帶	官	旺	衰	病	死	葬
申子辰水	巳	午	未	申	酉	戌	亥	子	丑	寅	卯	辰
巳酉丑金	寅	卯	辰	巳	午	未	申	酉	戌	亥	子	丑
寅午戌火	亥	子	丑	寅	卯	辰	巳	午	未	申	酉	戌
亥卯未木	申	酉	戌	亥	子	丑	寅	卯	辰	巳	午	未

金寅　　水土巳　　火亥　　木申, 이는 포태법을 가장 간단하게 암기하는 요령이다. 가령 申子辰 水土局은 巳에 포를 붙여 순행하면 午에 태, 未에 양, 申에 생, 酉에 욕, 戌에 대, 亥에 관, 子에 왕, 丑에 쇠, 寅에 병, 卯에 사 辰에 장이 된다. 기타 火局, 金局, 木局도 모두 이와 같은 요령에 의한다.

　○ 장생십이신(長生十二神)

장생법(長生法)이라 하는바 붙이는 요령은 다음과 같다.

木 長 生 亥 = 오행이 木이면 장생을 亥에,

火土長生寅 = 오행이 火土면 장생을 寅에

金 長 生 巳 = 오행이 金이면 장생을 巳에,

水 長 生 申 = 오행이 水면 장생을 申에

이상의 원칙으로 장생을 일으켜 목욕(沐浴), 관대(冠帶), 임관(臨官), 제왕(帝王), 쇠(衰), 병(病), 사(死), 묘(墓), 절(絶), 태(胎), 양(養)의 순서로 순행(順行)한다.

구분 五行	장생 (長生)	목욕 (沐浴)	관대 (冠帶)	임관 (臨官)	제왕 (帝旺)	쇠 (衰)	병 (病)	사 (死)	묘 (墓)	절 (絕)	태 (胎)	양 (養)
木	亥	子	丑	寅	卯	辰	巳	午	未	申	酉	戌
火土	寅	卯	辰	巳	午	未	申	酉	戌	亥	子	丑
金	巳	午	未	申	酉	戌	亥	子	丑	寅	卯	辰
水	申	酉	戌	亥	子	丑	寅	卯	辰	巳	午	未

가령 木은 亥에 장생을 붙여 순행하니 子에 목욕, 丑에 관대, 寅에 임관, 卯에 제왕, 辰에 쇠, 巳에 병, 午에 사, 未에 묘, 申에 절, 酉에 태, 戌에 양이 된다. 기타 火土, 金 水의 경우도 木의 예와 마찬가지다.

또는 십이장생을 음양으로 구분해서 양(陽)은 순행(順行)하고 음(陰)은 역행(逆行)한다.

甲木長生亥　乙木長生午,

丙火長生寅　丁火長生酉

戊土長生寅　己土長生酉

庚金長生巳　辛金長生子

壬水長生申　癸水長生卯

甲丙戊庚壬 양간은 十二支를 순행하고 乙丁己辛癸 음간은 十二支를 역행하면 아래의 정국표(定局表)와 같다.

十二神 / 日干	甲	乙	丙	丁	戊	己	庚	辛	壬	癸
장 생(長 生)	亥	午	寅	酉	寅	酉	巳	子	申	卯
목 욕(沐 浴)	子	巳	卯	申	卯	申	午	亥	酉	寅
관 대(冠 帶)	丑	辰	辰	未	辰	未	未	戌	戌	丑
임 관(臨 官)	寅	卯	巳	午	巳	午	申	酉	亥	子
제 왕(帝 旺)	卯	寅	午	巳	午	巳	酉	申	子	亥
쇠(衰)	辰	丑	未	辰	未	辰	戌	未	丑	戌
병(病)	巳	子	申	卯	申	卯	亥	午	寅	酉
사(死)	午	亥	酉	寅	酉	寅	子	巳	卯	申
묘(墓)·고(庫)	未	戌	戌	丑	戌	丑	丑	辰	辰	未

절(絶)	申	酉	亥	子	亥	子	寅	卯	巳	午
태(胎)	酉	申	子	亥	子	亥	卯	寅	午	巳
양(養)	戌	未	丑	戌	丑	戌	辰	丑	未	辰

7. 남녀궁합법(男女宮合法)

① 납음궁합(納音宮合)

납음궁합이란 남녀 생년태세(生年太歲)의 납음오행(納音五行)으로 생극비화(生剋比和)관계를 따져 상생(相生)되면 길하고 상극(相剋)되면 불길하며 비화(比和)되면 길한 경우도 있고 불길한 경우도 있다 하는데 金金 火火의 비화는 나쁘고 水水 土土 木木의 비화는 좋게 보는 것이다.

이 납음궁합을 보려면 우선 남녀 생년태세가 어떤 오행에 속하는가를 알아야 한다. 아래와 같다.

○ 육십갑자납음오행(六十甲子音五行)

甲子 乙丑	해중금(海中金)	甲申 乙酉	천중수(泉中水)	甲辰 乙巳	복등화(覆燈火)
丙寅 丁卯	노중화(爐中火)	丙戌 丁亥	옥상토(屋上土)	丙午 丁未	천하수(天河水)
戊辰 己巳	대림목(大林木)	戊子 己丑	벽력화(霹靂火)	戊申 己酉	대역토(大驛土)
庚午 辛未	노방토(路傍土)	庚寅 辛卯	송백목(松柏木)	庚戌 辛亥	차천금(釵釧金)
壬申 癸酉	검봉금(劍鋒金)	壬辰 癸巳	장류수(長流水)	壬子 癸丑	상자목(桑柘木)
甲戌 乙亥	산두화(山頭火)	甲午 乙未	사중금(沙中金)	甲寅 乙卯	대계수(大溪水)
丙子 丁丑	간하수(澗下水)	丙申 丁酉	산하화(山下火)	丙辰 丁巳	사중토(沙中土)
戊寅 己卯	성두토(城頭土)	戊戌 己亥	평지목(平地木)	戊申 己未	천상화(天上火)
庚辰 辛巳	백납금(白鑞金)	庚子 辛丑	옥상토(屋上土)	庚戌 辛酉	석류목(石榴木)
壬午 癸未	양류목(楊柳木)	壬寅 癸卯	금박금(金箔金)	壬戌 癸亥	대해수(大海水)

그런데 남녀가 상극될 경우 여자가 남자의 극을 받는 것 보다 남자가 여자의 극을 받음이 더욱 마땅치 않다. 그리고 남녀를 막론하고 극을 받으면(相剋되는 것) 나쁘다 하나 다음과 같은 경우에는 극 받는 것을 도리어 기뻐한다.

○ 金은 火의 극을 꺼리지만 甲午·乙未 사중금(沙中金)과 庚戌·辛亥 차천금(釵釧金)은 火를 만나야 성공하고,

○ 火는 水의 극을 꺼리지만 戊子·己丑 벽력화(霹靂火)와 丙申·丁酉 산하화(山下火)와 戊午·己未 천상화(天上火)는 水이 아니면 평화를 누리지 못하고,

○ 土는 木의 극을 꺼리지만 庚午·辛未 노방토(路傍土)와 戊申·己酉 대역토(大驛土)와 丙辰 丁巳 사중토(沙中土)는 목이 아니면 평생의 행복을 그르치고,

○ 水는 土의 극을 꺼리지만 丙午·丁未 천하수(天河水)와 壬戌·癸亥 대해수(大海水)는 土를 만나면 자연히 발복되고

○ 木은 金의 극을 꺼리지만 오직 戊戌·己亥 평지목(平地木)은 金이 아니면 성공을 얻기 어렵다.

○ 납음궁합 해설

男金女金 = 길 옆에 서 있는 복숭아와 살구나무 격(道傍桃杏)

두 金이 부딪히면 소리가 나는 법, 강과 강이 만나 맞서니 가정이 시끄럽고 부부 불화하니 집을 잘 비우고 타향에 나가 풍상을 겪는다.

男金女木 = 고난을 겪은 뒤 창성한다.(困而得昌)

金克木으로 金木이 상극이나 남자가 여자를 극하므로 발복하고 잡안도 안락할 것이다.

男金女水 = 물고기와 용이 물을 얻은 격(魚龍得水格)

상생궁합, 고로 대길하여 부부 금슬이 좋고 일생 이별 없이 해로하며, 자손이 슬하에 가득하되 모두 효성으로 양친을 받든다. 초목이 봄을 만난듯이 날로 발전하는 대길한 궁합이다.

男金女火 = 화분속의 매화가 봄을 기다리는격(盆梅待春格)

火克金으로 상극되어 불길한 것 같으나 金이 용광로에 들면 단련되어 훌륭한 그릇이 된다. 고로 이 궁합은 기국이 작은 사람은 불길하여 이별 수 있고, 기국이 큰 사람은 크게 성취한다. 단 초년의 곤고가 있은 뒤에야 발달하

는 궁합이다.

男金女土＝봄에 난초를 심는 격(春日植蘭格)

土金이 상생하니 삼생(三生)의 연분이 만나 백년해로 한다. 부귀빈천이야 하늘이 정한 운명이니 어쩔 수 없으나 같이 근심하고 같이 즐거워하면서 일생 다정하게 지낸다.

男木女木＝소는 농사 짓고 말은 수레를 끄는 격(牛耕馬行格)

木木이 비화되어 서로 맞서는 상이니 부부간의 뜻이 각기 다르다. 금슬은 좋다 할수 없으나 서로 돕는 마음으로 합심하면 자수성가 하여 재부(財富)를 누린다.

男木女水＝물고기가 변하여 용이 된 격(魚變化龍格)

金水가 상생하니 남편은 아내를 아끼고 아내는 남편을 공경하여 가도가 세워지고 온 가정이 화락한다. 뿐 아니라 마른 나무가 봄을 만난 것 같이 날로 가업이 번창하고 자손도 크게 영귀하는 자장 이상적인 궁합이다.

男木女火＝높은 별당에 앉아 거문고를 타는 격(高堂彈琴格)

木火가 상생이라 부부 금슬이 지극하다. 슬하에 많은 자녀들을 두어 가정의 즐거움이 끊일날 없고, 일생 큰 액이 없이 백년해로 할 것이다.

男木女土＝물고기가 못 속에서 노는 격(魚遊沼澤格)

木克土로 상극이라 하나 한편 木은 흙에 뿌리를 박고 자라는 것이므로 나쁜것 같으면서도 나쁘지 않다. 다만 남편 자신이 아내를 사랑하기에 노력한다면 의식이 족하고 원만한 가정을 누리면서 해로할 것이다.

男水女金＝봄에 꽃이 피고 가지가 돋아나는 격(春生花枝格)

金生水로 상생궁합이니 어질고 착한 아내와 三남 四녀의 자녀를 두어 슬하의 영화도 극진하다.

男水女木＝평탄한 길을 말이 달리는 격(坦道馳馬格)

水生木이니 부부가 다정하고 일생 이별이 없다. 혹 부부가 만날 때 빈궁하더라도 날과 달로 발전하여 티끌모아 태산을 이루듯이 마침내는 크게 성공할 것이오, 자손도 창성하여 부귀를 얻게 되리라.

男水女水＝물고기가 봄물결 속에서 평화롭게 노는 격(魚遊春水格)

水水가 서로 합하니 시내물이 모여 강(江)이 되고, 잔솔을 심어 낙락장송이 된다. 전생의 인연이 이생에서 다시 만난것 같이 부부간에 백년화락 할 것이오 만사가 다 성취되어 무궁한 복록을 누릴 것이다.

男水女火＝소경이 개울 옆에서 지팡이를 짚고 서 있는 격(盲杖立溝格)

水火가 상극이니 부부의 뜻이 다르고 마음이 다르다. 전생에 원수가 만난 듯이 서로 미워하여 걸핏하면 충돌하니 백년해로를 기약하기 어렵다.

男水女土＝토끼가 굴 속에서 숨어 있는 격(兎守其窟格)

土克水로 상극된 중에 아내가 남편을 업신여기는 상이다. 내 주장에 가정이 항시 시끄럽고 우환질고가 떠나지 않으니 우울한 나날을 보낼 뿐이다.

男火女金＝용이 여의주를 잃고 조화를 부리지 못하는 격(龍失明珠格)

火克金이니 상극궁합이라 부부의 뜻이 서로 어긋나 날마다 싸우게 되고 가정이 불안하니 매사불성으로 재물은 눈 녹듯이 사라져 빈궁해진다. 뿐 아니라 자손도 두기 어렵거나 두더라도 불초하여 부모 근심을 끼치게 되리라.

男火女木＝꽃동산에 봄이 돌아온 격(花園逢春格)

木生火라 상생궁합이니 부부가 화락하고 일생 이별이 없이 백년해로 한다. 뿐 아니라 자손 창성에 재물은 봄을 만난 초목과 같이 날로 번창하여 부귀영화를 누릴 것이다.

男火女木＝깨진 배로 바다를 건너는 격(破船渡海格)

水火가 상극이니 물에 기름을 섞은것 같이 부부의 뜻이 매양 어긋난다. 동과 서로 나뉘어 거처하는 격이니 해로 하기 어렵고 중도에서 생이별하기 쉽다. 재물도 궁핍하고 자녀의 운도 나쁘다.

男火女火＝섶을 지고 불 속에 들어가는 격(負薪入火格)

두불이 서로 만나니 불꽃이 치열하여 불타 재만 남는 상이다. 단 십년도 동거하기 어렵고 화재수로 재산을 날리며 자살소동이 일어나는 등 가장 불길한 궁합이니 취하지 마라.

男火女土＝수하고, 부하고 자손도 많이 두는 격(壽富多男格)

火生土로 상생궁합. 부부가 화목하게 백년해로한다. 재물도 족하고 가정도 원만할 것이오 일생 질병 없이 건강한 몸으로 부귀를 누리리라.

男土女金＝원앙이 서로 만난격(鴛鴦相逢格)

土生金이라 궁합 가운데 가장 이상적인 궁합이라 하겠다. 소위 부창부수(夫唱婦隨)니 남편은 사랑하고 아내는 남편을 존경하여 가도가 바르게 세워진다. 재물이야 말해 무엇하랴. 부부 일심이니 아니되는 일 없이 날로 발전하여 석숭같은 부자가 부럽지 않으리라.

男土女木＝대들보가 부러지고 집이 무너진 격(棟折屋頹格)

木克土라 아내가 남편을 극하는 궁합이니 가장 불길하여 부부불화로 가정

이 시끄럽지 않으면 중도에 파탄을 일으킨다. 만약 이러한 궁합으로 혼처가 나서거든 아예 거절하고 다른 곳을 구하라. 한 번 잘 못 만나면 서로가 불행하니라.

男土女水＝바위 위로 말이 달리는 격(馳馬岩上格)

土克水로 상극이니 부부 불화하고, 아내의 질병으로 재산을 거의 날리며, 집안이 차츰 기울어 간다. 일생 되는 일이 적고 엉뚱한 변괴가 자주 일어나니 조용하고 편안할 날이 없다.

男土女火＝꾀꼬리가 버들가지 위에 앉은 격(鶯上柳枝格)

土生金으로 상생이 되니 항시 봄바람 같이 훈훈하다. 부부 금슬이 다정함은 물론이요 해마다 경사가 이르고 부귀영화를 누리면서 해로 한다.

男土女土＝모란이 곱게 핀 격(牧丹開發格)

양토(兩土)가 상합하니 부부의 뜻이 맞고 상부상조(相扶相助)하면서 백년을 해로 한다. 비록 부모의 유산이 없더라도 합심으로 자수성가하여 중년 이후로는 전답을 즐비하게 장만하리라.

② **구궁궁합(九宮宮合)**

이 궁합법은 상·중·하원(上中下元)으로 분류해서 보게 되었으나 여기에서는 중원갑(中元甲)에 태어난 남녀를 기준 수록한다. 왜냐하면 상원갑(上元甲)은 서기 一八六四年 甲子에서 一九二三年 癸亥까지 해당되므로 불필요한 것이고 하원갑(下元甲)은 서기 一九八四年 甲子부터이므로 아직 나이가 어려 결혼연령에 이르려면 앞으로 二十年은 지나야 한다. 단 중원갑(中元甲)은 一九二四年 甲子에서 一九八三年 癸亥까지이므로 중원갑에 한해서만 수록해도 참고하는데 불편이 없기 때문이다.

巽	離	女甲子 (逆) 坤
震	中	兌
艮	男甲子 (順) 坎	乾

남자는 甲子를 감궁(坎宮)에 붙여 九宮을 거꾸로 돌리고 여자는 곤궁(坤宮)에 甲子를 붙여 九宮을 순으로 돌려 나가다가 출생한 생년태세(生年太歲)에 이르는 곳의 쾌(卦)를 기준하여 一上生氣 二中天醫 식으로 생기복덕 짚은 요령과 같이 한다. (만일 태세가 中

-263-

宮에 들면 남자는 坤宮으로 따지고 여자는 艮宮으로 따진다. 생기(生氣)·복덕(福德)·천의(天醫)는 대길하고 본궁(本宮-즉 歸魂)은 평상하며 절체(絶體)와 유혼(遊魂)은 해가 없고 화해(禍害)·절명(絶命)이면 대흉하다. 이상의 요령을 직접 알아보기 쉽게 아래와 같이 조견표를 작성한다.

○ 구궁궁합 조견표

男子의 生 \ 女子의 生	甲子 癸酉 壬午 辛卯 庚子 己酉 戊午 坤	乙丑 甲戌 癸未 壬辰 辛丑 庚戌 己未 震	丙寅 乙亥 申甲 癸巳 壬寅 辛亥 庚申 巽	丁卯 丙子 乙酉 甲午 癸卯 壬子 辛酉 中	戊辰 丁丑 丙戌 乙未 甲辰 癸丑 壬戌 乾	己巳 戊寅 丁亥 丙申 乙巳 甲寅 癸亥 兌	庚午 己卯 戊子 丁酉 丙午 乙卯 艮	辛未 庚辰 己丑 戊戌 丁未 丙辰 離	壬申 辛巳 庚寅 己亥 戊申 丁巳 坎
甲子 癸酉 壬午 辛卯 庚子 己酉 戊午 **坎**	절명	복덕	생기	천의	유혼	화해	천의	절체	귀혼
乙丑 甲戌 癸未 壬辰 辛丑 庚戌 己未 **離**	유혼	생기	복덕	화해	절명	천의	화해	귀혼	절체
丙寅 乙亥 甲申 癸巳 壬寅 辛亥 庚申 **艮**	생기	유혼	절명	귀혼	복덕	절체	귀혼	화해	천의
丁卯 丙子 乙酉 甲午 癸卯 壬子 辛酉 **兌**	복덕	절명	유혼	절체	생기	귀혼	절체	천의	화해
戊辰 丁丑 丙戌 乙未 甲辰 癸丑 壬戌 **乾**	절체	천의	화해	복덕	귀혼	생기	복덕	절명	유혼
己巳 戊寅 丁亥 丙申 乙巳 甲寅 癸亥 **中**	귀혼	화해	천의	생기	절체	복덕	생기	유혼	절명
庚午 己卯 戊子 丁酉 丙午 乙卯 **巽**	천의	절체	귀혼	절명	화해	유혼	절명	복덕	생기
辛未 庚辰 己丑 戊戌 丁未 丙辰 **震**	화해	귀혼	절체	유혼	천의	절명	유혼	생기	복덕
壬申 辛巳 庚寅 己亥 戊申 丁巳 **坤**	귀혼	화해	천의	생기	절체	복덕	생기	유혼	절명

가령 庚子生 男子와 辛丑生 女子는 복덕궁합이니 길하고, 남자 癸卯生과 여자 戊申生은 화해궁합이 되어 대흉하다. 그 외에도 같은 요령으로 남자(上)와 여자(下)의 생을 대조하여 어느 궁합에 해당하는가를 본다.

③ 기   타

○ 원진살(怨嗔殺)

남녀 궁합에 원진이 되면 부부간에 정이 없거나 삼한 경우 이별수도 있다 한다. 아래와 같다.

子—未(쥐띠와 양띠), 丑—午(소띠와 말띠), 寅—酉(범띠와 닭띠), 卯—申(토끼띠와 원숭이띠), 진—해(용띠와 돼지띠), 巳—戌(뱀띠와 개띠)

○ 가취멸문법(嫁聚滅門法)

남녀 혼인에 될 수 있으면 아래에 해당되는 생월끼리 피하는게 좋다고 한다. 이는 소위 재산이 흩어지거나 자손이 창성하지 못한다는 것으로 다른 궁합이 모두 나쁘고 이에 해당하면 멸문(滅門)의 재앙도 이를 수 있다 한다.

正月女와 九月男,   二月女와 八月男,   三月女와 五月男,
四月女와 六月男,   五月女와 正月男,   六月女와 十二月男,
七月女와 三月男,   八月女와 十月男,   九月女와 四月男,
十月女와 十一月男

8. 택일문(擇日門)

(1) 생기복덕법(生氣福德法)

어떤 택일을 막론하고 첫째 주인공의 생기, 복덕의 길일부터 맞춘 뒤에 해당부분의 길일과 합국(合局)해야 한다. 그러므로 먼저 남녀 생기복덕법을 수록한다.

원래 이 생기복덕법은 조견표에 의하지 않고 암기법(暗記法)으로 따져 보는 방법이 있다.

즉 남자는 一세를 離宮에 붙여 二세만은 坤을 건너 뛰고 兌, 三세 乾, 四세 坎, 五세 艮, 六세 震, 七세 巽, 八세 離, 九세 坤, 十세 兌, 이렇게 계속 돌리면 二十세에는 坎, 三十세에는 震, 四十세에 離, 五十세에 兌, 六十세에 坎,

七十세에 震宮이 닿고, 여자는 一세를 坎에 붙여 八方을 거꾸로 돌린다. 즉 二세 乾, 三세 兌, 四세 坤, 五세 離, 六세 巽, 七세 震, 八세만은 艮을 건너 坎에 이르고, 九세 乾, 十세 兌, 이렇게 계속 돌려나가면 二十에 離, 三十에 震, 四十에 坎, 五十에 兌, 六十에 離, 七十에 震, 八十에는 坎宮에 닿는다.

7	15	23	31	39	1	8	16	24	32		9	17	25	33
47	55	63	71	79	40	48	56	64	72	41	49	57	65	73
6	14	22	30	38						2	10	18	26	34
46	54	62	70	78		男		子		42	50	58	66	74
5	13	21	29	37	4	12	20	28	36	3	11	19	27	35
45	53	61	69	77	44	52	60	68	76	43	51	59	67	75

6	13	21	29	37	5	12	20	28	36	4	11	19	27	35
45	53	61	69	77	44	52	60	68	76	43	51	59	67	75
7	14	22	30	38						3	10	18	26	34
46	54	62	70	78		女		子		42	50	58	66	74
	15	23	31	39	1	8	16	24	32	2	9	17	25	33
47	55	63	71	79	40	48	56	64	72	41	49	57	65	73

위 남녀 연령배치도를 참고하라.

그리하여 해당되는 연령이 닿는 곳의 괘(卦)의 몽양을 손으로 만들어 一上生氣부터 시작하여 二中天醫, 三下絶體, 四中遊魂, 五上禍害, 六中福德, 七下絶命, 八中歸魂의 순서로 떼어져 있는 것은 붙이고, 붙은 것은 펴면서 日辰과 같은 卦의 모양이 이루어 질때 불러지는 것이 바로 그 일진에 해당하는 생기·복덕신이다. 가령 남자 五十세라면 나이가 태궁(兌宮)에 닿고 兌는 兌上絶이라, 손가락 兌上絶의 모양에서 일상생기 부르면서 上指를 붙이면 乾三連이 되니 戌亥日은 생기요, 이중천의 부르면서 中指를 떼면 離虛中이 되니 午日은 천의요, 三下節體 부르면서 下指(藥指)를 떼면 艮上連이 되니 丑寅日은 절체요, 四中遊魂 부르면서 中指를 붙이면 巽下絶되니 辰巳日은 유혼이오, 五上禍害 부르면서 上指를 떼면 坎中連이 되니 子日은 화해요, 六中福德 부르면서 中指를 떼면 坤三絶이 되니 未申日은 복덕이오, 七下絶命 부르면서 下指를 붙이면 震下連이 되니 卯日은 절명이요, 八中遊魂 브르면서 中指를 붙이면 兌上絶이 되니 酉日은 귀혼이다.

子日—坎中連, 丑寅日—艮上連, 卯日—震下連, 辰巳日—巽下絶
午日—離虛中, 未申日—坤三絶, 酉日—兌上絶, 戌亥日—乾三連

이상과 같은 요령으로 생기법(生氣法)을 따져 아래와 같은 조견표를 만들었으니 위 요령에 이해가 어려우면 이 조견표에서 남녀 구분하여 직접 연령만 찾으면 어느 日辰에 무엇이 해당하는가를 쉽게 알 수 있을 것이다.

○ 생기 · 복덕 조견표

구분	男子의 연령								女子의 연령							
연령	一	二	三	四	五	六	七		一	二	三	四	五	六	七	
	八	九	一○	一一	一二	一三	一四	一五	八	九	一○	一一	一二	一三	一四	一五
	一六	一七	一八	一九	二○	二一	二二	二三	一六	一七	一八	一九	二○	二一	二二	二三
	二四	二五	二六	二七	二八	二九	三○	三一	二四	二五	二六	二七	二八	二九	三○	三一
	三二	三三	三四	三五	三六	三七	三八	三九	三二	三三	三四	三五	三六	三七	三八	三九
	四○	四一	四二	四三	四四	四五	四六	四七	四○	四一	四二	四三	四四	四五	四六	四七
구분	四八	四九	五○	五一	五二	五三	五四	五五	四八	四九	五○	五一	五二	五三	五四	五五
	五六	五七	五八	五九	六○	六一	六二	六三	五六	五七	五八	五九	六○	六一	六二	六三
	六四	六五	六六	六七	六八	六九	七○	七一	六四	六五	六六	六七	六八	六九	七○	七一
	七二	七三	七四	七五	七六	七七	七八	七九	七二	七三	七四	七五	七六	七七	七八	七九
생기(生氣)	卯	丑寅	戌亥	酉	辰巳	未申	午	子	子	辰巳	酉	戌亥	丑寅	卯	午	未申
천의(天醫)	酉	辰巳	午	卯	丑寅	子	戌亥	未申	未申	丑寅	卯	午	辰巳	酉	戌亥	子
절체(絶體)	子	戌亥	丑寅	未申	午	酉	辰巳	卯	卯	午	未申	丑寅	戌亥	子	辰巳	酉
유혼(遊魂)	未申	午	辰巳	子	戌亥	卯	丑寅	酉	酉	戌亥	子	辰巳	午	未申	丑寅	卯
화해(禍害)	丑寅	卯	子	辰巳	酉	午	未申	戌亥	戌亥	酉	辰巳	子	卯	丑寅	未申	午
복덕(福德)	辰巳	酉	未申	丑寅	卯	戌亥	子	午	午	卯	丑寅	未申	酉	辰巳	子	戌亥
절명(絶命)	戌亥	子	卯	午	未申	辰巳	酉	丑寅	丑寅	未申	午	卯	子	戌亥	酉	辰巳
귀혼(歸魂)	午	未申	酉	戌亥	子	丑寅	卯	辰巳	辰巳	子	戌亥	酉	未申	午	卯	丑寅

생기(生氣) · 천의(天醫) · 복덕일(福德日)은 대길하고, 절체(絶體) · 유혼(遊魂) · 귀혼일(歸魂日)은 평평하니 생기 복덕 천의일을 가리기 어려울 경우 사용해도 무방하고, 오직 화해(禍害) · 절명일(絶命日)은 대흉하니 사용치 마라.

가령 남자 一세, 八세, 十六세, 二十四세 등은 卯日이 생기요 酉日이 천의,

子日이 절체, 未申日이 유혼, 丑寅日이 화해, 辰巳日이 복덕, 戌亥日이 절명, 午日이 귀혼이다. 그러므로 이상의 연령은 丑寅日(화해)과 戌亥日(절명)을 피하는것이 좋다.

(2) 혼인문(婚姻門)

① 혼인운 보는 법

○ 합혼개폐법(合婚開閉法)

이는 여자의 연령으로 몇살에 혼인하면 좋고 나쁜가를 보는 방법인데 대개운(大開運)에 혼인하면 결혼후 부부 화목하고, 반개운(半開運)에 혼인하면 부부 불화하며, 폐개운(閉開運)에 혼인하면 부부 이별하게 된다고 한다.
다음과 같다.

子午卯生女	大開 :	十七	二 十	二十三	二十六	二十九	三十二
	半開 :	十八	二十一	二十四	二十七	三 十	三十三
	閉開 :	十九	二十二	二十五	五十八	三十一	三十四
寅申巳亥生女	大開 :	十六	十 九	二十二	二十五	二十八	三十一
	半開 :	十七	二 十	二十三	二十六	二十九	三十二
	閉開 :	十八	二十一	二十四	二十七	三 十	三十三
辰戌丑未生女	大開 :	十五	十 八	二十一	二十四	二十七	三 十
	半開 :	十六	十 九	二十二	二十五	二十八	三十一
	閉開 :	十七	二 十	二十三	二十六	二十九	三十二

○ 혼인흉년(婚姻凶年)

아래에 해당되는 해에 혼인하면 불길하니 피하는것이 좋다.

子年生 男—未年 女—卯年　　　午年生 男—丑年 女—酉年
丑年生 男—申年 女—寅年　　　未年生 男—寅年 女—申年
寅年生 男—酉年 女—丑年　　　申年生 男—卯年 女—未年
卯年生 男—戌年 女—子年　　　酉年生 男—辰年 女—午年
辰年生 男—亥年 女—亥年　　　戌年生 男—巳年 女—巳年
巳年生 男—子年 女—戌年　　　亥年生 男—午年 女—辰年

② 혼인달 가리는 법

○ 살부대기월(殺夫大忌月)

다음에 해당되는 달에 혼인하는 여자는 결혼후 그 남편과 생이별 하는 수가 있다. 하니 피하는 것이 좋다.

子生女-正·二月, 丑生女-四月, 寅生女-七月,

卯生女-十·二月, 辰生女-四月, 巳生女-五月

午生女-八·十二月, 未生女-六·七月, 申生女-六·七月,

酉生女-八月, 戌生女-十二月, 亥生女-七·八月

○ 가취월(嫁聚月)

혼인에 길한 달을 가리고 나쁜 달을 피하는 방법인데 단 여자의 생(生)으로 기준한다.

아래 표를 참고하라.

여자의 生 구 분	子生 午生	丑生 未生	寅生 申生	卯生 酉生	辰生 戌生	巳生 亥生	비 고
대리월(大利月)	六 月 十二月	五 月 十一月	二 月 八 月	正 月 七 月	四 月 十 月	三 月 九 月	大吉함
방매씨(妨媒氏)	正 月 七 月	四 月 十 月	三 月 九 月	六 月 十二月	五 月 十一月	二 月 八 月	혼인해도 무방함
방옹고(妨翁姑)	二 月 八 月	三 月 九 月	四 月 十 月	五 月 十一月	六 月 十二月	正 月 七 月	시부모가 없으면 무방함
방여부모(妨女父母)	三 月 九 月	二 月 八 月	五 月 十一月	四 月 十 月	正 月 七 月	六 月 十二月	친정부모가 없으면 무방함
방부주(妨夫主)	四 月 十	正 月 七 月	六 月 十二月	三 月 九 月	二 月 八 月	五 月 十一月	신랑에게 불길함
방여신(妨女身)	五 月 十一月	六 月 十二月	正 月 七 月	二 月 八 月	三 月 九 月	四 月 十 月	신부 자신에게 불길함

가령 자년생 여자라면 六月과 十二月에 혼인함이 가장 좋다. 또는 正月과 七月도 무방하며 시부모가 없으면 二月이나 八月에도 혼인하면 되고, 친정 부모가 없으면 三月이나 九月에도 혼인할 수 있다. 단 四月 十月은 남편에게 흉하고, 五月 十二月은 자신에게 흉하니 혼인하지 말아야 한다.

③ 날짜 가리는 법

혼인에 좋은 날은 음양부장길일(陰陽不將吉日)이나 오합일(五合日)이 최상 길일이며, 다음에는 십전대길일(十全大吉日) 천은(天恩), 대명(大明) · 모창(母倉) 천사(天赦)의 사대길일(四大吉一), 천롱(千聾) · 지아일(地啞日) 그리고 천월덕(天月德)및 천월덕합일(天月德合日), 황도일(黃道日), 가운데서 두 세개의 길신을 합해 가리면 된다.

요령은 음양부장길일에서 우선 뽑고, 이 날이 생기법 등에 맞지 않아 곤란하거든 오합일을 택하고, 이 날도 마땅치 않거든 십전대길일이나 천은 · 대명 · 모창 · 천사일이나 천롱지일에서 뽑아 천월덕 및 천월덕합일과 같이 만나도록 하되 가급적 황도일을 겸하는 것이 좋다.

　　○ 음양부장길일(陰陽不將吉日)

正月＝丙寅　丁卯　戊寅　庚寅　辛卯

二月＝乙丑　丙寅　丙子　丁丑　戊寅　戊子　己丑　庚寅　庚子

三月＝甲子　丙子　乙酉　丙戌　丁酉　己酉

四月＝甲子　甲戌　丙子　丙戌　戊子　戊戌

五月＝癸酉　甲戌　癸未　甲申　乙酉　丙戌　乙未　丙申　戊戌　戊申

六月＝壬申　壬午　癸未　甲申

七月＝壬申　甲申　癸巳　乙巳

八月＝壬申　壬午　甲申　癸巳　甲午

九月＝庚午　辛巳　壬午　辛卯　癸巳　癸卯

十月＝庚午　庚辰　壬午　辛卯　壬辰　癸卯

十一月＝己巳　丁丑　庚辰　辛巳　己丑　庚寅　壬辰　辛丑　壬寅　丁巳

十二月＝丙寅　丙子　戊子　戊寅　庚寅　庚子

이상의 부장길일은 위 일진보다 더 있으나 혼인을 못하는천적(天賊) · 수사(受死) · 홍사(紅紗) · 피마(披麻) · 월살(月殺)에 해당하여 이를 뺀 나머지만 기록하였다.

○ 오합일(五合日)

즉 寅卯日이 모두 오합일인데 아래와 같다.

丙寅丁卯＝陰陽合　　戊寅己卯＝人民合　　庚寅辛卯＝金石合

壬寅癸卯＝江河合　　甲寅乙卯＝日月合

즉 丙寅 丁卯 戊寅 己卯 庚寅 辛卯 壬寅 癸卯 甲寅 乙卯 日을 오합일(五合日)이라 한다.

○ 십전대길일(十全大吉日)

乙丑 丁卯 丙子 丁丑 己丑 辛卯 癸卯 乙巳 壬子 癸丑

○ 천은상길일(天恩上吉日)

甲子·乙丑·丙寅·丁卯·戊辰·己卯·庚辰·辛巳·　壬午·己酉·庚戌·辛亥·壬子·癸未·癸丑

○ 대명상길일(大明上吉日)

辛未·壬申·癸酉·丁丑·己卯·壬午·　甲申·丁亥·壬辰·乙未·壬寅·甲辰·乙巳·丙午·己酉·庚戌·辛亥

○ 천사상길일(天赦上吉日)

春–戊寅日　夏–甲午日　秋–戊申日　冬–甲子日

○ 모창상길일(母倉上吉日)

春–亥子日　　夏–寅卯日　秋–辰戌丑未日　冬–申酉日

○ 천롱일(天聾日)

丙寅　戊辰　丙子　丙申　庚子　壬子　丙辰

○ 지아일(地啞日)

乙丑　丁卯　己卯　辛巳　乙未　己亥　辛丑　癸丑　辛酉　辛亥

○ 천월덕(天月德) 및 합일(合日)

천덕(天德)·월덕(月德)과 천덕합(天德合)·월덕합일(月德合日)은 아래와 같다. 이 날은 혼인 뿐 아니라 인간 백사에 다 길한 날이다.

구분 月別	正	二	三	四	五	六	七	八	九	十	十一	十二
천 덕	丁	申	壬	辛	亥	甲	癸	寅	丙	乙	巳	庚
천 덕 합	壬	巳	丁	丙	寅	己	戊	亥	辛	庚	申	乙
월 덕	丙	甲	壬	庚	丙	甲	壬	庚	丙	甲	壬	庚
월 덕 합	辛	己	丁	乙	辛	己	丁	乙	辛	巳	丁	乙

○ 황　도(黃道)

황도는 길하고 흑도(黑道)는 흉신이다. 보는 법은 月로 日辰을 대조하고, 또는 日辰으로 時를 대조한다. 이 황도는 천강(天罡) · 하괴(河魁)의 흉살을 능히 제화(制化)하는 길신이다. 그리고 혼인시간 및 모든 행사의 좋은 時를 가리려면 이 황도시(黃道時)를 적용함이 좋다.

가령 正月(寅月)이면 子丑辰巳戌日은 황도일이고 그 외는 흑도의 흉신이다. 또는 寅日이면 子丑辰巳未戌時가 황도가 드는 길한 신간이다.

구분　月로日 · 日로時	寅	卯	辰	巳	午	未	申	酉	戌	亥	子	丑
청룡황동(青龍黃道)	子	寅	辰	午	申	戌	子	寅	辰	午	申	戌
명당황도(明堂黃道)	丑	卯	巳	未	酉	亥	丑	卯	巳	未	酉	亥
천형흑도(天刑黑道)	寅	辰	午	申	戌	子	寅	辰	午	申	戌	子
주작흑도(朱雀黑道)	卯	巳	未	酉	亥	丑	卯	巳	未	酉	亥	丑
금궤황도(金櫃黃道)	辰	午	申	戌	子	寅	辰	午	申	戌	子	寅
대덕황도(大德黃道)	巳	未	酉	亥	丑	卯	巳	未	酉	亥	丑	卯
백호흑도(白虎黑道)	午	申	戌	子	寅	辰	午	申	戌	子	寅	辰
옥당황도(玉堂黃道)	未	酉	亥	丑	卯	巳	未	酉	亥	丑	卯	巳
천뇌흑도(天牢黑道)	申	戌	子	寅	辰	午	申	戌	子	寅	辰	午
현무흑도(玄武黑道)	酉	亥	丑	卯	巳	未	酉	亥	丑	卯	巳	未
사명황동(司命黃道)	戌	子	寅	辰	午	申	戌	子	寅	辰	午	申
구진흑도(句陣黑道)	亥	丑	卯	巳	未	酉	亥	丑	卯	巳	未	酉

④ 혼인에 꺼리는 날

다음과 같은 흉신일(凶神日)을 피한다.

월염(月厭)·염대(厭對)·천적(天賊)·수사(受使)·홍사(紅紗)·피마(披麻)·월살(月殺)·월파(月破)·매월 亥日, 남녀 본명일(本命日—가령 甲子生이면 甲子日)동지·하지 단오(端午)· 四月八日, 십악(十惡), 복단(伏斷), 화해(禍害), 절명일(絶命日), 천강(天罡), 하괴(河魁), 월기일(月忌日)

○ 천적·수사·홍사·피마·월살·월염· 염대·월파· 천강·하괴일

이상 흉신의 정국은 아래와 같다.

흉신　　月別	正	二	三	四	五	六	七	八	九	十	十一	十二
천적(天賊)	辰	酉	寅	未	子	巳	戌	卯	申	丑	午	亥
수사(受死)	戌	辰	亥	巳	子	午	丑	未	寅	申	卯	酉
홍사(紅紗)	酉	巳	丑	酉	巳	丑	酉	巳	丑	酉	巳	丑
피마(披麻)	子	酉	午	卯	子	酉	午	卯	子	酉	午	卯
월살(月殺)	丑	戌	未	辰	丑	戌	未	辰	丑	戌	未	辰
월염(月厭)	戌	酉	申	未	午	巳	辰	卯	寅	丑	子	亥
염대(厭對)	辰	卯	寅	丑	子	亥	戌	酉	申	未	午	巳
월파(月破)	申	酉	戌	亥	子	丑	寅	卯	辰	巳	午	未
천강(天罡)	巳	子	未	寅	酉	辰	亥	午	丑	申	卯	戌
하괴(河魁)	亥	午	丑	申	卯	戌	巳	子	未	寅	酉	辰

월살(月殺)은 五合日이면 범해도 무방하고, 천강(天罡)·하괴(河魁)는 황도일(黃道日)과 같이 만나면 꺼리지 않는다.

○ 십악일(十惡日)

甲己年＝三月戊戌日, 七月癸亥日, 十月丙申日, 十一月丁亥日
乙庚年＝四月壬申日, 九月乙巳日
丙辛年＝三月辛巳日, 九月庚辰日
丁壬年＝없음　戊癸年＝六月丑日

○ 복단일(伏斷日)

이 복단일은 혼인 뿐 아니라 변소 짓고 젖떼는 일 이외는 백사 대흉하다. 다음과 같다.

子虛 丑斗 寅室 卯女 辰箕 巳房

午角 未張 申鬼 酉觜 戌胃 亥壁

가령 子日에 二十八宿의 虛宿과 같이 만나면 복단일인데 이를 다음과 같이 간단하게 나타낸다.

日 辰	子	丑	寅	卯	辰	巳	午	未	申	酉	戌	亥
요 일	日	木	火	土	水	日	木	月	金	火	土	水

가령 子日과 일요일이 같이 만나거나, 丑日에 木요일과 같이 만나면 복단일이 된다.

○ 월기일(月忌日)

매월 初五日 十四日 二十三日

이 월기일은 寅卯日과 같이 만나면 꺼리지 않는다.

○ 상부상처살(喪夫喪妻殺)

春-丙午·丁未日(상처)   冬-壬子·癸亥日(상부)

○ 고과살(孤寡殺)

亥子丑生 男은 寅日, 女는 戌日, 寅卯辰生 男은 巳日, 女는 丑日
巳午未生 男은 申日, 女는 辰日, 申酉戌生 男은 亥日, 女는 未日.

○ 가취대흉일(嫁聚大凶日)

春-甲子·乙丑日   夏-丙子·丁丑日   秋-庚子·辛丑日   冬-壬子·癸丑日

正五九月-庚日   二六十月-乙日   三七十一月-丙日   四八十二月-癸日

⑤ 혼인주당(婚姻周堂)

주당이 신랑이나 신부에 닿는 날은 혼인을 못한다. 만일 옹(翁)에 닿으면 신랑이 초례청에 처음 들어설 때 신부의 부친이 잠시 피하면 되고, 신부가 초례청에 처음 들어설때 신랑 부친이 잠시 피하면 된다. 고(姑)에[닿으면 신랑이 들어설 때 신부의 모친이 잠시 피하고, 신부가 들어설 때 신랑의 모친이 잠시 피하면 된다.

혼인일 구분	一 九 十七 二十五	二 十 十八 二十六	三 十一 十九 二十七	四 十二 二十 二十八	五 十三 二十一 二十九	六 十四 二十二 三十	七 十五 二十三	八 十六 二十四
大月(三十日)	夫	姑	堂	翁	第	竈	婦	廚
小月(二十九日)	婦	竈	第	翁	堂	姑	夫	廚

달이 크면(大月−三十日) 夫자에 一日을 붙여 시계방향으로 혼인 날자까지 돌려 짚고 달이 작으면(小月−二十九日) 婦자에 一日을 붙여 혼인 날자까지 돌려 짚는다.

당(堂)은 안방, 주(廚)는 부엌, 조(竈)는 부뜨막, 제(第)는 처마안의 모든 곳이니 모든 사람들이 이러한 곳에서 밖으로 나와 잠시 피하면 된다. 단 현재는 예식장에서 혼례식을 올리므로 참작하기 바란다.

⑥ 약혼에 좋은 날

아래 일진이나 길신에 약혼하거나 사주(四柱)또는 채단을 보내면 길하다.

乙丑 丙寅 丁卯 辛未 戊寅 己卯 庚辰 丙戌 戊子 己丑 庚寅 辛卯 壬辰 癸巳 乙未 戊戌 辛丑 壬寅 癸卯 甲辰 丙午 丁未 庚戌 壬子 癸丑 甲寅 乙卯 丙辰 丁巳 戊午 己未日과 황도 삼합 육합 오합 천덕 월덕 천월덕합 월은 천의 정·성·개일

(3) 생활택일(生活擇日)

제사(祭祀)와 고사(告祀)·기도(祈禱)

제사및 고사 그리고 기도 드리는데 좋은 날과 꺼리는 날은 아래와 같다.

○ 길일(吉日)

壬申 乙亥 丙子 丁丑 壬午 癸未 丁亥 己丑 辛卯 壬辰 甲午 乙未 丁酉 甲辰 戊申 壬子 乙卯 丙戌 戊午 壬戌 癸亥日및 황도·천은·천사 천덕 월덕·천월덕합일 모창·월재· 생기 복덕 천의일(이상의 길신은 「신살정국」을 참고하라.)

○ 꺼리는 날

천구일(天狗日) 및 천구하식시(天狗下食時−子日亥時·丑日子時·寅日丑

時·卯日寅時·辰日卯時·   巳日辰時·午日巳時·未日午時·申日未時·酉
日申時·戌日酉時·亥日戌時), 五日 十四日 二十三日, 천적·수사·복단일
화해 절명일

(복단일은 혼인문에 기록되어 있고 기타는 신살정국을 참고하라.)

[참고]

이하 모든 길신과 흉신 등은 아래기록하는 신산정국(神殺定局)을 차고하
면 된다.

① 여 행(旅行)

좋은 날=甲子 乙丑 丙寅 丁卯 戊辰 庚午 辛未 甲戌 乙亥 丁丑 己卯 甲申
丙戌 己丑 庚寅 辛卯 甲午 乙未 庚子 辛丑 壬寅 癸卯 丙午 丁未 己酉 壬子
癸丑 甲寅 乙卯 庚申 辛酉 壬戌 癸亥日과 역마 월재 천월덕 생기 사상 건·
만·성·개일

꺼리는 날=巳日 왕망·귀기·천적·수사·복단 위일(危日) 월기일

② 연 회(宴會)

회갑(回甲)·칠순(七旬)·팔순(八旬)·진갑(進甲) 및 기타의 경사에 날
을 받아 손님들을 초대하여 잔치를 베풀고 주식(酒食)을 접대하는 행사를
말한다.

좋은 날=주인공의 생기·복덕 천의일, 천덕·월덕 천월덕합, 三合·五合,
천은·월은·정(定)·성(成)·만(滿)·개일(開日) 또는 甲子 乙丑 丙寅 丁
卯 戊辰 己卯 庚辰 辛巳 壬午 癸未 己酉 庚戌 辛亥 壬子 癸丑日

꺼리는 날=酉日, 五日, 十四日 二十三日, 천적·수사 파일 수일 폐일 상삭
(上朔—甲年癸亥 乙年乙巳 丙年乙亥 丁年辛巳 戊年丁亥 己年癸巳 庚年己亥
辛年乙巳 壬年 辛亥 癸年 丁巳日)

③ 이 사(移徙)

좋은 날=甲子 乙丑 丙寅 丁卯 己巳 庚午 甲戌 乙亥 丁丑 癸未 甲申 庚寅
壬辰 庚子 壬寅 癸卯 丙午 丁未 庚戌 癸丑 甲寅 乙卯 庚申 辛酉日 및 천덕월
덕 천월덕합 천은 황도 모창 역마 월은 사상 만·성·개일

꺼리는 날=복단·천적·수사·귀기·왕망·본명(本命—甲子生이 甲子日)
·건·파·명·수일

손(太白殺)보는 법=一·二日은 東, 三·四日은 南, 五·六日은 西, 七·八

日은 北, 九·十日은 없음.

○ 이사방위법

천록방(天祿方)은 관직에 길하고, 안손방(眼損方)은 눈병과 손재가 있고, 식신방(食神方)은 재산이 늘고, 증파방(甑破方)은 손재와 가정풍파가 일어나고, 오귀방(五鬼方)은 질병과 우환횡액이 생기고, 합식방(合食方)은 사업이 번창하고, 진귀방(進鬼方)은 괴변과 우환이 발생하고 관인방(官印方)은 관록이 오르거나 관직을 얻게 되고, 퇴식방(退食方)은 재물이 나가고 사업이 안된다.

아래는 이사방위를 쉽게 보는 표이니 남녀 구분하여 연령을 찾아 참고하라.

남자의 연령	방위 보는 곳									여자의 연령
	正東	東南	正南	西南	中央	正西	西北	正北	東北	
9 18 27 36 45 54 63 72 81	퇴식	천록	합식	관인	안손	증파	식신	진귀	오귀	10 19 28 37 46 55 64 73 1
8 17 26 35 44 53 62 71 80	관인	퇴식	오귀	진귀	천록	식신	안손	합식	증파	9 18 27 36 45 54 63 72 81
7 16 25 34 43 52 61 70 79	진귀	관인	증파	합식	퇴식	안손	철록	오귀	식신	8 17 26 35 44 53 62 71 80
6 15 24 33 42 51 60 69 78	합식	진귀	식신	오귀	관인	천록	퇴식	증파	안손	7 16 25 34 43 52 61 70 79
5 14 23 32 41 50 59 68 77	오귀	합식	안손	증파	진귀	퇴식	관인	식신	천록	6 15 24 33 42 51 60 69 78
4 13 22 31 40 49 58 67 76	증파	오귀	천록	식신	합식	관인	진귀	안손	퇴식	5 14 23 32 41 50 59 68 77
3 12 21 30 39 48 57 66 75	식신	증파	퇴식	안손	오귀	진귀	합식	천록	관인	4 13 22 31 40 49 58 67 76
2 11 20 29 38 47 56 65 74	안손	식신	관인	천록	증파	합식	오귀	퇴식	진귀	3 12 21 30 39 48 57 66 75
1 10 19 28 37 46 55 64 73	천록	안손	진귀	퇴식	식신	오귀	증파	관인	합식	2 11 20 29 38 47 56 65 74

④ 개업일(開業日)

좋은 날＝甲子 乙丑 丙寅 己巳 庚午 辛未 甲戌 乙亥 丙子 己卯 壬午 癸未 甲申 庚寅 辛卯 乙未 己亥 庚子 癸卯 丙午 壬子 甲寅 乙卯 己未 庚申 申酉日 및 천덕월덕·천은·월은 ·월재·역마·삼합·오합·육합·정(定) ·만(滿)·성(成)·개일(開日)

꺼리는 날＝천적·복단 월파·폐일·대소모(大小耗－春：壬子日, 夏：丙

戌·乙卯日, 秋：辛丑·戊午日, 冬：壬辰：辛酉日) 또는 春에 己酉日, 夏에 甲子日, 秋에 辛卯日, 冬에 壬辰日

9. 기조문(起造門)

(1) 성조운(成造運)

성조운이란 어느 나이에 집을 지면 좋고 나쁘며, 어느 해에 어떤 좌향(坐向)을 놓으면 좋으며, 또는 어느 생(生)이 어느 해에 집을 짓는 운이 맞는가 등을 보는 법이다.

① 나이로 운을 본다.

연령 一세를 곤궁(坤宮)에 붙여 八方을 순서로 배치하되 단 五세와 五十세는 中宮에 넣고 다음 순서가 나이로 닿는 곳이 감(坎)·이(離)·진(震)·태(兌)에 들면 성조 대길하여 중궁(中宮–蠶四角)이나 간궁(艮宮–自四角)에 들면 대흉하며 건궁(乾宮)에 들면 부모사각(父母四角)이니 부모가 안계시면 집을 지어도 무방하고 곤궁(坤宮)에 들면 처자사각(妻子四角)이니 처자에게 흉하고(처자가 없으면 무방) 손궁(巽宮)에 들면 우마사각(牛馬四角)이니 이 나이에 측사(畜舍)를 짓지 아니한다.

午馬 四角　8 17 26 34 43 53 62	(吉)9 18 27 36 44 54 63	妻子 四角　1 10 19 28 37 46 56 64
(吉)7 16 24 33 42 52 61 70	蠶四　5 15 25 35 45 50 角凶　55 65 75	(吉)2 11 20 29 38 47 57 66
自四 角凶　6 14 23 32 41 51 60 69	(吉)4 13 22 31 40 49 59 68	父母 四角　3 12 21 30 39 48 58 67

② 생(生)으로 운을 본다.

亥子生–甲己丁壬戊癸年吉,　　　丑寅年–丙辛丁壬戊癸年吉,

卯辰生–乙庚丙辛丁壬年吉,　　　巳午生–甲己乙庚丙辛年吉,

未申生–甲己乙庚戊癸年吉,　　　酉戌生–甲己乙庚戊癸年吉

③ 좌향(坐向)으로 운을 본다.

子午卯酉年–辰戌丑未乙辛丁癸坐向吉

辰戌丑未年–寅申巳亥艮坤乾巽坐向吉

寅申巳亥年–子午卯酉壬丙庚甲坐向吉

艮寅乙辰丙午坤申辛戌壬子坐向–子寅辰午申戌 年月日時吉

甲卯巽巳丁未庚酉乾亥癸丑坐向–丑卯巳未酉亥 年月日時吉

④ 수조길년(修造吉年)

이는 나이와 좌향에 관계없이 (물론 右의 성조운을 맞춘다) 집 짓고 수리하는데 좋은 해다.

乙丑 戊辰 庚午 丙戌 己丑 庚寅 辛卯 癸巳 乙酉 乙未 戊戌 庚子 乙卯 丙辰 己未 庚申 辛酉 癸亥年吉

⑤ 날짜 가리는 법

집 짓고 수리하고 흙 붙이는 등의 일에 좋은 날은 아래와 같다.

甲子 乙丑 丙寅 己巳 庚午 辛未 癸酉 甲戌 乙亥 丙子 丁丑 癸未 甲申 丙戌 庚寅 壬辰 乙未 丁酉 庚子 壬寅 癸卯 丙午 丁未 癸丑 甲寅 丙寅 己未및 대공망일(大空七日-乙丑 甲戌 乙亥 癸未 甲申 乙酉 壬辰 癸巳 甲午 壬寅 癸卯 壬子日) 황도, 월공, 천월덕, 천은 사상 생기 옥우 금당, 천룡, 지아일

꺼리는 날＝천적 토온 토기 토금 토부 자랑 전살 건(建), 파(破), 수일(收日) 빙소와해(氷消瓦解) 천화일(天火日) 월파일(月破日)

⑥ 수리하거나 달아내는데 어느 방위를 손대지 못하는가

대장군방(大將軍方), 삼살상(三殺方), 태세방(太歲方), 세파방(歲破方), 신황(身皇), 정명방(定明方)

이상의 살방(殺方)은 아래와 같다.

○ 대장군, 삼살, 태세, 세파방

구분　연지	子	丑	寅	卯	辰	巳	午	未	申	酉	戌	亥
대장군방	酉	酉	子	子	子	卯	卯	卯	午	午	午	酉
삼 살 방	巳	寅	亥	申	巳	寅	亥	申	巳	寅	亥	申
	午	卯	子	酉	午	卯	子	酉	午	卯	子	酉
	未	辰	丑	戌	未	辰	丑	戌	未	辰	丑	戌
태 세 방	子	丑	寅	卯	辰	巳	午	未	申	酉	戌	亥
세 파 방	午	未	申	酉	戌	亥	子	丑	寅	卯	辰	巳

가령 테세가 子年이라면 酉方이 대장군방, 巳午未가 삼살방, 子方이 테세, 午方이 '세파방이니 酉, 巳午未子午方을 손대지 못한다.

○ 신황(身皇), 정명살(定明殺)

三元	上 元				中 元				下 元			
구분	身皇		定名		身皇		定明		身 皇		定明	
연령 ＼ 남녀	남	여	남	여	남	여	남	여	남	여	남	여
1 10 19 28 37 46 55 64 73	艮	中	坤	中	中	艮	中	坤	坤	坤	艮	艮
2 11 20 29 38 47 56 65 74	離	巽	坎	乾	乾	兌	巽	震	震	坎	兌	離
3 12 21 30 39 48 57 66 75	坎	震	離	兌	兌	乾	震	巽	巽	離	乾	坎
4 13 22 31 40 49 58 67 76	坤	坤	艮	艮	艮	中	坤	中	中	艮	中	坤
5 14 23 32 41 50 59 68 77	震	坎	兌	離	離	巽	坎	乾	乾	兌	巽	震
6 15 24 33 42 51 60 69 78	巽	離	乾	坎	坎	震	離	兌	兌	乾	震	巽
7 16 25 34 43 52 61 70 79	中	艮	中	坤	坤	坤	艮	艮	艮	中	坤	中
8 17 26 35 44 53 62 71 80	乾	兌	巽	震	震	坎	兌	離	離	巽	坎	乾
9 18 27 36 45 54 63 72 81	兌	乾	震	巽	巽	離	乾	坎	坎	震	離	兌

가령 中元의 남자 一세 十세 十九세 등은 中이 신황, 정명이오, 여자라면 艮方이 신황, 坤方이 정명살이다.

○ 上元＝一八六四年～一九二三年사이 출생한 者

○ 中元＝一九二四年～一九八三年사이 출생한 者

○ 下元＝一九八四年이후 출생한 者

10. 택일신살정국(擇日神殺定局)

황도(黃道), 천은(天恩), 대명(大明), 천사(天赦), 모창상길일(母倉上吉日), 천롱(天聾), 지아일(地啞日)과 복단일(伏斷日), 월기일(月忌日)은 위 혼인문(婚姻門)에서 참고 할것이며 기타는 아래에 수록한다.

① 세신정국(歲神定局)

세신(歲神)이란 태세(太歲)를 기준한 길흉신이니 아래와 같다.

구분 \ 歲支		子	丑	寅	卯	辰	巳	午	未	申	酉	戌	亥	비고
吉神	天德合 천덕합	巽	庚	丁	坤	壬	辛	乾	甲	癸	艮	丙	乙	백사에 대길
	天德合 세월덕	申	乙	壬	巳	丁	丙	寅	己	戊	亥	辛	庚	우 동
	歲月德 세월덕	壬	庚	丙	甲	壬	庚	丙	甲	壬	庚	丙	甲	우 동
	月德合 월덕합	丁	乙	辛	己	丁	乙	辛	己	丁	乙	辛	己	양택 음택에 모두 길함
	驛馬 역마	寅	亥	申	巳	寅	亥	申	巳	寅	亥	申	巳	출행,이사,상업 및 매사에 길
凶神	大將軍 대장군	酉	酉	子	子	子	卯	卯	卯	午	午	午	酉	흙다루고 집고치치는 일을꺼림
	劫殺 겁살	巳	寅	亥	申	巳	寅	亥	申	巳	寅	亥	酉	양택 음택에 모두 꺼림(三殺)
	災殺 재살	午	卯	子	酉	午	卯	子	酉	午	卯	子	酉	上 同(三殺)
	歲殺 세살	未	辰	丑	戌	未	辰	丑	戌	未	辰	丑	戌	上 同(三殺)
	坐殺 좌살	丁丙	乙甲	癸壬	辛庚	丁丙	乙甲	癸壬	辛庚	丁丙	乙甲	癸壬	辛庚	묘나 가옥의 坐를 놓지 아니함
	向殺 향설	癸壬	辛庚	丁丙	乙甲	癸壬	辛庚	丁丙	乙甲	癸壬	辛庚	丁丙	乙甲	묘나 가옥의 向을 놓지 아니함
	喪門 상문	寅	卯	辰	巳	午	未	申	酉	戌	亥	子	丑	여행 이사 및 상청설치를 꺼림
	吊客 조객	戌	亥	子	丑	寅	卯	辰	巳	午	未	申	酉	上 同
	歲破 세파	午	未	申	酉	戌	亥	子	丑	寅	卯	辰	巳	가옥수리및 묘의 坐놓은 것을꺼림

② 월가길신(月家吉神)

월간길신이란 月을 기준하여 정해지는 길신(吉神)인데 아래와 같다.

구분 \ 月別	正	二	三	四	五	六	七	八	九	十	十一	十二	비고
天德 천덕	丁	申	壬	辛	亥	甲	癸	寅	丙	乙	巳	庚	造葬 및 上官百事에 다 형통
天德合 천덕합	壬	巳	丁	丙	寅	己	戊	亥	辛	庚	申	乙	이 방위에 집 수리 하면 만복이 이름

月德 월덕	丙	甲	壬	庚	丙	甲	壬	庚	丙	甲	壬	庚	천덕과 동일
月德合 월덕합	辛	己	丁	乙	辛	己	丁	乙	辛	己	丁	乙	월덕과 동일
月空 월공	壬	庚	丙	甲	壬	庚	丙	甲	壬	庚	丙	甲	집고치고, 벼슬구 하는일에 길함
月恩 월은	丙	丁	庚	己	戊	辛	壬	癸	庚	乙	甲	辛	진정서, 소장, 민원서 제출에 좋음
月財 월재	九	三	四	二	七	六	九	三	四	二	七	六	이사, 안장에 사용하면 재물이 따름
生氣 생기	戌	亥	子	丑	寅	卯	辰	巳	午	未	申	酉	만사에 길, 天喜라고도 한다.
天醫 천의	丑	寅	卯	辰	巳	午	未	申	酉	戌	亥	子	병 고치고 침 맞고 치료하는데 대길
解神 해신	申	申	戌	戌	子	子	寅	寅	辰	辰	午	午	모든 흉살을 해제시켜 준다.
五富 오부	亥	寅	巳	申	亥	寅	巳	申	亥	寅	巳	申	집 짓고 수리하고, 안장하는데 길함
金堂 금당	辰	戌	巳	亥	午	子	未	丑	申	寅	酉	卯	집터 닦고 수리하고, 안택하고사에 길함
益後 익후	子	午	丑	未	寅	申	卯	酉	辰	戌	巳	亥	의 자녀를 세우거나 양자 정하는데 길
續世 속세	丑	未	寅	申	卯	酉	辰	戌	巳	亥	午	子	上　　　同
驛馬 역마	申	巳	寅	亥	申	巳	寅	亥	申	巳	寅	亥	출행 행선 이사 사업 등에 길함
天赦神 천사신	戌	丑	辰	未	戌	丑	辰	未	戌	丑	辰	未	모든죄를 사하여 줌
三合 삼합	戌午	亥未	子申	丑酉	寅戌	卯亥	辰子	巳丑	午寅	未卯	申辰	酉巳	약혼 계약 면회 등에 길함
六合 육합	亥	戌	酉	申	未	午	巳	辰	卯	寅	丑	子	우　　　동

③ 월가흉신(月家凶神)

달에 의한 흉신정국(凶神定局)은 아래와 같다.

月別 구분	正	二	三	四	五	六	七	八	九	十	十一	十二	비　　　고
天罡 천강	巳	子	未	寅	酉	辰	亥	午	丑	申	卯	戌	매사흉이나 황도일이면 무방함
河魁 하괴	亥	午	丑	申	卯	戌	巳	子	未	寅	酉	辰	위와 같음
地破 지파	亥	子	丑	寅	卯	辰	巳	午	未	申	酉	戌	흙 다루고 광중짓는 것을 꺼림

羅網 라망	子	申	巳	辰	戌	亥	丑	申	未	子	巳	辰	혼인, 출생, 소송, 취임 등에 불리
滅沒 멸몰	丑	子	亥	戌	酉	申	未	午	巳	辰	卯	寅	사람 죽어 장사지내는 모든일을 꺼림
天狗 천구	子	丑	寅	卯	辰	巳	午	未	申	酉	戌	亥	제사·고사등에 불길
往亡 왕망	寅	巳	申	亥	卯	午	酉	子	辰	未	戌	丑	출행, 행선, 취임 등에 불길
天賊 천적	辰	酉	寅	未	子	巳	戌	卯	申	丑	午	亥	백사에 불리함
受死 수사	戌	辰	亥	巳	子	午	丑	未	寅	申	卯	酉	고기잡고 사냥에만 길하고 그외는 불길
披麻 피마	子	酉	午	卯	子	酉	午	卯	子	酉	午	卯	혼인 이사에 불길
紅紗 홍사	酉	巳	丑	酉	巳	丑	酉	巳	丑	酉	巳	丑	혼인에 흉합
瘟瘟殺 온황살	未	戌	辰	寅	午	子	酉	申	巳	亥	丑	卯	집 짓고 문병하고 병 치료하는데 불길
歸忌 귀기	丑	寅	子	丑	寅	子	丑	寅	子	丑	寅	子	여행·이사·사람들이는 것을 꺼림
滅亡 멸망	丑	辰	未	戌	丑	辰	未	戌	丑	辰	未	戌	개업·건축등에 불리
地囊日 지랑일	庚午/庚子	癸未/癸丑	甲寅/甲子	己卯/己丑	戊辰/戊午	癸未/癸巳	丙寅/丙申	丁卯/丁巳	戊辰/戊子	庚子/庚戌	辛未/辛酉	乙酉/乙未	흙 다루고 우물파고 연못파는일 등을 꺼림
陰差 음차	庚戌	辛酉	庚申	丁未	丙午	丁巳	甲辰	乙卯	甲寅	癸丑	壬子	癸亥	혼인, 건축 및 장사 지내는 일을 꺼림
陽錯 양착	甲寅	乙卯	甲辰	丁巳	丙午	丁未	庚申	辛酉	庚戌	癸亥	壬子	癸丑	음차와 동일
土瘟 토온	辰	巳	午	未	申	酉	戌	亥	子	丑	寅	卯	흙 다루는 일을 꺼림
土忌 토기	寅	巳	申	亥	卯	午	酉	子	辰	未	戌	丑	위와 같음
土禁 토금	亥	亥	亥	寅	寅	寅	巳	巳	巳	申	申	申	위와 같음
血忌 혈기	丑	未	寅	申	卯	酉	辰	戌	巳	亥	午	子	수술하고, 피 흘리는 일 등을 꺼림
血支 혈지	丑	寅	卯	辰	巳	午	未	申	酉	戌	亥	子	혈기일과 동일함
山隔 산격	未	巳	卯	丑	亥	酉	未	巳	卯	丑	亥	酉	산에 들어 사냥하고 나무 베는 것을 꺼림
地隔 지격	辰	寅	子	戌	申	午	辰	寅	子	戌	申	午	흙다루고, 씨앗심고 광중파는 것을 꺼림
天隔 천격	寅	子	戌	申	午	辰	寅	子	戌	申	午	辰	출행하고, 관직 구하는데 불리함

水隔 수격	戌	申	午	辰	寅	子	戌	申	午	辰	寅	子	배 타거나 물 건느는 것을 꺼림
天火 천화	子	卯	午	酉	子	卯	午	酉	子	卯	午	酉	부엌고치고, 상량하고 지붕덮는 것 忌
獨火 독화	巳	辰	卯	寅	丑	子	亥	戌	酉	申	未	午	상량, 개옥을 꺼림
遊火 유화	巳	寅	亥	申	巳	寅	亥	申	巳	寅	亥	申	약 달여 먹고 침구 등을 꺼림
長星 장성	七	四	六	九	十五	十	八	二	四	三	十七	九	매사에 불리
短星 단성	廿一	十九	十六	廿五	廿五	廿一	廿二	十八 十九	十六 十七	十四	廿三	廿五	혼인 취임, 구직등에 꺼린다
月破 월파	申	酉	戌	亥	子	丑	寅	卯	辰	巳	午	未	오직 파옥하는데 좋고 그외는 모두흉함
月殺 월살	丑	戌	未	辰	丑	戌	未	辰	丑	戌	未	辰	혼인, 기둥세우고 상량을 올리는데 꺼림
月厭 월염	戌	酉	申	未	午	巳	辰	卯	寅	丑	子	亥	출행, 혼인을 꺼림
厭對 염대	辰	卯	寅	丑	子	亥	戌	酉	申	未	午	巳	혼인식을 꺼림
飛廉殺 비염살	戌	巳	午	未	寅	卯	辰	亥	子	丑	申	酉	가축을 들이거나 축사 짓는데 꺼림
氷消瓦解 빙소화해	巳	子	丑	申	卯	戌	亥	午	未	寅	酉	辰	이사, 가옥 건축 등을 꺼린다.

④ 사시길신(四時吉神)

구분　四時	春	夏	秋	冬	구분　四時	春	夏	秋	冬
天貴(천귀)	甲乙	丙丁	庚辛	壬癸	相日(상일)	巳	申	亥	寅
四相(사상)	丙丁	戊己	壬癸	甲乙	守日(수일)	辰	未	戌	丑
時德(시덕)	午	辰	子	寅	官日(관일)	卯	午	酉	子
旺日(왕일)	寅	巳	申	亥	民日(민일)	午	酉	子	卯

　　春은 正·二·三月로 입춘부터 입하 전 까지이고, 夏는 五·六·七月로 입하부터 입추 전 까지이며, 秋는 七·八·九月로 입추부터 입동 전 까지이고, 冬은 十·十一·十二月로 입동부터 입춘 전 까지에 해당한다.

⑤ 사사흉신(四時凶神)

구분 四時	春	夏	秋	冬	구분 四時	春	夏	秋	冬
正四廢 정사폐	庚辛申酉	壬癸子亥	甲乙寅卯	丁丙巳午	天地轉殺 천지전살	卯	午	酉	子
傍四廢 방사폐	庚申辛酉	壬子癸亥	甲寅乙卯	丙午丁巳	天轉地轉 천전지전	乙卯辛卯	丙午戊午	辛酉癸酉	壬子丙子
四時大耗 사시대모	乙未	丙戌	辛丑	壬辰	劍鋒殺 검봉살	酉	子	卯	午
四時小耗 사시소모	壬子	乙卯	戊午	辛酉	四虛敗 사허패	巳酉	甲乙	辛卯	庚午

○ 사　리(四離)

춘분, 하지, 추분, 동지, 전날(前日)

○ 사　절(四節)

입춘, 입하, 입추, 입동, 전일(前日)

⑥ 천상천하대공망일(天上天下大空亡日)

乙丑 甲戌 乙亥 癸未 甲申 乙酉 壬辰 癸巳 甲午 壬寅 癸卯 壬子

⑦ 기왕망일(氣往亡日)

이 날은 백사에 불리라 한다.

입춘후 七日, 경칩후 十四日, 청명후 二十一日, 입하후 八日, 망종후 十六日, 소서후 二十四日.

입추후 九日, 백로후 十八日, 한로후 二十七日, 입동후 十日, 대설후 二十日, 소한후 三十日.

⑧ 백기일(百忌日)

甲不開倉＝甲日에는 창고를 열어 재곡(財穀)을 출납하지 않는다.

乙不栽植＝乙日에는 나무를 심거나 묘목을 옮겨 심지 아니한다.

丙不修竈＝丙日에는 부뜨막을 고치지 아니한다.

丁不剃頭＝丁日에는 머리를 자르거나 이미용(理美容)을 아니한다.

戊不受田＝戊日에는 토지를 상속받거나 매입하지 않는다.

己不破卷＝己日에는 문서나 책 따위를 불태우거나 찢지 아니한다.

庚不經絡＝庚日에는 침(鍼)을 맞거나 뜸을 뜨거나 주사를 맞지 않는다.

辛不造醬＝辛日에는 간장 고추장 등을 담그지 아니한다.

壬不決水＝壬日에는 물길을 막지 아니한다.

癸不詞訟＝癸日에는 소장(訴壯)을 내지 아니한다.

子下問卜＝子日에는 점(占)을 묻지 아니한다.

丑不冠帶＝丑日에는 관례(冠禮)를 행하지 않는다.

寅不祭祀＝寅日에는 기일제(忌日祭)이외는 제사나 고사를 지내지 않는다.

卯下穿井＝卯日에는 우물을 파지 아니한다.

辰下哭泣＝辰日에는 졸곡(卒哭) 전이라도 곡(哭)소리를 내지 않는다.

巳不遠行＝巳日에는 먼 길 출생을 아니한다.

午不苫盖＝午日에는 지붕을 덮지 아니한다.

未不服藥＝未日에는 약을 달여먹지 아니한다.

申不安床＝申日에는 침상(寢床)을 설치하지 않는다.

戌不乞狗＝戌日에는 개를 들이지 아니한다.

亥不嫁娶＝亥日에는 혼례식을 올리지 아니한다.

부 록 2

○칠성부(七星符)

칠성(七星)이란 북두칠성(北斗七星)을 말하는데 하늘에 있
는 성신(星辰) 가운데 가장 영험한 선성(善星)이라 한다. 그
래서 옛날부터 우리나라 풍속에는 칠성제 기도하여 복을 빌
고 명을 빌어왔던 것이다. 이 칠성부를 봉안하면 장수부귀할
뿐 아니라 소원을 성취시켜 준다는 것이다.

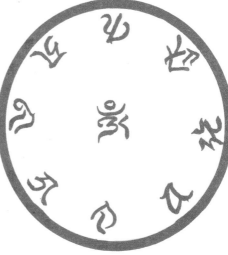

○관음부(觀音符) ①

인간의 불행은 재앙
신이 침입하여 훼방을
놓기 때문이라 한다.
대자대비하신 관세음
보살은 인간의 고통을
구해주신다. 때문에 이
부적을 붙여놓고 기도
하면 원하는 바를 성
취시켜 준다고
한다.

○관음부(觀音符) ②

왼편 부적을 그려 붙이고 부적에 기록된 경(經)을 수백번
외우면서 소원을 빌면 반드시 원하는 바를 이루어준다고 한
다. 이 부적은 항시 붙여 놓거나 몸에 지녀도 좋다.

독송구불결　염염심부첩
화염불능상　도병림최절
南無觀世音菩薩
에노생환희　사자변성활
막언차시허　제불불망설

○ 소원성취부 (所願成就符)

이 부적을 주사(朱砂)로 그려 벼개 속에 넣고 자거나 몸에 지니고 다니면 소원을 이룩한다.

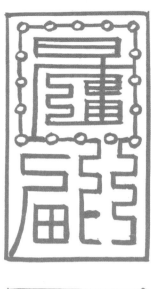

○ 소망성취부 (所望成就符)

역시 소원성취부와 마찬가지의 효력이 있다. 두 장을 그려 한 장은 침실 벽에 붙이고 한 장은 몸에 지니면 소원이 이루어진다.

○ 삼재부 (三災符)

申子辰生 ― 寅卯辰年
巳酉丑生 ― 亥子丑年
寅午戌生 ― 申酉戌年
亥卯未生 ― 巳午未年

이에 해당하면 이 부적으로 액을 에방하라.

○ 만사대길부 (萬事大吉符)

이 부적은 재앙이 이르지 않고 복이 이르는 부적이다. 이 부적을 붙여 놓고 또 몸에 지니면 만사대길한다는 것이다.

○ 백사대길부 (百事大吉符)

입춘일에 두 장을 써서 한 장은 문 위에 붙이고 한 장은 몸에 지니면 만사형통이라 한다.

○ 삼재 소멸부 (三災消滅符)

삼재가 든 사람은 오른편 부적이나 이 부적을 그려 삼재가 끝날 때까지 몸에 지니고 있으면 삼재팔난이 물러간다.

○관재구설 소멸부（官災口舌消滅符）

관재구설에 걸렸거나 관재구설수가 있
다고 생각되면 이 부적을 써서 몸에 지
니라. 자연히 관재구설이 소멸되리라.

○관재 소멸부（官災消滅符）

관재란 송사에 걸렸거나 죄를 범하여
법정출입을 하는 것인데 이 부적을 지니
고 있으면 관재수를 예방할수 있고 관재
에 걸린이는 풀려난다.

○관재부（官災符）

이 부적도 관재수를 가볍게 하거나 예
방하는데 좋은 부적이다. 두 장을 써서
한장은 침실에 붙여 두고 한장은 몸에
지니라.

○능피쟁송지액부（能避爭訟之厄符）

누구와 다툴 일이 있게 되거나 송사에
걸렸을 경우 이 부적을 사용하면 자연히
쟁송시비가 무마되거나 최소한 가볍게
해결된다.

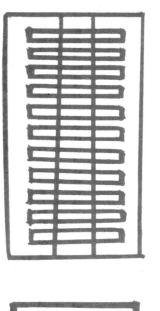

○소송부（訴訟符）

원고（原告）、피고（被告）를 막론하고 소
송에 걸렸거든 이 부적을 지니라. 송사에
이기게 된다.

○구설 소멸부（口舌消滅符）

현재 구설에 말려 들었거나 신수 점에
구설수가 있다고 판단될 경우 이 부적을
그려 몸에 지니면 구설이 자연소멸된다.

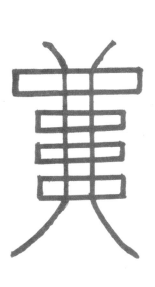

○ 화재예방부 (火災豫防符)

사주(四柱)나 신수점에 화재수가 있다고 판단되거나, 기타 화재의 우려가 있고 생각되면 이 부적을 써서 사방에 붙여두면 화재가 발생하지 않는다.

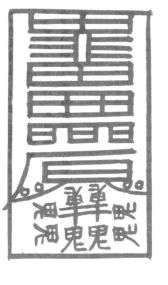

○ 수액예방부 (水厄豫防符)

사주나 신수에 수액(水厄)이 있다고 판단되거나, 생활상 수액의 우려가 있는 사람은 이 부적을 그려 항시 지니고 다니면 안전하다.

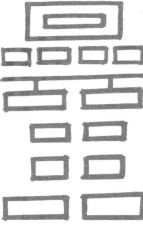

○ 도적불침부 (盜賊不侵符)

도적이 들 우려가 있거나 도적이 자주 드나들어 금품을 도둑맞을 경우 이 부적을 방문 위에 붙여두면 도둑이 들지 아니한다.

○ 실물액 소멸부 (失物厄消滅符)

금품을 도둑맞거나 날치기, 사기 등의 우려가 있을 때 한 장은 방안에 붙이고 한 장은 몸에 지니고 다니면 이러한 액을 면한다.

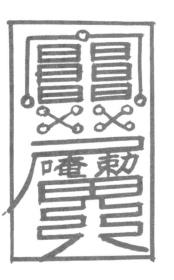

○ 가택편안부 (家宅便安符)

가정이 시끄럽거나 우환이 있을경우, 또는 이러한 액을 미연에 방지하려면 이 부적을 항시 방안 벽에 붙여두라.

○ 우환소멸부 (憂患消滅符)

가정에 우환중이거나 우환이 생길 가능성이 있다고 생각되면 이 부적을 그려 안방 출입문 위에 붙여두라.우환이 소멸할 것이다.

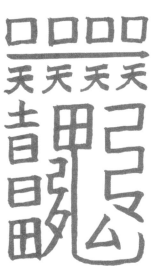

○진택평안만복자래부(鎭宅平安萬福自來符)

이 부적을 주사로 그려 내실(內室) 문 위에 붙이면 모든 재앙이 침범치 못하여 우환、질고

실패가 없고 가정이 평안하고 온 가족이 건강 장수하며 재물이 늘고 사업은 번창한다.

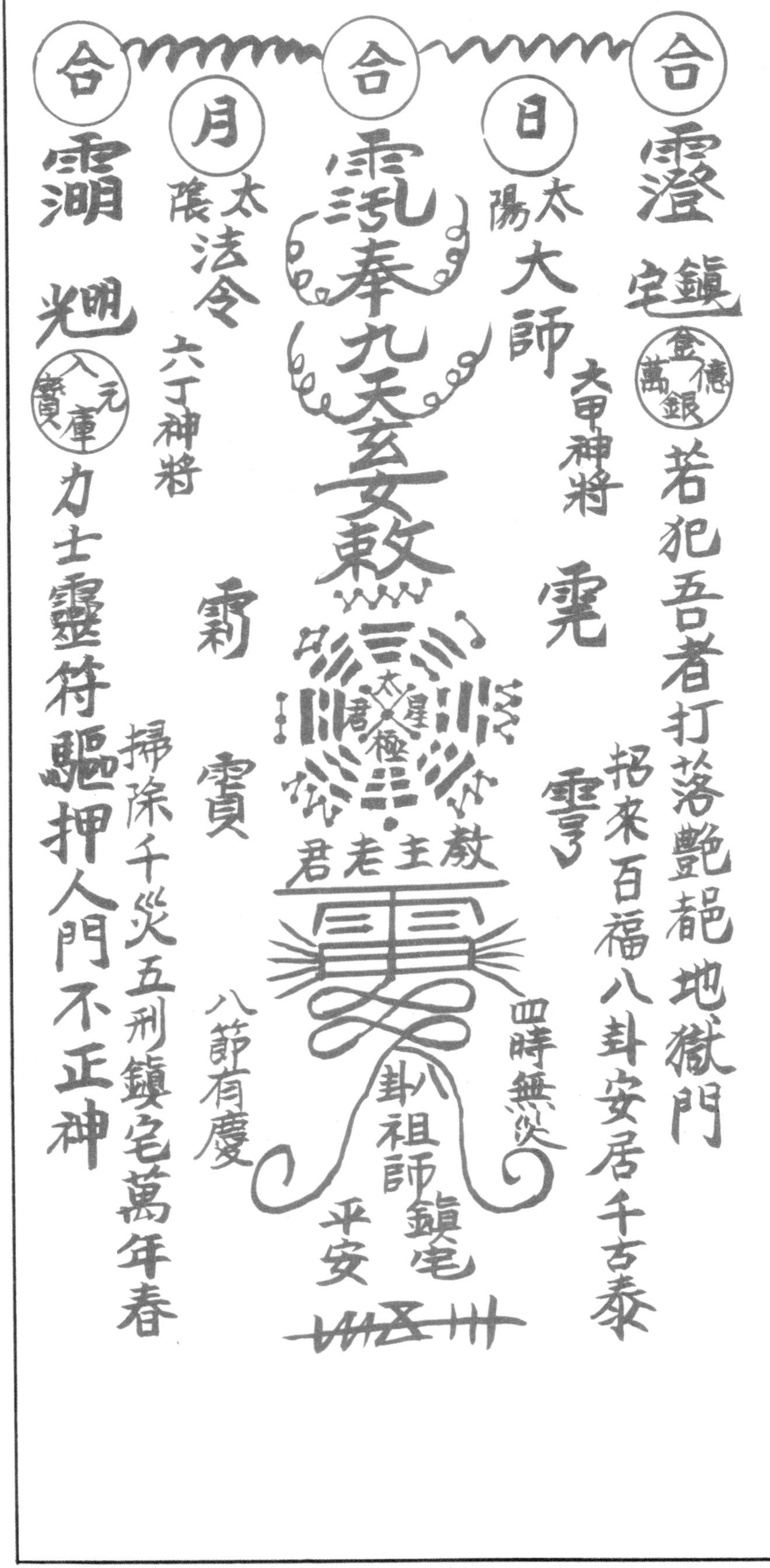

合 靈宅鎭 (德·金銀萬)

合 日 太陽 大師 大甲神將 霓 雪

若犯吾者打落艷魑地獄門

招來百福八卦安居千古泰

合 月 太 張法令 六丁神將 霜 霞

霓汛奉九天玄女敕

太極·星君老主教

四時無災

卦祖師鎭宅平安

八節有慶

掃除千災五刑鎭宅萬年春

合 霜煙 (元庫入寶)

力士靈符驅押人門不正神

○안택부(安宅符)
안택(安宅)이란 우환, 질병, 손재, 불화 등
이 없도록 예방하는 일이다. 이 부적을
상용하면 항시 가정이 평화로울 것이다.

○진택편안부(鎭宅便安符)
가정에 우환, 질병, 손재, 변괴 등 상서롭지 못한 일이 발생하거나
그러할 우려가 있다고 생각되면 이 부적을 그려 내실 출입문 위에
붙이라. 가정이 안정되고, 이러한 재앙이 미연에 방지되리라.

符鎭君子宅
將到吉人家
魔罡印

○부부해로부(夫婦偕老符)
남녀가 혼인하여 같이 거하면 누구를
막론하고 해로하기를 원한다. 이불 속이
나 벼개 속에 넣어두면 부부이별이 없다
한다.

○화합부(和合符)
가정불화가 있거나, 이를 미리 방지하
려면 이 부적을 그려 붙이라. 특히 부부
금슬이 좋지 못한데 사용하면 효과가 좋
다.

夫婦子孫 和合長壽

○부부자손 화합부(夫婦子孫 和合符)
이 부적을 그려 방안 문 위에 붙여두
면 부부 화합하고, 자손은 효순하며 온가
족이 모두 합심하여 행복한 가정을 이룬
다.

○난산부(難産符)
이 부적 두 장을 그려 한장은 산모의 방에 붙이고 한장은 산모가 불에 태워 마시면 순산 한다고 한다.

○첩 떼는 부적
남편이 첩을 얻어 가정불화가 생기거든 이 부적을 써서 남편의 벼개 속에 남편 모르게 넣어두면 신효하다고 한다.

○아들 두는 부적
딸만 많이 낳거나, 아들을 원할경우 이 부적 두장을 써서 부부의 벼개속에 넣고 동침하면 아들을 낳는수가 있다 한다.

○아들 낳는 부적
동쪽으로 뻗은 복숭아나무 가지를 잘라 글씨쓰기 좋도록 다듬은 다음 이 부적을 주사로 써서 치마에 매달아두면 신효하다고 한다.

○권태증 방지부
부부가 동거하다 보면 혹 권태증이 생기는 경우가 있다. 이 부적을 그려 상대방(권태의 기미가 있는)의 벼개속에 몰래 넣어두면 신효하다.

○애정부(愛情符)
부부간의 정이 없거나 이성교제에 상대방의 애정이 식는다고 생각 되거든 이 부적을 그려 몸에 지니라. 신효하리라.

黃省大將軍

蒼龍八䨓

唵 急 如律令

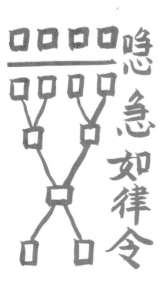

○ 대초관직부 (大招官職符)

취직이 잘 안되거나 관직에 있더라도 직위가 오르기를 원하는이는 이 부적을 그려 몸에 지니라. 신효하니라.

○ 견군밀호부 (見君密護符)

이 부적은 임금 앞에 나아가 임금의 총애를 받기 위하여 쓰였던 것으로 신분이 높은 사람이나 상관들을 면접할때 몸에 지니면 길하다.

○ 합격부 (合格符)

입학시험, 취직시험, 어떤 시험을 막론하고 시험치르는 주인공의 몸에 지녀 주면 좋은 성적으로 시험을 치르게 되며, 웬만한 실력이면 합격한다.

○ 금은자래부 (金銀自來符)

이 부적을 주사로 써서 내실출입문 위에 붙여두면 금은보화가 자연 이른다는 재수부적이다.

○ 초재부 (招財符)

재물이 따르라는 부적이니 사업장, 가정에 붙여두거나 몸에 지니면 대길하다.

○ 재리부 (財利符)

재수가 대통하라는 부적이니 집 안에 붙여 놓거나 사업가 자신이 항시 지니고 다니면 재운이 열린다.

○ 중악부（中岳符）

이 부적은 사업장에 이로운 사람만 찾아들고 고객이 많이 찾아와 장사가 잘 되기 위해 사용하면 좋다. 주사로 써서 점포나 사업장에 붙여 놓으면 대길하다.

○ 압살부（押殺符）

집터가 세거나, 괴물의 장난이 있거나, 여러가지 마장（魔障）이 생겨 가정이 어수선할 때, 또는 이러한 우려가 있고 생각될 경우 이 부적을 써서 여러곳에 붙여두면 흉살（凶殺）을 누르고 가정이 편안해진다.

○ 선신수호부（善神守護符）

신수가 나쁘거나, 위험한곳에 가거나, 위험한 일에 임하게 될 경우 이 부적을 몸에 지니면 선신의 가호가 있다.

○ 금강부（金剛符）

이 부적을 지니면 부처님의 보호를 받아 일체의 요사（妖邪）가 침범치 않으며, 건강장수한다.

○ 귀신 불침부

이 부적을 주사（朱砂）로 써서 한 장은 대문이나 출입문 위에 붙이고, 한 장은 몸에 지니면 악귀, 잡귀, 귀신이 침범치 못한다.

○ 백사동토부 (百事動土符)

나무, 흙, 쇠붙이 등 어떠한것을 막론하고 동투탈이 나지 않도록 하기 위하여 이 부적을 현장에 붙여두면 안전하다.

○ 기물동토부 (器物動土符)

꺼림한 물건을 집안에 들여 오거나, 부정한 물건이 집안에 들어와 탈이 생겼을 경우 이 부적을 그 물건에 붙여두면 탈이 사라진다.

○ 동토부 (動土符)

흙을 다루다가 탈이 생기거나, 동토탈을 미리 예방하려면 이 부적을 현장에 묻어두거나 붙여놓으면 길하다.

○ 동석부 (動石符)

장차 돌을 운반해 들여올 경우 혹 생길지 모르는 탈을 방지하려거나, 돌을 다루다가 탈이 생겼을 경우 이 부적을 사용하라.

○ 동목부 (動木符)

나무를 다루다가 탈이 생긴데 쓰인다. 또는 나무 탈을 미리 방지하는데도 좋다 현장이나 나무에 붙여 두라.

○ 채토부 (採土符)

흙을 파다 옮겨 쓰려는데 방위가 불길하거나, 또는 불결한 느낌이 들거든 이부적을 써서 그곳 옆에 묻고 일을 시작하라. 탈이 생기지 않으리라. ·

○ 조왕동토부 (竈王動土符)

조왕이란 음식을 마련하는 주방이다. 장차 부엌을 수리하다 탈이 생기면 이부적으로 방지한다.

○ 삼살방 (三殺方) 동토부

삼살방을 범하여 탈이 생겼거나, 부득이 삼살방을 범하게 될 경우 이 부적을 그곳에 붙여두면 탈이 생기지 않는다.

○ 대장군방 (大將軍方) 동토부

원칙적으로 대장군방은 손대지 않아야 한다. 그러나 모르고 이를 범했거나 부득이 대장군방을 손댈 경우 이 부적으로 액을 방지하라.

○ 안손방 (眼損方) 이사부

안손방으로 이사하여 탈이 생겼거나, 안손방으로 이사하게 될 경우 이 부적을 써서 내실 문 위에 붙여두면 무사하니라.

○ 진귀방 (進鬼方) 이사부

진귀방으로 이사하여 탈이 생겼거나, 또는 진귀방으로 이사하게 될 경우 이 부적을 새로 이사한 집 내실문 위에 붙이면 우환 진고가 사라진다.

○ 오귀방 (五鬼方) 이사부

오귀방을 범하여 탈이 생겼거나 부득이 오귀방으로 이사하게 될 경우 이 부적을 이사한 집 문위에 붙여 놓으면 무사하다.

○ 질병소멸부(疾病消滅符)

이 부적을 그려 내실 문위에 붙여두거
나 환자의 몸에 지니고 있으면 질병과
기타의 재앙이 사라진다.

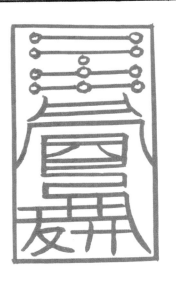

○ 백병치료부(百病治療符)

어떠한 질병을 막론하고 이 부적을 써
서 몸에 지니고 하룻밤 지낸 다음날 아
침 불에 태워 마시면 약효가 발생 하여
차도가 있다.

○ 初一日에 난 병

한 장은 불에 태워 마시고 한장은 환
자의 방문 위에 붙여 놓는다.

○ 初二日에 난 병

두 장을 써서 한장은 불에 살라 마시고
한장은 내실 문 위에 붙여두면 쾌차해진
다.

○ 初三日에 난 병

주사(朱砂)로 한장만 써서 불에 태운
재를 물에 타 마시면 길하다.

○ 初四日에 난 병

주사로 두 장을 써서 한장은 환자방문
위에 붙이고, 한 장을 불에 살라 삼키도
록 한다.

○初六日에 난 병

옛새날에 생긴 병은 이 부적 한 장만
그려 환자의 침실 문 위에 붙여 놓으면
약효가 빨라서 곳 병이 낫는다.

○初七日에 난 병

이 날에 발병하였거든 이 부적을 주사
로 써서 환자가 자는 방문 위에 붙여 두
면 병마가 자연 물러간다.

○初八日에 난 병

이 날에 발병한 사람은 이 부적을 주사
로 써서 불에 태워 마시면 효과가 있다.

○初九日에 난 병

이 날의 병은 아래 보기의 부적 두 장을
써서 한장은 태워 마시고 한장은 환자가
있는 방문 위에 붙여두라.

○初十日에 난 병

이 부적을 주사로 한장만 그려 불에
태운 재를 마시면 점차 쾌차해진다.

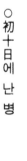

○十一日에 난 병

이 날에 발병하였거든 보기의 부적 한 장만 써서 환자의 방벽에 붙여 두면 차도가 나타난다.

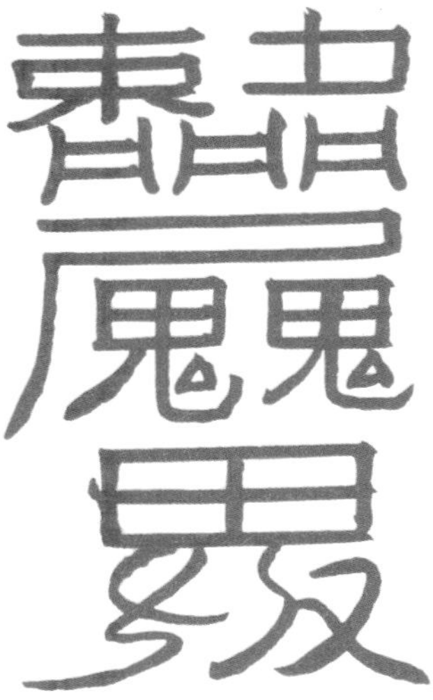

○十二日에 난 병

십이일에 난 질병이면 아래 보기의 부적 한 장만 써서 환자의 침실 문 위에 붙이랑 신효하게 차도가 있으리라.

○十三日에 난 병

이 부적 두장을 그려 한장은 태워 마시고 한장은 환자가 거처하는 문 위에 붙이면 신효하다.

○十四日에 난 병

이 부적 두장을 써서 한장은 태워 마시고 한장은 문 위에 붙여 놓으면 곧 효험이 있으리라.

○十五日에 난 병

십오일에 생긴 병이거든 이 부적 두장을 그려 한장은 불에 태운 재를 마시고 한장은 환자실 문 위에 붙이면 질병이 물러간다.

○十六日에 난 병

이부적 두 장을 써서 한장은 불에 태워 마시고 한장은 몸에 지니고 있으면 병이 낫는다.

○十七日에 난 병

이 날에 병이 발생하였거든 보기와 같은 부적 두 장을 주사로 그려 한 장은 태위 마시고 한 장은 환자의 몸에 지니면 신효하니라.

○十八日에 난 병

이 부적 두 장을 그려 한 장은 불에 살라 마시고 한 장은 환자의 머리속에 지니고 있으면 신효하다.

○十九日에 난 병

이 부적 두 장을 그려 한 장은 불에 살라 삼키고 한 장은 환자의 머리맡에 놓아 두면 효험이 있다.

○二十日에 난 병

이 날에 발생한 질병이거든 부적 두 장을 그려 한 장은 태워 삼키고 한 장은 환자의 침실 문위에 붙여놓으면 길하다.

○二十一日에 난 병

이 날에 발병하였거든 이 부적 한 장만 써서 불에 태워 마시라 신효하게도 날로 차도가 빠르리라.

○二十二日에 난 병

이 부적 두 장을 써서 한 장은 몸에 지니고 한 장은 환자의 방문 위에 붙여 놓으면 신효하다.

○二十三日에 난 병

이 날의 질병은 아래와 같은 부적 두 장을 써서 한 장은 태워 가루내어 먹고 한 장은 환자의 몸에 지니면 속한 효험이 있다.

○二十四日에 난 병

이 날에 생긴 병이거든 아래와 같은 부적 두 장을 써서 한 장은 불에 살라 마시고 한 장은 환자의 침실 문 위에 붙인다.

○二十五日에 난 병

이 날에 병이 생겼거든 아래 부적 한 장만 주사로 써서 환자의 방문 위에 붙여 두면 차츰 낫는다.

○二十六日에 난 병

이 날에 생긴 병이거든 보기의 누적 한 장만 써서 환자가 거처하는 방문 위에 붙여 놓으면 차도가 있기 시작한다.

○二十七日에 난 병

이 날에 발생한 병은 보기의 부적 한 장을 써서 환자의 머리맡에 놓아두거나 베개 속에 넣어두면 약효가 빠르다.

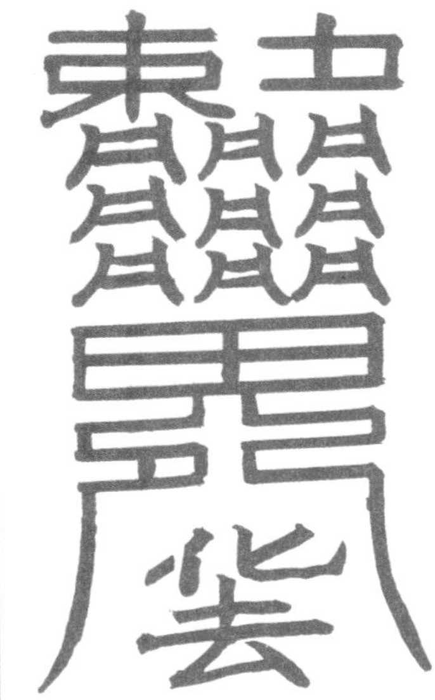

○二十九日에 난 병

이 부적은 한 장만 그려 환자가 자는 침대에 붙여두거나 베개 속에 넣어 두면 차츰 병이 나아간다.

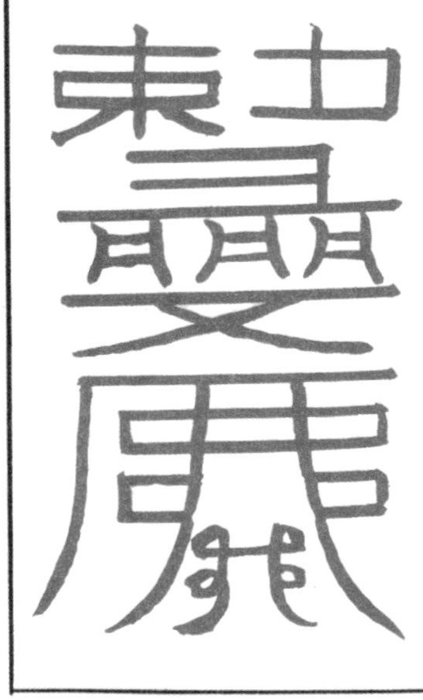

○二十八日에 난 병

이 부적 두장을 써서 한장은 불에 태워 마시고 한장은 환자의 몸에 지니면 신효하다.

도인출부 (盜人出符)

이 부적을 써서 도적이 남기고 간 발자욱에 붙여두면 그 효험이 신효하다.

○三十日에 난 병

이 부적 두장을 써서 한장은 불에 살라 마시고 한장은 환자의 몸에 지니고 있으면 이날부터 차도가 있다.

○소원성취부

이 부적을 봉안(奉安)하고 마음에 드는 경(經)을 읽으면 영원히 장생하고 소원을 성취한다.

○득도부(得道符)

도를 닦고, 신선되기를 원하는 부적이 부적을 몸에 지니고 도에 정진하면 마침내 크게 깨닫는다.

○ **삼재팔난소멸부**

이 옥추부를 항상 몸에 지니면 삼재팔난이 침범치 못하고 귀사(鬼邪)가 멀리 도망하며, 관재구설이 자연 소멸된다.

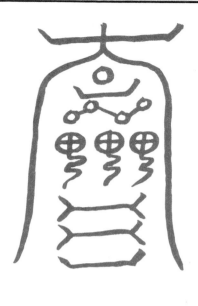

○ **해오행구령부(解五行九靈符)**

오행과 구령을 해소시키는 부적. 성심 기도하고 봉안하면 기적같은 좋은 일이 생긴다.

○ **침아질고부(沈痾疾苦符)**

병들어 백약이 무효하거든 이 부적을 그려놓고 성심 기도하면 병이 낫는다.

○ **관재구설부**

이 부적을 봉안하고 기도하면 자연히 관재구설 및 모든 재앙이 사라진다.

○ **토황신불침부(土皇神不侵符)**

항상 몸에 지니고 기도하면 백가지 일이 다 이루어지고 악몽과 질병이 침범하지 않는다.

○ **생귀자부**

혼인 뒤에 동쪽에 뻗은 복숭아가지를 취하여 주사로 써서 옥상에 꽂으면 구설이 물러나고 귀자를 낳으며 화목 창성한다.

○ **해충불침부**

까마귀, 쥐, 뱀, 벌레 등이 침범 못하고 육축이 잘 되는 부적이다.

○ **여행부**

먼 길을 떠날 때 이 부적을 써서 몸에 지니면 일신이 편안하고 목적을 순조롭게 이룬다.

○ **요마제거부**

밤에 괴성이 들리거나 사람이 발광하거나 심신이 산란하거나 헛소리를 하는데 이 부적을 몸에 지니면 이러한 일이 없어진다.

○ **매매부 (賣買符)**

무엇이든지 팔고자 할 때, 특히 가옥을 매매하려는 경우 이 부적을 대문에 붙여 두면 고가 (高價)로 쉽게 팔린다.

○ **상부정부 (喪不淨符)**

장사 지낸 뒤 가정에 우환질고가 발생하면 이 부적을 써서 기도한 뒤 불 사르면 모든 우환이 사라진다.

○ **횡액을 면하는 부적**

단명하거나 횡사하거나, 기타 불시의 액운을 막는 부적이니 이 부적을 봉안하고 백일간 정성들이면 이를 면한다.

○공덕부(功德符)

이 부적을 써서 지성으로 봉안하면 가정에 경사가 연달아 이르고, 죽을 고비에도 살아나면 무엇을 구하거나 얻어진다.

○죄를 멸하는 부적

평소 행동이 거칠고, 성질이 포악 하며 망녕된 말을 잘 하는이가 이 부적을 지니면 마음이 선량해지고 전화위복한다.

○옴마니반메부

이 부적을 몸에 지니면 모든 잡귀와 잡신이 범하지 못한다.

○수화액불침부(水火厄不侵符)

이 부적을 몸에 지니면 홍수(洪水) 화재(火災) 등을 만나지 않고, 독충(毒虫)이나 사나운 짐승의 해를 입지 아니한다.

○오뢰치백부(五雷治百符)

벼락으로부터 몸을 보호하고 또는 질병을 예방및 치료하는데 신효하다.

○백사여의부(百事如意符)

이 부적을 그려 내실에 붙이거나 몸에 지니면 모든 일이 순조롭게 이루어진다.

◆ 편저 박 종 갑 ◆
• 전(前) 대한역학풍수연구학회 회장
• 저서 : 지리대전(공저)
         대운전산만세력
         마의상법
         기학의총감
         택일명감
         사주명리학 외 다수

상법실전정상사주요감	定價 33,000원

2016年 8月 10日 인쇄
2016年 8月 15日 발행
　편　저 : 박 종 갑
　교　열 : 한 중 수
　그　림 : 김 용 진
　발행인 : 김 현 호
　발행처 : 법문 북스
　공급처 : 법률미디어

1 5 2 - 0 5 0
서울 구로구 경인로 54길4(구로동 636-62)
TEL : 2636-2911~3, FAX : 2636~3012
등록 : 1979년 8월 27일 제5-22호
Home : www.lawb.co.kr

▌ISBN 978-89-7535-359-8 93180
▌이 도서의 국립중앙도서관 출판예정도서목록(CIP)은 서지정보유통지원시스템 홈페이지(http://seoji.nl.go.kr)와 국가자료공동목록시스템(http://www.nl.go.kr/kolisnet)에서 이용하실 수 있습니다.(CIP제어번호: CIP2016019106)

대한민국 법률서적 최고의 인터넷 서점과
법률정보를 무료 제공하는

법률미디어 · 법문북스 홈페이지
www.LawB.co.kr

대표전화 (02) 2636-2911